接続	意味	助動詞	頁	意味・用法							活用の型	接続
終止形					たから	たかり				○	形容詞型	「さす」の連用形
終止形	推量	べし	52	推量(…ニチガイナイ、…ソウダ、…ダロウ)意志(…ウ、…ヨウ、…ツモリダ)適当(…ノガヨイ、…ノガ適当ダ)当然・義務(…ハズダ、…ナケレバナラナイ、…ベキダ)強い勧誘・命令(…ベキダ、…セヨ)可能(…デキル、…デキルハズダ)	べく べから	べく べかり	べし	べき べかる	べけれ	○	形容詞型	活用語の終止形(ラ変・ラ変型の活用語には連体形に接続) ＊ラ変型の活用語…形容詞(カリ活用)・形容動詞型活用の助動…
終止形	現在推量	らむ〈らん〉	56	現在推量(今ゴロハ…テイルダロウ)現在の原因推量(…ノダロウ、…ダカラダロウ、〈ドウシテ〉…テイルノダロウ)現在の伝聞(…トカイウ、…ソウダ)現在の婉曲(…テイルヨウナ、…ト思ワレル)推量(…ダロウ)	○	○	らむ 〈らん〉	らむ 〈らん〉	らめ	○	四段型	
終止形	推定	らし	58	推定(…ラシイ、…ニチガイナイ)	○	○	らし	らし (らしき)	らし	○	特殊型	
終止形	推定	めり	58	推定(…ヨウニ見エル、…ヨウダ)婉曲(…ヨウダ)	○	(めり)	めり	める	めれ	○	ラ変型	
終止形	推定	なり	59	推定(…ヨウダ、…ラシイ、…ニチガイナイ)伝聞(…トイウコトダ、…ソウダ、…ト聞イテイル)	○	なり	なり	なる	なれ	○	ラ変型	
終止形	打消推量	まじ	54	打消推量(…ナイダロウ、…マイ、…ナソウニナイ)打消意志(…マイ、…ナイツモリダ)禁止・不適当(…テハナラナイ、…ナイホウガヨイ)打消当然(…ベキデハナイ、…ハズガナイ)不可能推量(…デキナイダロウ、…デキソウニナイ)	まじく (まじから)	まじく まじかり	まじ	まじき まじかる	まじけれ	○	形容詞型	
体言 連体形	断定	なり	62	断定(…ダ、…デアル)存在(…ニアル)	なら	なり に	なり	なる	なれ	(なれ)	形容動詞型	体言・活用語の連体形(一部の助詞や副詞にも接続)
体言	断定	たり	62	断定(…ダ、…デアル)	たら	たり と	たり	たる	たれ	(たれ)	形容動詞型	体言
その他	完了	り	48	存続(…テイル、…テアル)完了(…タ、…テシマッタ)	ら	り	り	る	れ	(れ)	ラ変型	サ変の未然形・四段の已然形(四段については命令形に接続するという説もある)
その他	比況	ごとし	69	比況(…ト同ジダ、…ニ似テイル、…ヨウダ)例示(タトエバ…ノヨウダ、タトエバ…ナドダ)	ごとく	ごとく	ごとし	ごとき	○	○	形容詞型	体言・活用語の連体形・格助詞「が」「の」
その他	比況	やうなり	70	比況(…ヨウダ、…ミタイダ)例示(タトエバ…ヨウダ)様子・状態(…様子ダ、…状態ダ、…ヨウダ)婉曲(…ヨウダ)	やうなら	やうなり やうに	やうなり	やうなる	やうなれ	○	形容動詞型	活用語の連体形・格助詞「が」「の」

＊上代の助動詞活用表はP.72～73参照

▼文語動詞活用表

ページ	種類	行	語	語幹	未然形	連用形	終止形	連体形	已然形	命令形
21	四段	カ行	聞く	き	か	き	く	く	け	け
		ガ行	泳ぐ	およ	が	ぎ	ぐ	ぐ	げ	げ
		サ行	隠す	かく	さ	し	す	す	せ	せ
		タ行	立つ	た	た	ち	つ	つ	て	て
		ハ行	思ふ	おも	は	ひ	ふ	ふ	へ	へ
		バ行	遊ぶ	あそ	ば	び	ぶ	ぶ	べ	べ
		マ行	住む	す	ま	み	む	む	め	め
		ラ行	帰る	かへ	ら	り	る	る	れ	れ
22	下二段	ア行	得	(う)	え	え	う	うる	うれ	えよ
		カ行	明く	あ	け	け	く	くる	くれ	けよ
		ガ行	上ぐ	あ	げ	げ	ぐ	ぐる	ぐれ	げよ
		サ行	失す	う	せ	せ	す	する	すれ	せよ
		ザ行	混ず	ま	ぜ	ぜ	ず	ずる	ずれ	ぜよ
		タ行	捨つ	す	て	て	つ	つる	つれ	てよ
		ダ行	愛づ	め	で	で	づ	づる	づれ	でよ
		ナ行	連ぬ	つら	ね	ね	ぬ	ぬる	ぬれ	ねよ
		ハ行	経	(ふ)	へ	へ	ふ	ふる	ふれ	へよ
		バ行	比ぶ	くら	べ	べ	ぶ	ぶる	ぶれ	べよ
		マ行	集む	あつ	め	め	む	むる	むれ	めよ
		ヤ行	覚ゆ	おぼ	え	え	ゆ	ゆる	ゆれ	えよ
		ラ行	恐る	おそ	れ	れ	る	るる	るれ	れよ
		ワ行	植う	う	ゑ	ゑ	う	うる	うれ	ゑよ
23	上二段	カ行	尽く	つ	き	き	く	くる	くれ	きよ
		ガ行	過ぐ	す	ぎ	ぎ	ぐ	ぐる	ぐれ	ぎよ
		タ行	落つ	お	ち	ち	つ	つる	つれ	ちよ
		ダ行	恥づ	は	ぢ	ぢ	づ	づる	づれ	ぢよ
		ハ行	強ふ	し	ひ	ひ	ふ	ふる	ふれ	ひよ

▼文語助詞の意味・用法・接続

種類	助詞	ページ	意味・用法（ ）は訳語	接続
格助詞	が	80	主格(…ガ、…ノ)連体修飾格(…ノ、…ノヨウナ)体言の代用(…ノ、…ノモノ、…ノコト)同格(…デ)	体言・連体形
	の	80	主格(…ガ、…ノ)連体修飾格(…ノ、…ノヨウナ)体言の代用(…ノ、…ノモノ、…ノコト)同格(…デ)比喩(…ノヨウニ)	体言・連体形
	へ	81	方向(…ヘ)	体言
	を	82	対象(…ヲ)起点(…ヲ、…カラ)通過する場所(…ヲ、…ヲ通ッテ)継続する期間(…ヲ、…ノ間ヲ)	体言・連体形
	に	82	時間・場所(…ニ、…時ニ、…デ)帰着点(…ニ)対象(…ニ)目的(…ニ、…ノタメニ)原因・理由(…ノタメニ、…ニヨッテ)手段・方法(…デ、…ニヨッテ)変化の結果(…ニ、…ト)受身・使役の対象(…ニ)比較の基準(…ト比ベテ、…ヨリ)添加(…ニ、…ノ上ニ、…ニ加エテ)内容(…ト、…トシテ、…デアルト)資格・状態(…トシテ、…デ)	体言・連体形
	と	84	動作をともにする相手(…ト)変化の結果(…ト、…ニ)比較の基準(…ト、…ニ比ベテ)引用・内容(…ト、…ト言ッテ、…ト思ッテ)並列(…ト…ト)比喩(…ノヨウニ)	体言・引用句
	にて	85	場所・年齢(…デ)手段・方法・材料(…デ、…ニヨッテ)原因・理由(…デ、…ニヨッテ)資格・状態(…トシテ、…デ)	体言・連体形
接続助詞	つつ	92	反復・継続(…テハ、…続ケテ)並行(…ナガラ、…ツツ)	連用形
	ながら	92	存続(…ママデ)並行(…ナガラ、…ツツ)逆接の確定条件(…ノニ、…ケレドモ、…ガ)	連用形
副助詞	だに	93	程度の軽いものを示して、より程度の重いものを類推させる(…サエ)最小限の限定(セメテ…ダケデモ)	種々の語
	すら	93	一つのものを示して、それ以外のものを類推させる(…サエ)	種々の語
	さへ	93	添加(…マデモ)	種々の語
	のみ	94	限定(…ダケ)強意(ヒドク…、トクニ…)	種々の語
	ばかり	94	限定(…ダケ、…バカリ)およその程度(…クライ、…ホド)	種々の語
	まで	95	限界(…マデ)程度(…マデ、…ホド)	種々の語
	など	95	例示(…ナド)引用句を受ける(…ナドト)婉曲(…ナド)	種々の語
	しも	95	強意、(下に打消を伴い)部分否定(必ズシモ…〈デハナイ〉)	種々の語
係助詞	は	97	提示(…ハ)・対比(…ハ)・強調(…ハ)	種々の語
	も	97	並列(…モ…モ)添加(…モ、…モマタ)類推(…デモ、…ダッテ)最小限の希望(セメテ…ダケデモ、…デモ)強意(…モ)	種々の語
	ぞ なむ こそ	98	強意	種々の語
	や〈やは〉 か〈かは〉	98	疑問(…カ)反語(…ダロウカ、イヤ、…デハナイ)	種々の語

23	上二段	マ行	恨む	うら	み	み	む	むる	むれ	みよ
23	上二段	ヤ行	報ゆ	むく	い	い	ゆ	ゆる	ゆれ	いよ
23	上二段	ラ行	懲る	こ	り	り	る	るる	るれ	りよ
24	上一段	カ行	着る	(き)	き	き	きる	きる	きれ	きよ
24	上一段	ナ行	似る	(に)	に	に	にる	にる	にれ	によ
24	上一段	ハ行	干る	(ひ)	ひ	ひ	ひる	ひる	ひれ	ひよ
24	上一段	マ行	見る	(み)	み	み	みる	みる	みれ	みよ
24	上一段	ヤ行	射る	(い)	い	い	いる	いる	いれ	いよ
24	上一段	ワ行	居る	(ゐ)	ゐ	ゐ	ゐる	ゐる	ゐれ	ゐよ
25	下一段	カ行	蹴る	(け)	け	け	ける	ける	けれ	けよ
26	カ変		来	(く)	こ	き	く	くる	くれ	こ(こよ)
27	サ変		す	(す)	せ	し	す	する	すれ	せよ
28	ナ変		死ぬ	し	な	に	ぬ	ぬる	ぬれ	ね
29	ラ変		あり	あ	ら	り	り	る	れ	れ

文語形容詞活用表

34	ク	なし	な	く から	く かり	し	き かる	けれ	かれ
34	シク	をかし	をか	しく しから	しく しかり	し	しき しかる	しけれ	しかれ

文語形容動詞活用表

36	ナリ	静かなり	静か	なら	なり に	なり	なる	なれ	(なれ)
36	タリ	堂々たり	堂々	(たら)	たり と	たり	たる	(たれ)	(たれ)

格助詞			
して	85	…テ、…ヲ使ッテ)人数・範囲(…デ、…ト、…トトモニ)使役の対象(…ニ、…ヲ使ッテ)	体言・連体形
より	86	起点(…カラ)通過する場所(…ヲ通ッテ、…カラ)手段・方法(…デ、…ニヨッテ)比較の基準(…ヨリ)範囲の限定(…ヨリ、…以外)即時(…ヤイナヤ、…トスグニ)	体言・連体形
から	86	起点(…カラ)通過する場所(…ヲ通ッテ、…カラ)手段・方法(…デ、…ニヨッテ)原因・理由(…ニヨッテ、…次第デ)	体言・連体形

接続助詞			
ば	88	順接の仮定条件(モシ…タラ、モシ…ナラ)	未然形
ば	88	順接の確定条件〈原因・理由〉(…カラ、…ノデ)〈偶然〉(…ト、…トコロ)〈恒時(恒常)〉(…トイツモ)	已然形
と・とも	88	逆接の仮定条件(タトエ…テモ)	終止形
ど・ども	88	逆接の確定条件(…ノニ、…ケレドモ、…ガ)逆接の恒時(恒常)条件(…テモイツモ、…タトコロデ)	已然形
ものを・ものの・ものから・ものゆゑ	89	逆接の確定条件(…ノニ、…ケレドモ、…ガ)	連体形
て・して	90	単純接続(…テ〈デ〉、…ノ様子デ、…ノ状態デ)順接の確定条件(…カラ、…ノデ)逆接の確定条件(…ノニ、…ケレドモ、…ガ)	連用形
が・に・を	90	逆接の確定条件(…ノニ、…ケレドモ、…ガ)順接の確定条件(…カラ、…ノデ)単純接続(…ガ、…ト、…トコロ)	連体形
で	92	打消接続(…ナイデ、…ズニ)	未然形

終助詞			
な	1	禁止(…ナ	終止形
そ	103	禁止(…ナ、…ナイデクレ)	連用形
ばや	103	自己の願望(…タイ)	未然形
なむ	103	他に対する願望(…テホシイ)	未然形
しが・てしが・にしが・てしがな・にしがな	104	自己の願望(…タイモノダ)	連用形
もがな・がな	104	願望(…ガアレバナア、…トイイノニナア)	種々の語
な	104	詠嘆(…ナア、…ヨ、…コトヨ)	文末
か・かな	104	詠嘆(…ナア)	体言・連体形
は	105	詠嘆(…ヨ、…コトヨ、…ナア)	体言・連体形
よ	105	詠嘆(…ヨ、…ナア)呼びかけ(…ヨ)	体言・文末
かし	105	念押し(…ヨ、…ゾ)	文末
ぞ	105	念押し(…ヨ、…ゾ)	体言・連体形

間投助詞			
や	106	詠嘆・整調 呼びかけ(…ヨ)	文中・文末
を	106	詠嘆・整調	文末

＊上代の助詞の意味・用法・接続はP.106〜107参照

五十音図

行＼段	a	i	u	e	o
ア行	あ	い	う	え	お
カ行	か	き	く	け	こ
サ行	さ	し	す	せ	そ
タ行	た	ち	つ	て	と
ナ行	な	に	ぬ	ね	の
ハ行	は	ひ	ふ	へ	ほ
マ行	ま	み	む	め	も
ヤ行	や	い	ゆ	え	よ
ラ行	ら	り	る	れ	ろ
ワ行	わ	ゐ	う	ゑ	を
ワ行	ワ	ヰ	ウ	ヱ	ヲ

濁音・半濁音

行＼段	a	i	u	e	o
ガ行	が	ぎ	ぐ	げ	ご
ザ行	ざ	じ	ず	ぜ	ぞ
ダ行	だ	ぢ	づ	で	ど
バ行	ば	び	ぶ	べ	ぼ
パ行	ぱ	ぴ	ぷ	ぺ	ぽ

撥音（はつおん） ん　促音（そくおん） っ

参照 音便 P.39

いろは歌

いろはにほへと　ちりぬるを
色は匂へど　散りぬるを
わかよたれそ　つねならむ
我が世たれぞ　常ならむ
うゐのおくやま　けふこえて
有為の奥山　今日越えて
あさきゆめみし　ゑひもせす
浅き夢見じ　酔ひもせず

歌意

桜の花は色美しく照り映えるけれど、はかなく散ってしまうものだから、我々人の世も、誰が、いつまでも生き続けていられようか、いや、この世は移り変わって無常である。道もなく越えがたい深い山のようなこの世、その奥深い山を今日もまた越えて行くような人生で、浅い夢をみるように眼前の事象に惑わされたりはしまい。酒に酔いしれるようにわけもわからないまま生涯を送ったりはしまい。

用語解説　＊五十音順

助動詞

意志　あることをしようという思い　む・むず50　べし52
受身　他から動作や作用を受けること　る・らる64
打消　否定すること　ず49
打消意志　「……ないつもりだ」と意志を否定すること　じ54　まじ54
打消推量　「……ないだろう」と否定の内容を推量すること　じ54　まじ54
打消当然　そうしないのがあたりまえだということ　まじ54
詠嘆　初めて気がついた驚き・感動　けり44
婉曲　断定を避けて遠回しに言うこと　む・むず50　らむ56　けむ56　めり58　やうなり70
確述　確実に実現すること　つ・ぬ46
過去　過ぎ去った動作・状態　き44　けり44
過去推量　過去の事柄を推量すること　けむ56
仮定　実際には存在しないことを仮に想定して述べること　む・むず50
可能　そうすることができること　べし52　る・らる64
願望　実現することを願い望むこと　まほし・たし68
勧誘　相手にそうするように誘いかけ勧めること　む・むず50　べし52
完了　動作が完全に終わったこと　つ・ぬ46　たり・り48
義務　そうしなくてはならないこと　べし52
強意　意味を強めること　つ・ぬ46
禁止　相手にそうしないように求めること　まじ54
原因推量　原因・理由を推量すること　らむ56　けむ56
現在推量　直接に見ていない事柄が現在行われているだろうと推量すること　らむ56
使役　他に何かをさせること　す・さす・しむ66
実現不可能な希望　望んでもしかたのないことを望むこと　まし60
自発　自然にそうなること　る・らる64
状態　そのような状態であること　やうなり70
推定　根拠をもって推測すること　らし58　めり58　なり59
推量　まだ実現していないことや確かでないことを想像すること　む・むず50　べし52　らむ56　まし60
尊敬　動作をする人を敬うこと　る・らる64　す・さす・しむ66
存在　そこにあること　なり62
存続　動作・作用や状態が継続して現在も存在していること　たり・り48
断定　はっきり判断を下すこと　なり・たり62
適当　そうするのがふさわしいこと　む・むず50　べし52
伝聞　伝え聞くこと　らむ56　けむ56　なり59
当然　そうするのがあたりまえだということ　べし52
反実仮想　事実に反することを仮定して結果を想像すること　まし60
比況　他の事物にたとえて表すこと　ごとし69　やうなり70
不可能推量　実現できそうにないと推量すること　まじ54
不適当　そうしないほうがいいこと　まじ54
並列　二つ以上のものが同等に並んでいること　つ・ぬ46
迷い・ためらい　実行するかどうするか思い惑う気持ち　まし60
命令　他に命じること　べし52
様子　そのような様子であること　やうなり70
予定　前もって定めておくこと　べし52
例示　例として示すこと　ごとし69　やうなり70

助詞　＊主なもの

詠嘆　感動・感嘆すること　な104　か・かな104　は105　よ105　や106　を106
限定　そのことだけに限ること　より86　のみ94　ばかり94
最小限の限定　意志や希望などの表現中で、最も小さい事柄を示して、せめてそれだけはと限定・強調すること　だに93
即時　ある事柄が起こるとすぐ次の事柄が起こること　より86
添加　一つのことの上に、さらに他のことが加わること　に82　さへ93　も97
反語　疑問の表現をとることによって、それと逆の気持ちを強く表現する言い方　や〈やは〉・か〈かは〉98
比喩　事柄を他のものにたとえて表現すること　の80　と84
並行　二つ以上の動作・作用が同時に行われること　つつ92　ながら92
並列　二つ以上の事柄が同等に並んでいること　と84　も97
類推　①一つの事柄を示して、他の関係のある事柄を推し量ること　すら93　②程度の軽いものを示して、より程度の重いものを推し量ること　だに93

読解のための知識を確実に定着

ダブルマスター 古典文法+漢文句形

本書の構成と内容

本書は、高等学校で学ぶ古文・漢文を正しく読解するために必要な事項を一冊にまとめた解説書です。古文の文法を扱う「**古典文法編**」と、漢文の句形や重要語彙などを扱う「**漢文句形編**」の二部構成となっています。基礎から効率よく、確実に知識を定着できるよう、以下のような工夫をしています。

1. 本文は二段構成としました。
   - ●**上段**……基本事項の解説と用例を載せています。
   - ●**下段**……補足的・発展的な内容をまとめています(とくに重要な事項は♛で示しています)。また「古典文法編」には、紛らわしい語の識別を整理した「**識別**」を、「漢文句形編」には、上段で取り上げなかった発展的な句形を示した「**プラス**」を設けました。
2. 例文にはすべて口語訳(漢文には書き下し文も)を付けました。学習内容に関連する部分を**太字**にすることで、原文と口語訳を対照しやすくしています。
3. ある程度のまとまりごとに、学習する内容を端的に示した「**学習のポイント**」を置きました。
4. 文法・句形事項を理解するための要点を「**ポイント**」としてまとめました。
5. 文法・句形事項の理解を実際の解釈に役立てる方法を「**詳解**」としてまとめました。
6. 問題演習を適切な位置に配し、学習内容の定着をはかりました。〈解答解説編〉は別冊です。
   - ●**チェック!**……基礎的事項を確認するための小問(「古典文法編」のみ)。
   - ●**練習問題**……例文を用いた実践的な問題。

この他、「付録」に古文と漢文の読み比べを行う〈**総合問題**〉を用意しました。

目次

古典文法編

古典文法編

第一章　古典文法入門

❶古文と現代文の違い

古文に用いられた言葉を**文語**（**古語**）といい、文語で書かれた文章を、**文語文**（古文）という。これに対して、現在使われている言葉を**口語**（現代語）といい、口語で書かれた文章を、**口語文**（現代文）という。多くの言葉は時間の経過とともに移り変わってきているが、古文では平安時代中期の文法が規範とされた。

古文と現代文とでは主に次のものが違っている。古文を読むにあたっては、これらをまず理解しなければならない。次の例文とともに見てみよう。

●丹波（たんば）に出雲（いづも）[1]といふ[1]所あり[3]。大社（おほやしろ）[1]を移して、めでたく[2]作れり[2]。（徒然草・二三六段）

丹波の国に出雲という所がある。出雲大社（の神）を勧請（かんじょう）して、立派に作ってある。

1 仮名遣（かなづか）い　古文では、書き表す場合の仮名遣いが異なる。「いづも」「いふ」「おほやしろ」は、現代文では「いずも」「いう」「おおやしろ」となる。

2 言葉の意味　古文では、現代文に使われなくなった言葉がある。また、使われていても意味が異なる言葉もある。「作れり」は、現代文では「作ってある」の意味である。「めでたく」は、現代文では喜び祝うべきさまをいうが、この例文では「立派に・すばらしく」の意味である。

3 文法　古文では、文法が一部異なる。たとえば「所あり」は、主語を示す助詞「が」が省略され、「あり」で文が終止している。現代文では「所がある」となる。

学習のポイント

●歴史的仮名遣いに慣れて、正しく古文を読めるようにする。
●ことばの単位を理解する。
●単語の分類（品詞）を理解する。

▼現代に残る歴史的仮名遣い

現代仮名遣いは、原則として発音に基づいているが、一部に発音と表記が一致しないところがある。次の例の色字は、発音と表記が一致していない。これは、歴史的仮名遣いの名残を現代仮名遣いにとどめているのである。
●わたしは、おとうさんを迎えに、えき（駅）へ行った。

② 歴史的仮名遣い

参照 P.2 五十音図・いろは歌

口語文に使われている**現代仮名遣い**に対し、文語文で使われている仮名遣いを**歴史的仮名遣い**という。これは、平安時代中期ごろの用例を基準としている。

▼歴史的仮名遣いの読み方

1 語中・語尾の「は・ひ・ふ・へ・ほ」は、「ワ・イ・ウ・エ・オ」と読む。

例 いはひ（祝ひ）→イワイ　くふ（食ふ）→クウ　うへ（上）→ウエ

＊ただし、語頭に「は・ひ・ふ・へ・ほ」のある語が、他の語の下に付いて複合語になった場合は、「ハ・ヒ・フ・ヘ・ホ」と読む。例 はつはな（初花）→ハツハナ

2 次のように母音が重なる場合は、長音で読む。「フ」も「ウ」と同じ。〈1の原則〉

・アウ・アフ → オー〔au→ô〕　例 やう（様）→ヨー〔yau→yô〕　例 たまふ（給ふ）→タモー〔tamahu→tamau→tamô〕

・イウ・イフ → ユー〔iu→yû〕　例 いうげん（幽玄）→ユーゲン〔iugen→yûgen〕　例 いふ（言ふ）→ユー〔ihu→iu→yû〕

・エウ・エフ → ヨー〔eu→yô〕　例 せうと（兄人）→ショート〔seuto→syôto〕　例 けふ（今日）→キョー〔kehu→keu→kyô〕

・オウ・オフ → オー〔ou→ô〕　例 おうな（媼）→オーナ〔ouna→ôna〕　例 きのふ（昨日）→キノー〔kinohu→kinou→kinô〕

3 「ゐ・ゑ・を」は「イ・エ・オ」と読む。「ぢ・づ」は「ジ・ズ」と読む。

例 ゐなか（田舎）→イナカ　ゑむ（笑む）→エム　をんな（女）→オンナ
なんぢ（汝）→ナンジ　みづから（自ら）→ミズカラ

4 助動詞「む」「らむ」「けむ」、助詞「なむ」などの「む」は、「ン」と読む。

例 書かむ→カカン　＊ただし、助動詞「しむ」は「シム」と読む。

5 「くわ・ぐわ」は「カ・ガ」と読む。

例 くわんゐ（官位）→カンイ　ぐわん（願）→ガン

▼促音・拗音の表記

促音の「っ」や拗音の「ゃ・ゅ・ょ」は、歴史的仮名遣いではそれぞれ、「つ」「や・ゆ・よ」と大きく表記される。

● おつかかつて（追つかかつて）→オッカカッテ
● しやか（釈迦）→シャカ
● ていしゆ（亭主）→テイシュ
● いしよく（衣食）→イショク

チェック！

1 五十音図のうち、ア行・ハ行・ヤ行・ワ行について、次の表の空欄にあてはまる字を、平仮名を用いて歴史的仮名遣いで記し、それらの中で現代仮名遣いでは用いられない字を○で囲んで答えなさい。

	ア行	ハ行	ヤ行	ワ行
a	あ	は	や	わ
i				
u	う	ふ	ゆ	
e				
o	お	ほ	よ	

③ 言葉の単位

1 文と文章

● 丹波(たんば)に出雲(いづも)といふ所あり。大社(おほやしろ)を移して、めでたく作れり。（徒然草・二三六段）

ひとまとまりの思想や感情を表す表現を、**文**という。文は、読むときには終わりに音の区切れがあり、書くときには終わりに句点「。」を付けて区切ることができる。引用した『徒然草』第二三六段の冒頭は、二つの文からなっている。

単なる文の集合ではなく、一つのまとまった思想や感情を表現した統一された全体を、**文章**という。

『徒然草』のような一編の言語的作品も文章であり、短歌や俳諧のような短詩も、一文で一つの世界を表しているので、一文章である。

2 文節

● 丹波に／出雲と／いふ／所／あり。大社を／移して／めでたく／作れり。

文を、音読するときに意味が不自然にならない範囲で小さく区切った、その一つ一つの単位を、**文節**という。

3 単語

● 丹波／に／出雲／と／いふ／所／あり。大社／を／移し／て／めでたく／作れ／り。

文節をさらに小さく分けた、意味を持つ言葉の最小の単位を、**単語**という。

▼文節の分け方

1「ネ」を入れて区切れるところを目安とする。

● 丹波にネ／出雲とネ／いふネ／所ネ／あり。

2 一文節は、自立語一つか、自立語に付属語が付くかしてできているので、自立語か付属語かを見分ける。

● 丹波に／出雲と／いふ／所／あり。（自付／自付／自／自／自）

▼接頭語と接尾語

接頭語と接尾語は、それ自身では独立した単語になることはできない。必ず他の単語(品詞)に結び付いて一単語を構成する。

1 接頭語

● 御子（名詞）　第三（名詞）　小夜（名詞）　うち泣く（動詞）

2 接尾語

● 深さ（名詞）　童べども（名詞）　春めく（動詞）

接頭語が付いても、品詞の種類は変わらないが、接尾語が付くと、他の品詞に変わることがある。

● 春（名詞）＋めく（接尾語）→春めく（動詞）

4 単語の種類

1 自立語と付属語

●丹波(自)に(付)出雲(自)と(付)いふ(自)所(自)あり(自)。大社(自)を(付)移し(自)て(付)、めでたく(自)作れ(自)り(付)。

（自＝自立語、付＝付属語）

単語には、**自立語**と**付属語**がある。「所」「あり」「めでたく」など、単独で文節になることができる単語を、**自立語**という。「に」「と」「を」「て」「り」など、単独では文節になることができない単語を、**付属語**という。

自立語は、一文節中に二つ以上存在せず、また「丹波に」「出雲と」「大社を」「移して」「作れり」のように、自立語に付属語が付いて一文節を作る場合には、文節の最初にくる。付属語は自立語の後に付き、「丹波にも」のように、一文節中に二つ以上存在することもある。

2 活用する語と活用しない語

参照 P.17 活用と活用形

単語には、「いふ」のように「いはず」「いひたり」「いふ所」と語の形が変化する語と、「丹波」「出雲」「に」「と」のように語の形が変化しない語とがある。用い方によって語の形が変化することを**活用**といい、単語は**活用する語**と**活用しない語**とに分けられる。

3 体言と用言

参照 P.17 用言　P.109 名詞

「丹波」「出雲」「所」「大社」など、主として実体を表す自立語（名詞）を、**体言**という。体言は単独で主語になることができ、活用がない。「いふ」「あり」「めでたく」「作れ」など、活用があり、作用などを表す自立語（動詞・形容詞・形容動詞）を、**用言**という。用言は単独で述語になることができる。

チェック！

1 次の空欄にあてはまる適当な語を答えなさい。

（図：1 → 2・2 → 3・3・3・3 → 4・4・4・4・4・4・4・4）

（1）…（2）が集まって、一つのまとまった思想を表現したもの。

（2）…ひとまとまりの表現。書くときには、句点で区切る。

（3）…音読するときに意味が不自然にならない範囲で区切った単位。

（4）…意味を持つ言葉の最小の単位。

（4）は、単独で文節になることができる（5）と、単独では文節になることができない（6）にわけられる。

1	2
3	4
5	6

2 体言と用言について、関連があるものをそれぞれすべて選んで記号で答えなさい。

ア 活用がある　イ 活用がない
ウ 単独で主語になることができる
エ 単独で述語になることができる
オ 名詞
カ 動詞・形容詞・形容動詞

体言	用言

⑤ 文節の種類

文節は、文の中での働きによって、次のように分けることができる。

1 主部・述部　「何ガ」にあたる文節を、主部という。「ドウスル」「ドンナダ」「ナニダ」にあたる文節を、述部という。

❶ 秋田、(主部)なよ竹の　かぐや姫と　つけつ。(述部)　（竹取物語・おひたち）

秋田は、なよ竹のかぐや姫と(名を)つけた。

❷ 比叡(ひえ)の　山に　児(ちご)(主部)　ありけり。(述部)　（宇治拾遺物語・一二）

比叡山に児がいた。

❸ かれは(主部)　何ぞ。(述部)　（伊勢物語・六段）

あれは何なの。

2 修飾部　下の文節を詳しく説明する文節を、修飾部という。

1 連用修飾部　用言を含む文節を修飾する文節

❹ この　児(ちご)、心寄せに　聞きけり。　（宇治拾遺物語・一二）

この児は、期待して聞いた。

2 連体修飾部　体言を含む文節を修飾する文節

❺ をさなき　人は、寝入り　給(たま)ひにけり。　（宇治拾遺物語・一二）

幼い人は、寝込んでしまわれたよ。

3 接続部　前後の文や文節をつなぐ働きをする文節を、接続部という。

❻ 和歌　一つづつ　つかうまつれ。さらば　許さむ。　（紫式部日記・寛弘五年十一月）

和歌を一首ずつよんで差し上げろ。そうしたら許そう。

4 独立部　前後の文節から比較的独立している文節を、独立部という。

❼ いざ、かいもちひ　せむ。　（宇治拾遺物語・一二）

さあ、ぼたもちを作ろう。

▼主部と述部

本書では、**単語**を単位とする場合は**主語・述語**、**文節**を単位とする場合は**主部・述部**として区別した。単語を単位として考えると、❶は「秋田」が主語で、「つけ」が述語である。文節を単位として考えると、「秋田」が主部で、「つけつ」が述部である。「つけ-つ」は二つの単語で一文節を作っている。

以下の修飾部・接続部・独立部も、文節を単位としている。

▼品詞分解

品詞の分類に従って、文を品詞に分けることを、**品詞分解**という。

● 丹波(名詞)／に(助詞)／出雲(名詞)／と(助詞)／いふ(動詞)／所(名詞)／あり(動詞)。

チェック！

1 次の品詞の説明として適当なものを線で結びなさい。

動詞　・	・付属語で活用する
形容詞　・	・原則、u段音で終わる
形容動詞　・	・体言を修飾する
名詞　・	・付属語で活用しない
副詞　・	・独立語となる
連体詞　・	・「し」で終わる
接続詞　・	・用言を修飾する
感動詞　・	・単独で主語となる
助動詞　・	・「なり・たり」で終わる
助詞　・	・接続語となる

❻品詞

単語を、文法上の性質や語形によって分類したものを、**品詞**という。品詞は、次の三つの基準によって、十種に分けることができる。

1自立語か、付属語か。
2活用するか、活用しないか。
3単独で、主語・述語・修飾語・接続語・独立語のどれになり得るか。

分類の基準	自立語か付属語か	活用するか活用しないか	どのような文節になるか	文語の場合の言い切りの語尾	品詞	文語の例
単語	自立語	活用する語	単独で述語となる語—用言	u段音で終わる語（ラ変の場合「り」）	動詞	思ふ　あり
				「し」で終わる語	形容詞	なし　をかし
				「なり」「たり」で終わる語	形容動詞	静かなり　堂々たり
		活用しない語	単独で主語となる語—体言		名詞	われ　所
			主語とならない語—修飾語となる語—用言を修飾する語		副詞	いと　なほ
			主語とならない語—修飾語となる語—体言を修飾する語		連体詞	いはゆる
			主語とならない語—修飾語とならない語—接続する語		接続詞	されど
			主語とならない語—修飾語とならない語—接続しない語（独立語）		感動詞	いざ　あな
	付属語	活用する語			助動詞	き　けり
		活用しない語			助詞	が　ば　も

❼文の基本構造

1 文節相互の関係

文節が集まって文を組み立てる場合、文節と文節との関係は、次のように分けることができる。

1 主・述の関係

❶潮（主） 満ちぬ。（述） 〈ナニガ ドウスル〉 （土佐日記・十二月二十七日）
潮が満ちた。

❷月（主） おもしろし。（述） 〈ナニガ ドンナダ〉 （土佐日記・一月十三日）
月が美しい。

❸御局（みつぼね）は、（主） 桐壺（きりつぼ）なり。（述） 〈ナニガ ナニダ〉 （源氏物語・桐壺）
お部屋は、桐壺である。

2 修飾・被修飾の関係

1 連用修飾・被修飾の関係

❹いと（連用修飾） をさなければ、（被修飾／連用修飾） 籠に 入れて（被修飾） 養ふ。 （竹取物語・おひたち）
とても小さいので、籠（かご）に入れて育てる。

2 連体修飾・被修飾の関係

❺苦しき（連体修飾） ことも（被修飾） やみぬ。 （竹取物語・おひたち）
苦しい気持ちもおさまってしまう。

3 接続・被接続の関係

❻ゆく 川の 流れは 絶えずして、 しかも、（接続） もとの 水に（被接続） あらず。 （方丈記・ゆく川の流れ）
流れてゆく川の流れは絶えることがなくて、それでいて、もとの水ではない。

▼主部の省略

古文では主部が省略されることが多い。前後の文脈を読んで、主部を補う必要がある。次にあげた例の、二番目の文の主部は「男」である。

●昔、男ありけり。東の五条わたりにいと忍びていきけり。 （伊勢物語・五段）
昔、男がいた。(その男は)東の五条あたりに、たいそうこっそりと通っていた。

▼連文節

二つ以上の文節が連なって、その全体が一つの文節と同じ働きをしているものを、**連文節**という。

●よろづの（連体修飾） 遊びをぞ（被修飾）〔連文節・連用修飾〕 しける。（被修飾） （竹取物語・おひたち）

右の例では、「よろづの遊びをぞ」が連用修飾部となって、「しける」を修飾している。

▼文の構造の分類

文の構造は、主部・述部の関係が、どういう形で、いくつあるか、によって次の三つに分けられる。

1単文 一つの文の中に、主部・述部の関係が一つだけある文。

●みの虫、（主） いと あはれなり。（述） （枕草子・虫は）
みの虫は、(人を)たいそうしみじみとした気持ちにさせる。

4 並立の関係（対等の関係）

❼世界の　をのこ、貴なるも　賤しきも、（竹取物語・おひたち）

この世に住む男は、身分の高い人も低い人も、

5 補助・被補助の関係

❽かぐや姫　いと　いたく　泣き　給ふ。（竹取物語・嘆き）

かぐや姫はとてもひどくお泣きになる。

6 独立の関係

❾少納言よ、香炉峰の　雪　いかならむ。（枕草子・雪のいと高う降りたるを）

少納言よ、香炉峰の雪はどうだろう。

2 特殊な構造の文

1 倒置　普通の文とは違った順序に文節を並べ、表現効果を高める。

❿知らず、生まれ死ぬる人、いづ方より来たりて、いづ方へか去る。（方丈記・ゆく川の流れ）

（私には）わからない、生まれる人死ぬ人は、どこから（この世に）やって来て、どこへ去って行くものなのか。

2 挿入　文の途中に、感想や説明などの文（文節）が挟み込まれる。

⓫世に語り伝ふること、まことはあいなきにや、多くはみなそらごとなり。（徒然草・七三段）

世間に語り伝えている話は、事実はおもしろくないからだろうか、多くはみな作り話である。

3 省略　当然あるはずの文節を省く。文を簡潔にしたり、余情を深めたりする。

⓬「明けぬ先に（迎へ返してむ）。」とて、この童、供にて、いととく行き着きぬ。（堤中納言物語・はいずみ）

「夜の明けないうちに（妻を連れ戻してしまおう）。」と言って、（男は）この童を供として、たいそう早く（妻のもとに）行き着いた。

---

2 重文　一つの文の中に、主部・述部の関係が並立（対等）の形で二つ以上ある文。

●父は　なほ人にて、母なむ　藤原なりける。（伊勢物語・一〇段）

父は普通の家柄の人であって、母は藤原氏の出であった。

3 複文　一つの文の中に、主部・述部の関係が、並立ではなくて二つ以上ある文。主部・述部を含むひとまとまりの連文節が文全体の主部になる。

●折節の　移り変はるこそ、ものごとに　あはれなれ。（徒然草・一九段）

季節が移り変わることは、何事につけても情趣が感じられるものだ。

1 次の傍線部を、平仮名・現代仮名遣いに改めなさい。

1 うつは(器)　2 ゆふ(結ふ)
3 いきほひ(勢ひ)　4 まうす(申す)
5 あふぎ(扇)　6 てふ(蝶)
7 ひうが(日向)　8 ゐる(居る)
9 ひとこゑ(一声)　10 をのこ(男)
11 もみぢ(紅葉)　12 めづ(愛づ)

2 次の文を／(斜線)で文節に区切り、さらに、｜(横線)で単語に区切りなさい。

1 そ の た び、 公 卿 の 家 十 六 焼 け た り。(方丈記・安元の大火)
その火事のとき、公卿の家が十六焼けてしまった。

2 虫 の 音 な ど、 は た 言 ふ べ き に あ ら ず。(枕草子・春は、あけぼの)
虫の音などは、これもまた何とも言いようがない(情緒である)。

3 次の傍線部の文節の種類をあとから選び、記号で答えなさい。

1 [1]初心の人、[2]二つの[3]矢を持つことなかれ[4]。(徒然草・九二段)
(弓の)初心者は、二本の矢を持ってはいけない。

2 [1]あな、めでたや。[2]この獅子の[3]立ちやう、[4]いとめづらし。(徒然草・二三六段)
ああ、何とすばらしいことよ。この獅子の立ち方は、たいそう珍しい。

1　2　3　4

4 次の文節と文節(連文節)との関係を答えなさい。

ア主部　イ述部　ウ連用修飾部　エ連体修飾部　オ独立部

1　2　3　4

1 わが　朝ごと　夕ごとに　見る　竹の　中に　おはするにて、知りぬ。(竹取物語・おひたち)
私が毎朝毎晩見る竹の中にいらっしゃることで、わかった。

1　2　3

2 兼平は　この　かたき　防き　候はむ。(平家物語・木曽の最期)
兼平はこの敵を防ぎましょう。

1　2　3

5 次の文を例にならって品詞に分けなさい。

1 道(例 名) 知(例 動) れ る 人 も な く て、 惑 ひ 行 き け り。(伊勢物語・九段)
道を知っている人もなくて、迷いながら行った。

2 か く て、 翁 や う や う 豊 か に な り ゆ く。(竹取物語・おひたち)
こうして、翁は次第に裕福になっていく。

3「そ こ も い ざ 見 む。」と 言 ひ て、 車 寄 せ て 下 り ぬ。(枕草子・五月の御精進のほど)
「その家もさあ見てみよう。」と言って、牛車を寄せて下りた。

第二章

活用のある自立語―用言

❶用言

自立語で活用があり、単独で述語になることができる語を、**用言**という。用言には、次の三種類がある。

参照 P.11 体言と用言

品詞	性質	言い切りの形	例語
動詞	動作・作用・存在を表す	u段(ラ変は「り」)	思ふ 過ぐ あり
形容詞	状態・性質・感情を表す	「し」(「じ」)	なし をかし いみじ
形容動詞	状態・性質を表す	「なり」「たり」	静かなり 堂々たり

❷活用と活用形

活用とは、他の語が接続したり、その語で終止したりする場合に、語の形が変化することをいう。語形が変化した一つ一つの形を**活用形**という。

例えば、動詞「泣く」で活用を示すと次のようになる。

文語

	語幹 語尾
1未然形(みぜん)	泣 か―ず
2連用形	泣 き―たり
3終止形	泣 く―。
4連体形	泣 く―時
5已然形(いぜん)	泣 け―ども
6命令形	泣 け―。

口語

1未然形	泣 か―ない 泣 こ―う
2連用形	泣 き―ます 泣 い―た
3終止形	泣 く―。
4連体形	泣 く―時
5仮定形	泣 け―ば
6命令形	泣 け―。

⬆ここに注意！

「泣く」の「な」のように、活用するとき変化しない部分を**語幹**といい、「く」「け」のように、変化する部分を**活用語尾(語尾)**という。

学習のポイント

- 用言の種類とそれぞれの違いを理解する。
- 用言（動詞・形容詞・形容動詞）の、活用の種類とその見分け方を理解する。
- 活用形の見分け方を理解する。

用言の文法的説明

用言を文法的に説明するときは、次の要素を入れる。

動詞＝1活用する行＋2活用の種類＋3品詞＋4基本形（終止形）＋5活用形。

- 泣く＝カ行[1]四段[2]活用[3]動詞「泣く」[4]の終止形[5]。

形容詞・形容動詞＝1活用の種類＋2品詞＋3基本形＋4活用形。

- かなし＝ク活用[1]形容詞[2]「かなし」[3]の終止形[4]。

＊行＝五十音図の縦の列　段＝五十音図の横の列

已然形と仮定形

文語の活用形には仮定形がなく、その位置に已然形が置かれる。仮定を表現する場合、口語では仮定形に「ば」を付けて表すが、文語では未然形に「ば」を付けて表す。

文語
雪降れば、休校なり。（已然形）
雪がすでに降っているので、休校だ。
雪降らば、休校なり。（未然形）
もし雪が降ったら、休校だ。

口語
雪(が)降れば、休校だ。（仮定形）
もし雪が降ったら、休校だ。

❸ 活用形の主な用法

活用形名（名称の意味）	主な用法	用例	下に続く助動詞	下に続く助詞
未然形 （未だ然らず——まだそうなっていない）	**1**（打消・推量などの）助動詞が付く。 **2**（仮定条件・願望などの）助詞が付く。	**1** なほも急がず。（古今著聞集・三四九） やはり急がない。 **2** 待つとし聞かば今帰り来む（古今集・三六五） （あなたが私を）待つと聞いたらすぐに帰って来ましょう。	る　らるす　さす　しむ **ず**　**む**　むず まし　じ まほし　り	で　ばや ば〈仮定条件〉 なむ〈終助詞〉
連用形 （用言に連なる）	**1** 用言に連なって連用修飾部になる。 **2** 文をいったん中止する。**〈中止法〉** **3** 助動詞が付く。 **4** 助詞が付く。	**1** ものなど食ひて、急ぎ出でぬ。（宇治拾遺物語・一八） 食事をするなどして、急いで出発した。 **2** 音に聞き、めでて惑ふ。（竹取物語・おひたち） （かぐや姫のことを）うわさに聞き、恋して心を乱す。 **3** 急ぎたるはわろく見ゆ。（枕草子・檳榔毛は） （檳榔毛の車は）急いでいるのは悪く見える。 **4** 今しばしありて参らむ。（堤中納言物語・はいずみ） もうしばらくして参ろう。	き　けり つ　ぬ **たり**〈完了〉 けむ　たし	**て** して つつ ながら ほか
終止形 （終止する） ＊基本形ともいう。	**1** 言い切る形で文を終止する。 **2** 助動詞が付く。 **3** 助詞が付く。	**1** あはれなりと聞く。（更級日記・梅の立ち枝） いたわしいことだと思って聞く。 **2** 大事を急ぐべきなり。（徒然草・一八八段） 重要なことを速やかに行うべきである。 **3** かかること聞くとも聞かじ。（平家物語・祇園女御） このようなことは聞いても聞かないことにしよう。	べし　らむ らし　めり なり〈推定〉 まじ	とも な〈禁止〉 ほか

活用形	主な用法	例文	下に続く主な語(助動詞)	下に続く主な語(助詞)
連体形〈体言に連なる〉	1 体言に連なって連体修飾部になる。	1 急ぐ道なり。 急ぐ道中である。 (十六夜日記・宇津の山)	なり〈断定〉	が
	2 体言に準じて用いる。〔準体法〕	2 用意ある、心にくし。 心遣いのあるのは、奥ゆかしい。 (徒然草・一九一段)	たり〈断定〉	を
	3 係助詞「ぞ」「なむ」「や」「か」を受けて、結びとなる。〔係り結び〕	3 人やある、人やある。 誰かいるか、誰かいるか。 (平家物語・大原御幸)	ごとし	に
	4 余情をこめて文を終止する。〔連体形止め〕	4 悲しくのみある。 悲しいだけですわ。 (竹取物語・嘆き)	やうなり	かな
	5 助動詞が付く。	5 ひがごとのあるなり。 不都合な点があるのである。 (俊頼髄脳・鷹狩りの歌)		ほか
	6 助詞が付く。	6 名を聞くにをかしきなり。 (橋の)名前を聞くとおもしろいのである。 (枕草子・橋は)		
已然形〈已に然り——すでにそうなっている〉	1 係助詞「こそ」を受けて、結びとなる。〔係り結び〕	1 一条次郎とこそ聞け。 (おまえは)一条次郎と聞くぞ。 (平家物語・木曽最期)	り	ば〈確定条件〉
	2 助動詞が付く。	2 雪いと白う降れり。 雪がたいそう白く降り積もっている。 (伊勢物語・九段)		ど
	3 (確定条件の)助詞が付く。	3 所願あれどもかなへず、 願望があってもかなえず、 (徒然草・二一七段)		ども
命令形〈命令する〉	1 命令の意を表して文を終止する。	1 万事を鎮めてこれを聞け。 万事静かにしてこれから言うことを聞け。 (義経記・巻五)		
	2 放任の意を表して文を中止する。〔放任法〕	2 駒の行方はさもあらばあれ 馬の行方はどこであろうと構わない、 (山家集・七六五)		

＊**太字**の助動詞・助詞を、「下に続く主な語」として、21ページからの動詞の活用表に示した。

④ 動詞

❶もろともにいみじう泣く。〔言い切り〕（竹取物語・嘆き）

（かぐや姫は翁たちと）一緒にひどく泣く。

❷足ずりをして泣けども、かひなし。〔続く〕（伊勢物語・六段）

（男は）じだんだ踏んで泣くけれども、どうしようもない。

❶の「泣く」は、単独で一文節を作り（＝自立語）、「泣く」という動作を表して、述語となっている。また、❶（言い切りの形）と❷（「ども」という助詞に接続）とでは、「泣く」「泣け」と語形が変化している。

このように、自立語で活用があり、単独で述語となることができる語（＝用言）のうち、動作・作用・存在を表し、「泣く。」のように、言い切るとu段の音で終わる（ただし、「あり」「居（を）り」などはi段で終わる）語を、**動詞**という。

▼動詞の活用の種類

活用の種類	活用のしかた		例語
四段活用（正格活用）	a～e段の四段に活用する	a i u e o	泣く　思ふ
上二段活用（正格活用）	i・u段の二段に活用する	a i u e o	過（す）ぐ　起（お）く
下二段活用（正格活用）	u・e段の二段に活用する	a i u e o	上（あ）ぐ　捨（す）つ
上一段活用（正格活用）	i段のみの一段に活用する	a i u e o	見る　射る
下一段活用（正格活用）	e段のみの一段に活用する	a i u e o	蹴（け）る
カ行変格活用	カ行の三段に活用する	か き く け こ	来（く）
サ行変格活用	サ行の三段に活用する	さ し す せ そ	す　おはす
ナ行変格活用	ナ行の四段に活用する	な に ぬ ね の	死ぬ　往（い）ぬ
ラ行変格活用	ラ行の四段に活用する	ら り る れ ろ	あり　をり

▼動詞の活用の種類の変化

文語で九種類あった活用の種類は、口語では五種類に減少した。

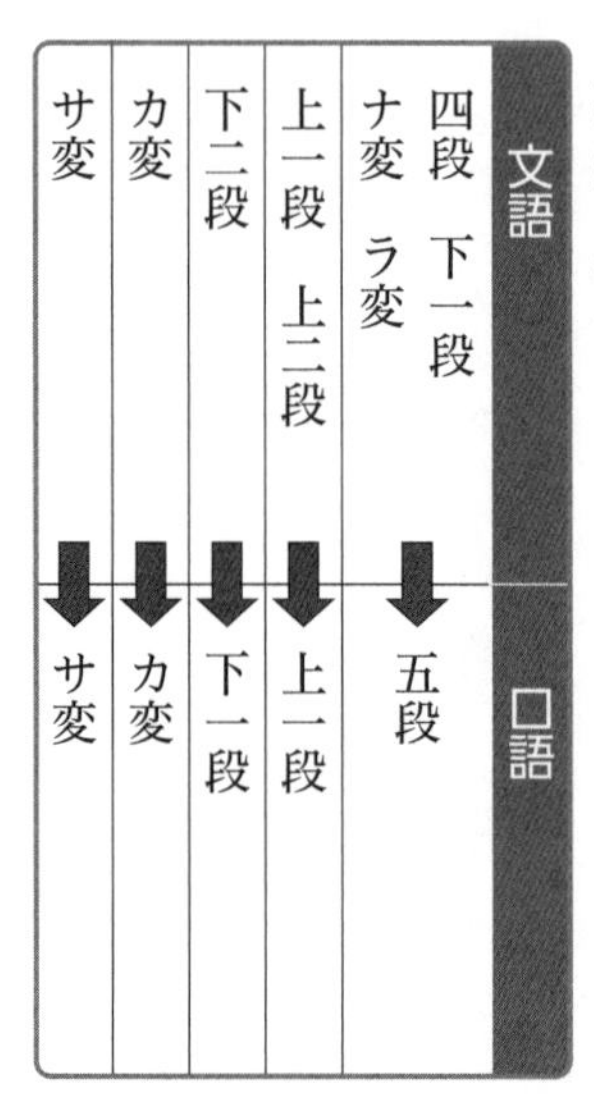

▼正格活用の活用する段

変格活用に対して、四段・上二段・下二段・上一段・下一段活用を、**正格活用**という。それぞれの名称は、五十音図のどの段に活用するかによって付けられている。

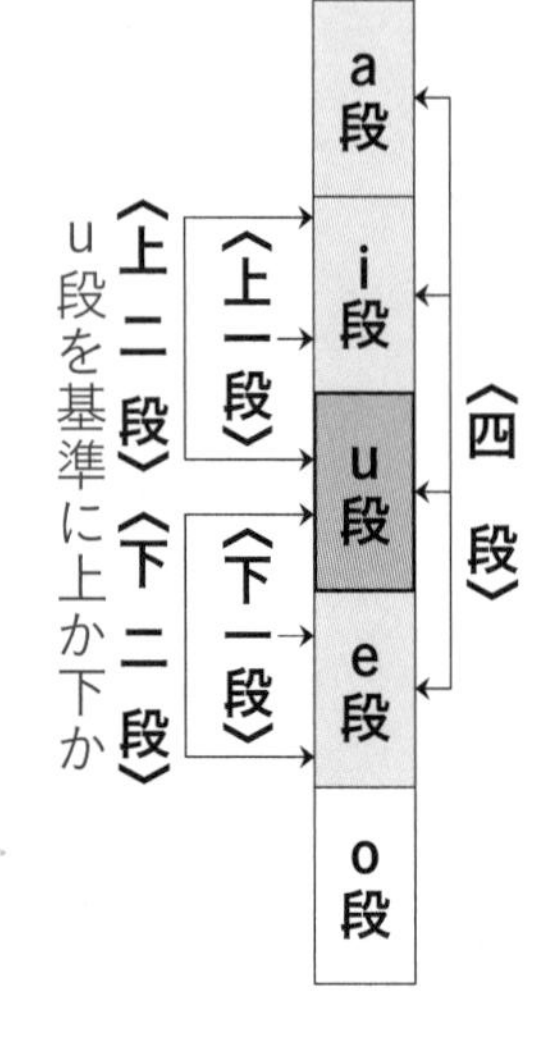

5 動詞の種類

1 四段活用

参照 P.31 動詞の整理

口語で五段に活用する「思う」は、文語では基本形が「思ふ」で、次のように活用する。

基本形	語幹	未然形	連用形	終止形	連体形	已然形	命令形	活用する行
活用する段		a	i	u	u	e	e	
思ふ	おも	は	ひ	ふ	ふ	へ	へ	ハ行
下に続く主な語		ず・む	たり・て	(終止)	とき・こと	ど・ども	(命令)	

未然形 ❶忘らるる身をば思はず　(拾遺集・八七〇)
(あなたに)忘れられる私自身のことは(なんとも)思わない。

連用形 ❷げにと思ひて、人々忘れず。　(土佐日記・一月十一日)
なるほどと思って、人々は(この歌を)忘れない。

終止形 ❸男はこの女をこそ得めと思ふ。　(伊勢物語・二三段)
男はこの女をぜひ妻にしようと思う。

連体形 ❹京に思ふ人なきにしもあらず。　(伊勢物語・九段)
都に恋しく思う人がいないわけでもない。

已然形 ❺はかなく思へども、仏のはからはせ給ふやうあらむ。　(宇治拾遺物語・九六)
頼りなく思うけれども、仏がお取り計らいになるわけがあるのだろう。

命令形 ❻この一矢に定むべしと思へ。　(徒然草・九二段)
この一矢で決めようと思え。

ポイント

1 語尾が、a段・i段・u段・e段の**四段**に活用する。
2 口語で五段活用の語の多くは、文語では四段活用。
3 口語で上一段活用をする「飽きる」「借りる」「足りる」は、文語では四段活用「飽く」「借る」「足る」である。
4 「思う」など、口語でワ・ア行にまたがって活用する語は、文語では「思ふ」のようにハ行のみに活用する。

見分け方 打消の助動詞「ず」を付けたとき、**未然形の活用語尾がa段になる。**
例 思ふ⇩思は-ず　書く⇩書か-ず　読む⇩読ま-ず

＊文語には、「書ける」「読める」という形の可能動詞はないので注意。

▼四段活用の活用する段

	a段	i段	u段	e段	o段
未然形	a				
連用形		i			
終止形			u		
連体形			u		
已然形				e	
命令形				e	

チェック！

1 次の活用表を完成させなさい。また、活用する行を空欄に答えなさい。

基本形	語幹	未然	連用	終止	連体	已然	命令
①遊ぶ							
②言ふ							
③借る							

①　　行
②　　行
③　　行

2 下二段活用

口語でガ行下一段に活用する「上げる」は、文語では基本形が「上ぐ」で、次のように活用する。

参照 P.31 動詞の整理

基本形	語幹	未然形	連用形	終止形	連体形	已然形	命令形	活用する行
上ぐ	あ	げ	げ	ぐ	ぐる	ぐれ	げよ	ガ行
活用する段		e	e	u	uる	uれ	eよ	
下に続く主な語		ず・む	たり・て	（終止）	とき・こと	ど・ども	（命令）	

未然形 ❶ 簾(すだれ)は上げず、下簾(したすだれ)も薄色(うすいろ)の、裾(すそ)少し濃き、（枕草子・関白殿、二月二十一日に）
（牛車(ぎっしゃ)の）簾を上げず、内側に垂らす布も薄い紫色で、裾のほうが少し濃いのを（垂らし）、

連用形 ❷ 大きなる声を上げて泣き叫ぶ。（宇治拾遺物語・一〇二）
大きな声を上げて泣き叫ぶ。

終止形 ❸ 吹く風砂(いさご)を上ぐ。（平家物語・太宰府落(だざいふおち)）
吹く風が砂を吹き上げる。

連体形 ❹ いま一陣旗を上ぐる戦場にして、（平家物語・願書(がんじょ)）
もう一合戦して軍旗を掲げようとする戦場で、

已然形 ❺ 烽火(ほうくわ)を上ぐれども、例の后(きさき)の火にならつて、兵も参らず。（平家物語・烽火之沙汰(ほうくわのさた)）
のろしを上げるけれども、いつもの后の（楽しみのために上げる）火に慣れていて、兵も参上しない。

命令形 ❻ いと暗し。上げよ。（落窪物語・巻一）
とても暗い。（格子を）上げよ。

ポイント

1 語尾が、u段・e段の二段に活用する。
2 口語で下一段活用の語の多くは、文語では下二段活用に。

注意する語
● 「得(う)」「寝(ぬ)」「経(ふ)」…語幹と語尾の区別がない。
● 「得(う)」…ア行に活用（一語だけ）。複合動詞に「心得(こころう)」「所得(ところう)」。
● 「混(ま)ず（交ず）」…ザ行に活用（サ変以外でこの一語だけ）。
● 「植(う)う」「飢(う)う」「据(す)う」…ワ行下二段活用はこの三語だけ。

見分け方 打消の助動詞「ず」を付けて、未然形の活用語尾がe段になる。
例 上ぐ⇩上げ-ず　捨つ⇩捨て-ず　覚ゆ⇩覚え-ず

▼下二段活用の活用する段

	a段	i段	u段	e段	o段
未然形				e	
連用形				e	
終止形			u		
連体形			uる		
已然形			uれ		
命令形				eよ	

チェック！

1 次の活用表を完成させなさい。また、活用する行を空欄に答えなさい。

基本形	語幹	未然	連用	終止	連体	已然	命令
①捨つ							
②寝							
③植う							

①　　行　②　　行　③　　行

3 上二段活用

口語でガ行上一段に活用する「過ぎる」は、文語では基本形が「過ぐ」で、次のように活用する。

参照 P.31 動詞の整理

基本形	語幹	未然形	連用形	終止形	連体形	已然形	命令形	活用する行
過ぐ	す	ぎ	ぎ	ぐ	ぐる	ぐれ	ぎよ	ガ行
活用する段		i	i	u	uる	uれ	iよ	
下に続く主な語		ず・む	たり・て	（終止）	とき・こと	ど・ども	（命令）	

未然形 ❶人間の大事、この三つには過ぎず。（徒然草・一二三段）
人間にとっての重要事は、この（衣食住の）三点に過ぎない。

連用形 ❷春過ぎて夏来たるらし（万葉集・二八）
春が過ぎて夏がやって来るらしい。

終止形 ❸清見が関を過ぐ。（十六夜日記・清見が関）
清見が関を通り過ぎる。

連体形 ❹知らぬ人と同じやうにて過ぐる人あり。（徒然草・一九四段）
知らない人と同じように聞き過ごす人もある。

已然形 ❺わが膝のもとを過ぐれど、我を飲まむとさらにせず。（宇治拾遺物語・八七）
（大蛇が）私の膝のすぐそばを通り過ぎるけれども、私を飲みこもうとは全くしない。

命令形 ❻ゆかしからぬことぞ。早く過ぎよ。（枕草子・五月の御精進のほど）
興味のないことだよ。早く行き過ぎろ。

ポイント

1 語尾が、i段・u段の二段に活用する。
2 口語で上一段活用の語の多くは、文語では上二段活用。
3 口語でザ行上一段活用をする語は、文語ではダ行上二段活用。例 怖じる⇩怖づ　閉じる⇩閉づ　恥じる⇩恥づ
4 口語で五段活用をする「恨む」は、文語では上二段活用。

注意する語 「老ゆ」「悔ゆ」「報ゆ」…ヤ行上二段活用はこの三語だけ。「老い-ず」と活用するが、ア行ではない。

見分け方 打消の助動詞「ず」を付けたとき、**未然形の活用語尾がi段になる。** 例 過ぐ⇩過ぎ-ず　起く⇩起き-ず

＊上一段活用の十数語は例外のため、別途覚える。

▼上二段活用の活用する段

	a段	i段	u段	e段	o段
未然形		i			
連用形		i			
終止形			u		
連体形			uる		
已然形			uれ		
命令形		iよ			

1 チェック！

次の活用表を完成させなさい。また、活用する行を空欄に答えなさい。

基本形	語幹	未然	連用	終止	連体	已然	命令
①閉づ							
②恨む							
③報ゆ							

①　　行　②　　行　③　　行

4 上一段活用

口語でマ行上一段に活用する「見る」は、文語では次のように活用する。

参照 P.31 動詞の整理

基本形	語幹	未然形	連用形	終止形	連体形	已然形	命令形	活用する行
見る	（み）	み	み	みる	みる	みれ	みよ	マ行
活用する段		i	i	iる	iる	iれ	iよ	
下に続く主な語		ず・む	たり・て	（終止）	とき・こと	ど・ども	（命令）	

未然形 ❶山までは見ず。（徒然草・五二段）

山までは見ない。

連用形 ❷家の焼くるを見て、うちうなづきて、時々笑ひけり。（宇治拾遺物語・三八）

家が焼けるのを見て、しきりにうなずいて、時々笑った。

終止形 ❸水鳥の思ふことなげに遊び合へるを見る。（紫式部日記・寛弘五年十月）

水鳥がなんのもの思いもない様子で遊び合っているのを見る。

連体形 ❹妻戸（つまど）をいま少し押し開けて、月見るけしきなり。（徒然草・三二段）

妻戸をもう少し押し開けて、月を見る様子である。

已然形 ❺不便なりと見れど、いかがすべからむ。（大鏡・時平伝）

不都合だと見るが、どうしたらよかろうか、いや、どうしようもない。

命令形 ❻この鏡を、こなたに映れるかげを見よ。（更級日記・鏡のかげ）

この鏡を、こちらのほうに映っている姿を見なさい。

ポイント

1 語尾が、i段の**一段のみ**に活用する。

2 複合動詞を除いて、語幹と語尾の区別がない（活用表にはカッコに入れて示す）。複合動詞には、「**鑑（かんが）みる**」「**試（こころ）みる**」「**率（ひき）ゐる**」「**用（もち）ゐる**」などがある。

3 文語で上一段活用の語は、口語でも上一段活用である。

▼上一段活用の活用する段

	a段	i段	u段	e段	o段
未然形		i			
連用形		i			
終止形		iる			
連体形		iる			
已然形		iれ			
命令形		iよ			

チェック！

1 次の活用表を完成させなさい。また、活用する行を空欄に答えなさい。

基本形	語幹	未然	連用	終止	連体	已然	命令
①射る							
②居る							
③試みる							

① 　行　② 　行　③ 　行

注意する語

●「**居（ゐ）る**」…ワ行上一段⇔「**居（を）り**」…ラ変

●「**見る**」…マ行上一段⇔「**見ゆ**」…ヤ行下二段

見分け方

語数が少ないので、暗記する。

●**干（ひ）る／射（い）る　鋳（い）る／着（き）る／煮（に）る　似（に）る／見（み）る／居（ゐ）る　率（ゐ）る**

⇩「ひ・い・き・に・み・ゐ-る」と覚える。

5 下一段活用

口語でラ行五段に活用する「蹴(け)る」は、文語では次のように活用する。

参照 P.31 動詞の整理

基本形	語幹	未然形	連用形	終止形	連体形	已然形	命令形	活用する行
活用する段		e	e	eる	eる	eれ	eよ	
蹴る	(け)	け	け	ける	ける	けれ	けよ	カ行
下に続く主な語		ず・む	たり・て	(終止)	とき・こと	ど・ども	(命令)	

未然形 ❶皮韈(かはしたうづ)を履きて、三足(みあし)蹴むと思ふなり。（古今著聞集・四一一）
皮靴下を履いて、三回（鞠を）蹴ろうと思うのだ。

連用形 ❷鞠(まり)を蹴てその音を聞かせぬこと、不思議のことなり。（古今著聞集・四一〇）
鞠を蹴ってその音を聞かせないのは、不思議なことだ。

終止形 ❸さと寄りて一足(ひとあし)づつ蹴る。（落窪物語・巻二）
さっと寄って一足ずつ蹴る。

連体形 ❹二丈ばかり蹴る人もありしなり。（遊庭秘抄）
六メートルくらい蹴る人もいたのである。

已然形 ❺円子川(まりこがは)蹴ればぞ波は上がりける。（源平盛衰記・巻三七）
円子川の水を蹴ると、波が上がった。

命令形 ❻尻(しり)蹴よ。（今昔物語集・巻二三ノ二一）
尻を蹴れ。

ポイント

1 語尾が、e段の**一段のみ**に活用する。
2 語幹と語尾の区別がない。
3 口語の「蹴散らす」「蹴飛ばす」などの語に、下一段活用の名残がある。

見分け方 「蹴る」一語だけなので、暗記する。

▼下一段活用の活用する段

	a段	i段	u段	e段	o段
未然形				e	
連用形				e	
終止形				eる	
連体形				eる	
已然形				eれ	
命令形				eよ	

チェック！

1 次の活用表を完成させなさい。また、活用する行を空欄に答えなさい。

基本形	語幹	未然	連用	終止	連体	已然	命令
蹴る							

（　　）行

2 下一段活用の動詞を一語答えなさい。

（　　）

6 カ行変格活用（略して力変）

参照 P.31 動詞の整理

口語でカ行変格活用をする「来る」は、文語では基本形が「来（く）」で、次のように活用する。

基本形	語幹	未然形	連用形	終止形	連体形	已然形	命令形	活用する行
来	（く）	こ	き	く	くる	くれ	こ（こよ）	カ行
下に続く主な語		ず・む	たり・て	（終止）	とき・こと	ど・ども	（命令）	

未然形 ❶大和人（やまとびと）、「来（こ）む。」と言へり。（伊勢物語・二三段）
大和の国の男は、「行くつもりだ。」と言った。

連用形 ❷この男来（き）たりけり。（伊勢物語・二四段）
この男が来た。

終止形 ❸人々、絶えずとぶらひに来（く）。（土佐日記・一月五日）
人々が、絶えず訪問に来る。

連体形 ❹しのびて来（く）る人見知りてほゆる犬。（枕草子・にくきもの）
（にくらしいもの、）人目を避けて通って来る人を見知っているのにほえる犬。

已然形 ❺春来（く）れば雁（かり）帰るなり（古今集・一四）
春が来るので雁が帰って行くようだ。

命令形 ❻いづら、猫は。こちゐて来（こ）。（更級日記・大納言の姫君）
どこだ、猫は。こちらへ連れて来い。

▼カ行変格活用の活用する段

	a段	i段	u段	e段	o段
未然形					o
連用形		i			
終止形			u		
連体形			uる		
已然形			uれ		
命令形					o（よ）

ポイント

1 カ行のキ・ク・コの三音に活用する。
2 複合動詞を除いて、語幹と語尾の区別がない。
3 命令形に「よ」を伴うものもあるが、用例は多くない。
❼馬を取りて来（こ）よ。（今昔物語集・巻二五ノ一二）
馬を取って来い。

注意する語 「来（く）」…カ変 ⟷ 「来（き）たる」…ラ行四段
＊「来たる」は、中古以降、主に漢文訓読体で用いられる。

見分け方 「来（く）」一語だけなので、暗記する。ただし、複合動詞（出（い）で来（く）・追（お）ひ来（く）・詣（まう）で来（く）・持（も）て来（く）など）を作るので注意。

チェック！

1 次の活用表を完成させなさい。

基本形	語幹	未然	連用	終止	連体	已然	命令
来							

2 カ行変格活用の動詞を一語答えなさい。

7 サ行変格活用（略してサ変）

参照 P.31 動詞の整理　P.144・145 識別

口語でサ行変格活用をする「する」は、文語では基本形が「す」で、次のように活用する。

基本形	語幹	未然形	連用形	終止形	連体形	已然形	命令形	活用する行
す	(す)	せ	し	す	する	すれ	せよ	サ行
下に続く主な語		ず・む	たり・て	(終止)	とき・こと	ど・ども	(命令)	

未然形　❶いみじからむ心地もせず。（竹取物語・嘆き）
うれしいような気持ちもしない。

連用形　❷遺恨(ゐこん)のわざをもしたりけるかな。（大鏡・雑々(ざふざふ)物語）
気の毒なことをしてしまったなあ。

終止形　❸戌(いぬ)の時に、門出す。（土佐日記・十二月二十一日）
午後八時ごろに、出発する。

連体形　❹もとより友とする人、ひとりふたりして行きけり。（伊勢物語・九段）
以前から友とする人、一人二人とともに行った。

已然形　❺弓矢を取り立てむとすれども、手に力もなくなりて、（竹取物語・昇天）
弓矢を持って構えようとするけれども、手に力もなくなって、

命令形　❻教経(のりつね)に組んで生け捕りにせよ。（平家物語・能登殿最期(のとどののさいご)）
教経と組み討って生け捕りにしろ。

ポイント

1 サ行のシ・ス・セの三音に活用する。
2「す」は語幹と語尾の区別がない。
3「おはす」には、下二段・四段に活用している例もある。
4 複合動詞「信ず」などはザ行に活用するが、サ変という。

注意する語　●「す」…サ変⇔「なす」…サ行四段　●「混(ま)ず」…ザ行下二段⇔「混ず」以外のザ行の動詞…サ変

見分け方　「す」「おはす」の二語だけなので、暗記する。ただし、「す」は複合動詞（愛(あい)す・心地(ここち)す・重(おも)んずなど）を作るので注意。

▼サ行変格活用の活用する段

	a段	i段	u段	e段	o段
未然形				e	
連用形		i			
終止形			u		
連体形			uる		
已然形			uれ		
命令形				eよ	

チェック！

1 次の活用表を完成させなさい。

基本形	語幹	未然	連用	終止	連体	已然	命令
おはす							

2 サ行変格活用の動詞を二語答えなさい。

8 ナ行変格活用（略してナ変）

参照 P.31 動詞の整理　P.147・149 識別

口語でナ行五段活用をする「死ぬ」は、文語では次のように活用する。

基本形	語幹	未然形	連用形	終止形	連体形	已然形	命令形	活用する行
死ぬ	し	な	に	ぬ	ぬる	ぬれ	ね	ナ行
下に続く主な語		ず・む	たり・て	（終止）	とき・こと	ど・ども	（命令）	

未然形 ❶一杯食へども**死な**ず、（沙石集・巻八ノ一一）
一杯食べるが死なず、

連用形 ❷**死に**てののちまでも屍（かばね）の上の恥を見えじ。（義経記・巻五）
死んだあとまでも屍の上の恥を見せまい。

終止形 ❸炎にまぐれてたちまちに**死ぬ**。（方丈記・安元の大火）
炎に目がくらんで倒れて瞬く間に死ぬ。

連体形 ❹これは、人の食ひつれば**死ぬる**ものぞ。（沙石集・巻八ノ一一）
これは、人が食べると必ず死ぬものだよ。

已然形 ❺つひにはその毒のゆゑに**死ぬれ**ども、（宇治拾遺物語・一五五）
とうとうその毒のために死ぬけれども、

命令形 ❻吾（あれ）を**死ね**とや思ほすらむ。（古事記・景行天皇）
私など死ねとお思いなのだろうか。

▼ナ行変格活用の活用する段

	a段	i段	u段	e段	o段
未然形	a				
連用形		i			
終止形			u		
連体形			uる		
已然形			uれ		
命令形				e	

チェック！

1 次の活用表を完成させなさい。

基本形	語幹	未然	連用	終止	連体	已然	命令
往ぬ							

2 ナ行変格活用の動詞を二語答えなさい。

ポイント

1 ナ行のナ・ニ・ヌ・ネの**四音**に活用し、各活用形の語形がすべて異なる。

2 ナ行に活用する四段活用動詞はない。

注意する語
●「**死ぬ**」…ナ変⇔「**死す**」…サ変
●「**往（い）ぬ**」…ナ変⇔「**寝（い）ぬ**」…ナ行下二段

見分け方 「**死ぬ**」「**往ぬ（去ぬ）**」の二語だけなので、暗記する。ただし、「死ぬ」は複合動詞（思ひ死ぬ・恋（こ）ひ死ぬなど）を作るので注意。

9 ラ行変格活用（略してラ変）

参照 P.31 動詞の整理　P.150 識別

口語でラ行五段に活用する「ある」は、文語では基本形が「あり」で、次のように活用する。

基本形	語幹	未然形	連用形	終止形	連体形	已然形	命令形	活用する行
あり	あ	ら	り	り	る	れ	れ	ラ行
下に続く主な語		ず・む	たり・て	（終止）	とき・こと	ど・ども	（命令）	

未然形 ❶おのが身はこの国の人にもあらず。（竹取物語・嘆き）
私の身はこの人間世界の人でもありません。

連用形 ❷猫またといふものありて、人を食らふなる。（徒然草・八九段）
猫またというものがいて、人を食うそうだよ。

終止形 ❸いと大きなる河あり。（伊勢物語・九段）
たいそう大きな川がある。

連体形 ❹清水（しみず）のある所に伏しにけり。（伊勢物語・二四段）
清水がある所にうつぶしてしまった。

已然形 ❺銭（ぜに）あれども用ゐざらむは、全く貧者と同じ。（徒然草・二一七段）
お金があるのに使わないようなのは、全く貧者と同じだ。

命令形 ❻なほここにあれ。（源氏物語・真木柱（まきばしら））
やはりここにいなさい。

ポイント

1 ラ行のラ・リ・ル・レの**四音**に活用し、基本形がi段の「り」で言い切る。

2 「帰る」などのラ行四段活用とは基本形だけが異なる。

注意する語　「**居（を）り**」…ラ変⇔「**居（ゐ）る**」…ワ行上一段

見分け方　「**あり**」「**居り**」と、その丁寧語「**侍り**」（アリマス）、その尊敬語「**いまそかり**」（イラッシャル）の四語だけなので、暗記する。ただし、「あり」は副詞「かく」「さ」「しか」などと複合して複合動詞（かかり・さかり・しかりなど）を作るので注意。

▼ラ行変格活用の活用する段

	a段	i段	u段	e段	o段
未然形	a				
連用形		i			
終止形		i			
連体形			u		
已然形				e	
命令形				e	

チェック！

1 次の活用表を完成させなさい。

基本形	語幹	未然	連用	終止	連体	已然	命令
居り							

2 ラ行変格活用の動詞を四語答えなさい。

6 補助動詞

1 官人の禄(ろく)ども、大将**給ふ**(本動詞)。〔「お与えになる」の意を表す〕（源氏物語・若菜上）

役人たちの褒美を、大将がお与えになる。

2 かぐや姫いといたく泣き**給ふ**(補助動詞)。〔「お…になる」の意を添える〕（竹取物語・嘆き）

かぐや姫はとてもひどくお泣きになる。

参照 P.120 主要敬語一覧

1の「給ふ」は「お与えになる」という動作を表す動詞であるが、2の「給ふ」は、動詞「泣き」に付いて、「お…になる」という意味を添えているだけである。

2のように、動詞本来の意味を失い、助動詞のように他の語の下に付いて補助の働きをする動詞を、**補助動詞**という。補助動詞は品詞としては動詞に属する。補助動詞に対して本来の動詞を**本動詞**という。

「あり」「居(を)り」など、存在の意を表す動詞にも補助動詞の用法がある。

3 いと大きなる河**あり**(本動詞)。〔「存在する・ある」の意を表す〕（伊勢物語・九段）

たいそう大きな川がある。

4 上に塵(ちり)ゐて**あり**(補助動詞)。〔「…ている・…である」の意を添える〕（蜻蛉日記・康保三年）

水面にほこりが浮いている。

▼補助動詞例語

尊敬　給(たま)ふ　おはす

丁寧　侍(はべ)り　候(さぶら)ふ

謙譲　奉(たてまつ)る　聞(き)こゆ

（存在）あり　居(を)り

▼自動詞と他動詞

その語だけで動作・作用を表す動詞を**自動詞**という。

●（水ガ）流る・（人ガ）笑ふ・（岩ガ）砕く

動作・作用が他に働きかけている動詞を**他動詞**という。

●（水ヲ）流す・（人ヲ）笑ふ・（岩ヲ）砕く

詳解

■ **補助動詞の見分け方**

1 動詞連用形に付く敬意を表す動詞⬇「尊敬（お…になる）・謙譲（お…申し上げる）・丁寧（…です）」の意を添える。

2 形容詞・形容動詞・助動詞「ず」「べし」｝連用形（＋助詞）に付く存在の意を表す動詞

3 動詞連用形＋助詞「て」「つつ」に付く存在の意を表す動詞

4 断定の助動詞「なり」の連用形「に」（＋助詞）に付く存在の意を表す動詞

2・3・4⬇「…ている・…である」の意を添える。

1● 天人、「遅し。」と心もとながり給ふ。（竹取物語・昇天）

天人は、「遅い。」とじれったがりなさる。

2● うらやましくもあるかな。（大鏡・道長伝）

うらやましいことだなあ。

3● 頭(かしら)かいけづりなどして居り。（大和物語・一四九段）

髪を櫛(くし)でとかしなどしている。

4● そのことに候ふ。（徒然草・二三六段）

そのことでございます。

動詞の整理

1 活用の種類の見分け方

参照 P.21〜29

語数の少ないもの……暗記する		＊複合動詞もあるので注意。
上一段活用	十数語	干る 射る 鋳る 着る 煮る 似る 見る 居る 率る など 「ひいきにみゐーる」と覚える。
下一段活用	一語	蹴る
カ行変格活用	一語	来
サ行変格活用	二語	す おはす
ナ行変格活用	二語	死ぬ 往ぬ(去ぬ)
ラ行変格活用	四語	あり 居り 侍り いまそかり(いますかり)
語数の多いもの……打消の助動詞「ず」を付けて見分ける		
四段活用	a段になる	行か－ず 勝た－ず 飛ば－ず
上二段活用	i段になる	起き－ず 落ち－ず 滅び－ず
下二段活用	e段になる	受け－ず 捨て－ず 述べ－ず

2 ア行・ヤ行・ワ行に活用する動詞

参照 P.22〜24

ア行	下二段活用	一語	得(＊心得・＊所得)
ヤ行	上一段活用	二語	射る 鋳る
ヤ行	上二段活用	三語	老ゆ 悔ゆ 報ゆ
ヤ行	下二段活用	右以外すべて	覚ゆ 聞こゆ 見ゆ など
ワ行	上一段活用	二語	居る 率る(＊率ゐる・＊用ゐる)
ワ行	下二段活用	三語	植う 飢う 据う

＊複合動詞もあるので注意。

3 基本形が一字の動詞

参照 P.22・26・27

基本形	語幹	未然形	連用形	終止形	連体形	已然形	命令形	活用の種類
得	(う)	え	え	う	うる	うれ	えよ	ア行下二段
寝	(ぬ)	ね	ね	ぬ	ぬる	ぬれ	ねよ	ナ行下二段
経	(ふ)	へ	へ	ふ	ふる	ふれ	へよ	ハ行下二段
来	(く)	こ	き	く	くる	くれ	こ(こよ)	カ行変格
す	(す)	せ	し	す	する	すれ	せよ	サ行変格

練習問題　動詞

1 次の動詞の活用表を完成させなさい。

基本形	語幹	未然形	連用形	終止形	連体形	已然形	命令形	活用する行・種類
切る								
飛ぶ								
投ぐ								
萌（も）ゆ								
報（むく）ゆ								
起く								
着る								
蹴る								
来								
案ず								
往（い）ぬ								
侍（はべ）り								

2 次の傍線部の動詞の基本形（終止形）を答えなさい。

1 のど乾き[1]、死な[2]むとす[3]。（宇治拾遺物語・一九六）

のどが乾き、死にそうだ。

1　2　3

2 馬を馳（は）せ[1]て来る[2]者あり[3]。（宇治拾遺物語・一〇六）

馬を走らせて来る人がいる。

1　2　3

3 日ごろ経[1]て、宮に帰り[2]給うけり。（伊勢物語・八三段）

何日かたって、（親王は）御殿にお帰りになった。

1　2　3

4 このをば、いといたう老い[1]て、二重（ふたへ）にてゐ[2]たり。（大和物語・一五六段）

この伯母は、たいそうひどく年老いて、腰が折れ曲がっていた。

1　2

3 次の〔　〕内の動詞の基本形を、適当な活用形に改めなさい。

1 「今宵（こよひ）〔逢ふ〕[1]む。」と〔契る〕[2]たりけるに、この男〔来（く）〕[3]たりけり。（伊勢物語・二四段）

（別の男に）「今夜結婚しましょう。」と約束してしまったところ、この（もとの）男が（帰って）来てしまった。

1　2

2 道を〔知る〕[1]者は〔植（う）う〕[2]ことを〔努む〕[3]。（徒然草・二二四段）

道理を心得る者は（植物を）植えることに努める。

1　2　3

3 笛の音など〔聞こゆ〕[1]たるは、〔過ぐ〕[2]て〔往（い）ぬ〕[3]もくちをし。（枕草子・いみじう暑きころ）

笛の音などが聞こえている牛車は、通り過ぎて去って行くのも残念だ。

1　2　3

4 心（あり）者は、（恥づ）ずになむ（来）ける。（土佐日記・十二月二十三日）

真心のある者は、人目を恥じずにやってきた。

1　2　3

1　2　3

4 次の傍線部の動詞について、基本形、活用の行・種類、活用形を答えなさい。

1 資財を取り出づるに及ばず。（方丈記・安元の大火）

家財を取り出すことはできない。

行　活用　形

2 月の光入れむとて、鎖さざりけり。（十訓抄・第七）

月の光を入れようと、格子を下ろさなかった。

行　活用　形

3 忍ぶれどなほものあはれなり。（源氏物語・若菜上）

耐え忍ぶけれどやはりもの悲しい。

行　活用　形

4 ある人、弓射ることを習ふに、（徒然草・九二段）

ある人が、弓を射ることを習うときに、

行　活用　形

5 尻をほうと蹴たれば、失せぬるなり。（宇治拾遺物語・一七六）

尻をぽんと蹴ったところ、死んでしまったのである。

行　活用　形

6 我もこの戸より出でて来。（源氏物語・空蟬）

自分もこの戸口から出て来る。

行　活用　形

7 いま五日ありておはせよ。（宇治拾遺物語・一九六）

もう五日たっておいでなさい。

行　活用　形

8 死して伏せりけり。（宇治拾遺物語・一〇四）

死んで倒れていた。

行　活用　形

5 次の傍線部の語は、ア 動詞、イ 補助動詞のどちらか、記号で答えなさい。

1 深きゆゑあらむ。（徒然草・一三六段）

深いいわれがあるのだろう。

2 十ばかりにやあらむ。（源氏物語・若紫）

（この少女は）十歳くらいであろうか。

3 この戸開け給へ。（伊勢物語・二四段）

この戸をお開けください。

4 唐土にある火鼠の皮衣を給へ。（竹取物語・貴公子の求婚）

中国にある火鼠の皮衣をお与えください。

5 おのれ酔ひたること侍らず。（徒然草・八七段）

私は酔ったことがありません。

6 年ごろ思ひつること、果たし侍りぬ。（徒然草・五二段）

長年念願していたことを、成し遂げました。

❼ 形容詞

参照 P.144 識別

自立語で活用があり、単独で述語になることができる語（＝用言）のうち、状態・性質・感情を表し、「なし。」のように、言い切ると「し」で終わる語を、**形容詞**という。

形容詞の活用は、口語では一種類であるが、文語では語尾が「く・く・し…」と活用する**ク活用**と、「しく・しく・し…」と活用する**シク活用**の二種類がある。

活用の種類	基本形	語幹	未然形	連用形	終止形	連体形	已然形	命令形
ク活用	なし	な	く から	く かり	し	き かる	けれ	かれ
シク活用	をかし	をか	しく しから	しく しかり	し	しき しかる	しけれ	しかれ
下に続く主な語			は・ず	なる・けり	（終止）	とき・べし	ど・ども	（命令）

未然形 ❶胸・腹なくは、いづくにか心のあらむ。（宇津保物語・俊蔭）
もし胸や腹がないなら、どこに心があろうか。

未然形 ❷子めいたるものから、かどなからず、（源氏物語・東屋）
あどけないものの、才気がないではなく、

連用形 ❸かたへはなくなりにけり。（土佐日記・二月十六日）
（松の）半分はなくなってしまっていたよ。

連用形 ❹あひ戦はむ心もなかりけり。（竹取物語・昇天）
戦い合おうという気持ちもないのだった。

終止形 ❺よろづのもの、よそながら見ることなし。（徒然草・一三七段）
すべてのものを、遠くから見ることがない。

連体形 ❻なき人をいづらと問ふぞ悲しかりける（土佐日記・十二月二十七日）
亡くなった人のことを「どこにいるのか。」と尋ねてしまうのは、悲しいことだよ。

連体形 ❼さらに遊びの興なかるべし。（徒然草・一三〇段）
ちっとも遊びのおもしろみはないだろう。

形容詞の未然形に付く「は」

未然形「く」「しく」に接続助詞「ば」が付いて仮定条件を表す場合、「は」と表記され、「ワ」と発音する。

● 恋しくは来ても見よかし（伊勢物語・七一段）
もし恋しいなら来て会いなさいよ。

参照 P.49「ず」の未然形に付く「は」
P.88 清音の「は」

「同じ」の連体形

形容詞「同じ」は連体形に「同じ」がある。「同じき」は主に漢文訓読体に用いられる。

● 同じ所に居ぬめり。（大鏡・序）
同じ場所に座り合わせたようです。

● 同じき年の冬、（方丈記・都遷り）
同じ年の冬、

「多し」の終止形・已然形

平安時代の和文では、終止形に「多かり」、已然形に「多かれ」が使われた。

終止形 うるはしき貝、石など多かり。（土佐日記・二月四日）
美しい貝や、石などが多い。

已然形 くちをしきこと多かれど、（土佐日記・二月十六日）
心残りなことは多いけれど、

已然形 ❽おぼし怠るとはなけれど、途絶え多かるべし。（源氏物語・葵）

なおざりにお思いになるというわけではないが、ご訪問が途絶えることが多いのだろう。

命令形 ❾初心の人、二つの矢を持つことなかれ。（徒然草・九二段）

初心者は、二本の矢を持ってはいけない。

▼形容詞例語

ク活用
憂(う)し　多(おほ)し　おもしろし　暗(くら)し
高(たか)し　つらし　なし　古(ふる)し
細(ほそ)し　よし　悪(わろ)し　をさなし

シク活用
悪(あ)し　あやし　いみじ　いやし
美(うつく)し　うれし　悲(かな)し　苦(くる)し
久(ひさ)し　よろし　をかし　惜(を)し

ポイント

1 シク活用の「－し」までを語幹と考えれば、ク活用に含めることができそうだが、それでは終止形に活用語尾がないことになってしまう。したがって、「－し」以下を語尾と考えて、ク活用とシク活用とを区別するのである。

2 活用表の右側を本活用、左側を**カリ活用**（補助活用）ということがある。カリ活用は、連用形にラ変動詞「あり」が付いて、「－く＋あり⇩－かり」「－しく＋あり⇩－しかり」となったもので、ラ変型の活用をする。

3 カリ活用には、**助動詞の続くことが多い**。

4 「同じ」「いみじ」のように「じく・じから…」と活用する語もシク活用という。

見分け方 動詞「なる」を付けて、連用形の活用語尾が「く」になればク活用。「しく」になればシク活用。

● なし⇩なく－なる　　をかし⇩をかしく－なる

練習問題

1 次の形容詞の活用表を完成させなさい。

基本形	語幹	未然形	連用形	終止形	連体形	已然形	命令形
かしこし							
わびし							
いみじ							

2 次の傍線部の形容詞について、活用の種類と活用形を答えなさい。

1 うつくしきこと[1] 限りなし[2]。（竹取物語・おひたち）

かわいらしいことはこのうえない。

1 ・　　2 ・

2 翁(おきな)心地あしく[1]、苦しき[2]ときも、（竹取物語・おひたち）

翁は気分が悪く、苦しいときも、

1 ・　　2 ・

❽ 形容動詞

参照 P.146・147・148 識別

自立語で活用があり、単独で述語になることができる語（＝用言）のうち、状態・性質を表し、言い切ると「なり」「たり」で終わる語を、**形容動詞**という。

形容動詞の活用は、口語では一種類であるが、文語では終止形の活用語尾が「なり」となる**ナリ活用**と、「たり」となる**タリ活用**の二種類がある。

活用の種類	基本形	語幹	未然形	連用形	終止形	連体形	已然形	命令形
ナリ活用	静かなり	静か	なら	なり・に	なり	なる	なれ	（なれ）
タリ活用	堂々たり	堂々	（たら）	たり・と	たり	たる	（たれ）	（たれ）
下に続く主な語			ず	けり・なる・して	（終止）	とき	ど・ども	（命令）

▼ナリ活用

未然形 ❶身もくたびれ、心も静かならず。（徒然草・一七〇段）
体も疲れ、心も平静でない。

連用形 ❷静かなりけるとき、二人臥して、よろづを語らひ、（今昔物語集・巻一六ノ二二）
静かだったとき、二人は共寝して、いろいろなことを話し合い、

連用形 ❸聖人の言に随ひて、静かにして隠れ居たり。（今昔物語集・巻一三ノ一）
聖人の言葉に従って、静かにして隠れていた。

終止形 ❹夕日の影静かなり。（平家物語・高野巻）
夕日の光がひっそりとしている。

連体形 ❺静かなる暇なく、一生を苦しむるこそ、おろかなれ。（徒然草・三八段）
静かなひまもなく、一生を苦しめることは、まことにおろかである。

已然形 ❻心おのづから静かなれば、無益のわざをなさず。（徒然草・一七二段）
心が自然と平静であるので、無益なことはしない。

識別 形容動詞と名詞＋「なり」

1 上に「この」など連体修飾句を付けて、
意味が通じる ⇩名詞＋断定の「なり」
意味が通じない ⇩形容動詞
○この　武者なり。
×この　穏やかなり。

2 上に「いと」など連用修飾語を付けて、
意味が通じる ⇩形容動詞
意味が通じない ⇩名詞＋断定の「なり」
○いと　穏やかなり
×いと　武者なり

3 主語になるかならないかを見て、
主語になる ⇩名詞＋断定の「なり」
主語にならない ⇩形容動詞
○武者が……する・武者が……だ
×穏やかが……する・穏やかが……だ

▼形容動詞例語

ナリ活用
あからさまなり　あはれなり　大きなり
つれづれなり　いたづらなり　異なり
（―か）おろかなり　かすかなり
（―らか）明らかなり　うららかなり
（―やか）あざやかなり　穏やかなり
（―げ）あやしげなり　清げなり

タリ活用
荒涼たり　蕭条たり　清明たり　朦朧たり
（同じ語を重ねる）悠々たり　洋々たり
（―然）騒然たり　平然たり

▼タリ活用

連用形 ⑦涼風颯々（さつさつ）たりし夜半（なか）ばに、（平家物語・青山之沙汰（せいざんのさた））
涼しい風がさわやかに吹いていた夜更けに、

連用形 ⑧あけぼのの空朧々（ろうろう）として、（奥の細道・旅立ち）
夜明け方の空はぼんやりかすんでいて、

終止形 ⑨松吹く風索々（さくさく）たり。（平家物語・海道下（かいだうくだり））
松を吹く風が響きわたっている。

連体形 ⑩渺々（べうべう）たる平沙（へいさ）へぞ赴き給ふ。（平家物語・太宰府落（だざいふおち））
広々とした砂浜へ向かいなさる。

ポイント

1「―に」「―と」の形にラ変動詞「あり」が付いて、「―に＋あり⇩なり」「―と＋あり⇩たり」となったもので、ラ変型の活用をする。

2タリ活用形容動詞は、口語では「―と」「―たる」の形しか用いられないので、形容動詞と認められていない。

3ナリ活用の命令形とタリ活用の未然形・已然形・命令形は、ほとんど見られない（活用表にはかっこに入れて示す）。

4ナリ活用は和文体で多く用いられ、タリ活用は漢文訓読体や和漢混交文で用いられる。

5タリ活用形容動詞の語幹はすべて漢語である。

練習問題

1 次の形容動詞の活用表を完成させなさい。

基本形	語幹	未然形	連用形	終止形	連体形	已然形	命令形
むげなり							
安らかなり							
寂寞（じゃくまく）たり							

2 次の傍線部の形容動詞について、活用の種類と活用形を答えなさい。

1 そこにいたづらになりにけり。（伊勢物語・二四段）
その場で命が絶えてしまった。
・

2 朝顔の露に異ならず。（方丈記・ゆく川の流れ）
朝顔の露と異ならない。
・

3 輿（こし）に乗りて、茫然として居たり。（古今著聞集・四三一）
輿に乗って、茫然としていた。
・

9 形容詞・形容動詞の語幹の用法

1 感動詞＋語幹、または語幹単独で言い切って、感動表現になる

＊シク活用形容詞は、終止形が語幹と同じ働きをする。

❶あな(感動詞)、をさなや。（⬆をさなし）　（源氏物語・若紫）
なんとまあ、子供っぽいこと。

❷あら(感動詞)、あはれ。（⬆あはれなり）　（古今著聞集・一七五）
ああ、かわいそうに。

2 語幹に助詞「の」が付いて、連体修飾部になる

❸をかしの御髪(みぐし)や。（⬆をかし）　（源氏物語・若紫）
美しい御髪ですこと。

❹勢ひ猛の者になりにけり。（⬆猛なり）　（竹取物語・おひたち）
勢力のある富豪になった。

3 形容詞の語幹に接尾語「み」が付いて、原因・理由を表す

多くは「体言（＋を）＋形容詞語幹＋み」の形で、「～が…ので」の意を表す。

❺若(わか)の浦(うら)に潮(しほ)満ち来れば潟(体言)を無(な)み葦辺(あしへ)をさして鶴(たづ)鳴き渡る（⬆無し）　（万葉集・九一九）
若の浦に潮が満ちてくると、干潟がなくなるので、岸辺の葦の生えているあたりをさして鶴が鳴きながら飛んでゆく。

❻山(体言)深み春とも知らぬ松の戸にたえだえかかる雪の玉水（⬆深し）　（新古今集・三）
山が深いので、春（になった）とも気づかないわび住まいの松の戸に、とぎれとぎれに落ちかかる雪解けの玉のようなしずくよ。

＊「を」は間投助詞ととるのが一般的。⬇p.106

4 接尾語が付いて他の品詞になる

1「さ」「み」が付いて名詞になる。
例 悲しさ（⬆悲し）　あはれみ（⬆あはれなり）

2「がる」「めく」などが付いて動詞になる。
例 ゆかしがる（⬆ゆかし）　ことさらめく（⬆ことさらなり）

3 形容詞に「げ」が付いて形容動詞の語幹になる。
例 清げなり（⬆清し）　をかしげなり（⬆をかし）

チェック！

1 次の傍線部の語幹は、どのような用法か。あとから選び、記号で答えなさい。

1 初めの矢になほざりの心あり。　（徒然草・九二段）
初めの矢をいいかげんに思う気持ちが生じる。　［　　］

2 いとことわりと思ひ知らるるに、　（源氏物語・藤裏葉）
「全く当然のことだよ。」とおのずから納得するが、　［　　］

3 瀬をはやみ岩にせかるる滝川のわれても末にあはむとぞ思ふ　（詞花集・二二九）
川の流れが速いので、岩に邪魔される急流のように、別れても将来は（あなたに）逢おうと思う。　［　　］

ア 語幹で言い切って感動を表す。
イ 語幹に「の」が付いて連体修飾部となる。
ウ 原因・理由を表す。

⑩用言の音便

発音の便宜のために単語の音が変化することを**音便**といい、次の四種類がある。

参照 P.71 助動詞の音便

種類	品詞	活用・活用語尾	続く語
イ音便（イ音に変化）	動詞	カ・ガ・サ行四段活用 連用形活用語尾「き・ぎ・し」	＋助詞**て**／助動詞**たり**
	形容詞	連体形活用語尾「き・しき」	＋**体言**／助詞**かな**
	例	泣きて→泣いて　漕ぎて→漕いで　おぼしたり→おぼいたり　をさなき人→をさない人　悲しきかな→悲しいかな	
ウ音便（ウ音に変化）	動詞	ハ・バ・マ行四段活用 連用形活用語尾「ひ・び・み」	＋助詞**て**／助動詞**たり**
	形容詞	連用形活用語尾「く・しく」	＋他の**用言**／助詞**て・こそ**
	例	思ひて→思うて　呼びて→呼うで　頼みたる人→頼うだる人　白く降れり→白う降れり　うれしくて→うれしうて　あやしくこそ→あやしうこそ	
撥音便（ン音に変化）	動詞	バ・マ行四段活用、ナ行変格活用 連用形活用語尾「び・み・に」	＋助詞**て**／助動詞**たり**
		ラ行変格活用連体形活用語尾「る」	＋助動詞**なり・めり**　＊「なり」は推定・伝聞
	形容詞	連体形活用語尾「かる・しかる」	
	形容動詞	ナリ活用連体形活用語尾「なる」	
	例	飛びて→飛んで　読みて→読んで　死にたり→死んだり　あるなり→あんなり　多かるなり→多かんなり　苦しげなるめり→苦しげなんめり	
促音便（ッ音に変化）	動詞	タ・ハ・ラ行四段活用、ラ行変格活用 連用形活用語尾「ち・ひ・り」	＋助詞**て**／助動詞**たり**
	例	立ちて→立つて　笑ひて→笑つて　取りたり→取つたり　ありて→あつて	

▼撥音の無表記

ラ変型の活用語の連体形が撥音便化する場合、撥音「ん」は表記されないこともあるが、読むときにはン音を補う。

- **ラ行変格活用動詞の連体形**
  あるなり→あんなり→あなり
  あるめり→あんめり→あめり
- **ク・シク活用形容詞の連体形**
  多かるなり→多かんなり→多かなり
- **ナリ活用形容動詞の連体形**
  苦しげなるめり→苦しげなんめり→苦しげなめり

参照 P.58 ラ変型の活用語と「めり」「なり」の接続

▼促音の表記

促音の「っ」は、歴史的仮名遣いでは「つ」と大きく表記される。

▼音便に続く語の音変化

「て」「たり」が、「ぎ」のイ音便、「び」「み」のウ音便、撥音便に続くとき、「で」「だり」と濁音化する。

- 騒ぎて→騒いで　● 忍びて→忍うで
- 頼みて→頼うで　● 学びたり→学んだり

▼その他の動詞の音便

連用形が、補助動詞「給ふ」、完了の助動詞「ぬ」へと続くとき、音便が起こる。

- 泣き給ふ→泣い給ふ　【イ音便】
- 終はりぬ→終はんぬ　【撥音便】

練習問題　用言

1 次の文から用言を順に六つ抜き出し、活用表を完成させなさい。動詞については、活用する行も答えること（**2**も同じ）。

・おろかなる人は、深くものを頼むゆゑに、恨み、怒(いか)ることあり。（徒然草・二一一段）

おろかな人は、深くものを頼みにするために、（期待を裏切られて）恨んだり、怒ったりすることがある。

基本形	語幹	未然形	連用形	終止形	連体形	已然形	命令形	活用の種類と品詞

2 次の傍線部の用言の基本形・活用の種類・活用形を答えなさい。

1 [1]にくきもの、[2]急ぐことある折に[3]来て、[4]長言(ながごと)[5]する客人(まらうと)。（枕草子・にくきもの）

憎らしいもの、急ぐことがあるときに来て、長話する客。

1　・　・

2　・　・

3　・　・

4　・　・

5　・　・

2 [1]あばらなる蔵に、女をば奥に[2]押し入れて、男、弓・胡簶(やなぐひ)を[3]負ひて戸口に[4]をり。（伊勢物語・六段）

荒れてがらんとした蔵に、女を奥のほうに押し入れて、男は、弓や胡簶を背負って戸口に座る。

1　・　・

2　・　・

3　・　・

4　・　・

3 もの[1]心細く、[2]すずろなるめを[3]見ることと[4]思ふに、修行者(すぎやうざ)[5]会ひたり。（伊勢物語・九段）

何となく心細く、思いがけないつらいめにあうことよと思っていると、修行者と偶然に出会った。

1　・　・

2　・　・

3　・　・

4　・　・

5　・　・

3 次の文から解答欄の数に合わせて用言を順にすべて抜き出し、例を参考に文法的に説明しなさい。

例 待た…タ行四段活用動詞「待つ」の未然形。
をかしき…シク活用形容詞「をかし」の連体形。
静かなり…ナリ活用形容動詞「静かなり」の終止形。

1 泣き顔作り、けしき異（こと）になせど、いとかひなし。（枕草子・はしたなきもの）

泣き顔を作り、様子も普通でなく（悲しげに）するけれども、（涙が出ないことには、）全くかいがない。

1
2
3
4

2 浦島太郎も、あはれと思ひ、同じ船に乗り、沖の方（かた）へ漕（こ）ぎ出（い）だす。（御伽草子・浦島太郎）

浦島太郎も、（女を）かわいそうなことよと思い、同じ船に乗り、沖のほうへ漕ぎ出す。

1
2
3
4
5

---

4 次の傍線部の音便の種類ともとの形を答えなさい。

1 をめき叫んで攻め戦ふ。（平家物語・能登殿最期）

わめき叫んで攻め戦う。

・

2 西をさいてぞ歩ませ給ふ。（平家物語・忠度都落）

西をさして（馬を）歩ませなさる。

・

3 三十人が力持ったる大力（だいぢから）の剛（かう）の者あり。（平家物語・能登殿最期）

三十人力を持っている大力の剛勇の者がいる。

・

4 頼朝（よりとも）に会うて、ものひとこと言はむ。（平家物語・能登殿最期）

頼朝に会って、一言ものを言おう。

・

5 ゐざり出づる人あなり。（源氏物語・若紫）

膝をついてにじり出る人があるようだ。

・

6 三寸ばかりなる人、いとうつくしうてゐたり。（竹取物語・おひたち）

三寸ほどの人が、とてもかわいらしい姿で座っている。

・

7 互ひによいかたきぞ。（平家物語・木曽最期）

互いに不足ない敵だぞ。

・

8 候ふ人々も、さうざうしげなめり。（源氏物語・葵）

お仕えする人々も、（出かけないのは）もの足りないようだ。

・

●助動詞(P.42〜) ●助詞(P.78〜)

❶ 助動詞

付属語で活用があり、用言その他に付いて、さまざまな意味を添える働きをする語を、**助動詞**という。

●雨降る（　）。
雨が降る。

（　）に入る助動詞によって、文意が違ってくる。

●雨降り〔けり〕。　〔助動詞「けり」は過去（…タ）の意味を添えている〕
雨が降った。

●雨降ら〔ず〕。　〔助動詞「ず」は打消（…ナイ）の意味を添えている〕
雨が降らない。

●雨降ら〔む〕。　〔助動詞「む」は推量（…ダロウ）の意味を添えている〕
雨が降るだろう。

学習のポイント

●助動詞の種類を理解する。
●それぞれの助動詞について、接続のしかた・活用のしかた・意味を理解する。

助動詞の文法的説明

助動詞を文法的に説明するときは、次の要素を入れる。

1意味＋2品詞＋3基本形（終止形）＋4活用形。

●けり＝過去[1]の助動詞[2]「けり」[3]の終止形[4]。
●ず　＝打消[1]の助動詞[2]「ず」[3]の終止形[4]。
●む　＝推量[1]の助動詞[2]「む」[3]の終止形[4]。

ポイント

助動詞学習の要点

助動詞の学習は、**1接続のしかた**、**2活用のしかた**、**3意味**の三点を理解することが要点である。

❶雨降りぬ。　雨が降った。
❷降らぬ雨。　降らない雨。

❶の「ぬ」と❷の「ぬ」は、同じ「ぬ」という語形をしているが、語としては異なっている。三つのポイントを比較して、明らかにしてみよう。

1接続　❶は四段活用動詞「降る」の**連用形**に付いている。❷は四段活用動詞「降る」の**未然形**に付いている。

2活用　❶は句点が付いて言い切っているので**終止形**。❷は体言「雨」に続いているので**連体形**。

3意味　❶は「**…た**」の意味を添えている。❷は「**…ない**」の意味を添えている。

以上のことから、❶は完了の助動詞「ぬ」の終止形、❷は打消の助動詞「ず」の連体形と見分ける。

❷ 助動詞の種類

▼意味による分類

参照 P.2 用語解説

主な意味	助動詞	ページ
1 過去	□き □けり	44
2 完了	□つ □ぬ	46
	□たり □り	48
3 打消	□ず	49
4 推量	□む〈ん〉 □むず〈んず〉	50
	□べし	52
5 打消推量	□じ □まじ	54
6 現在推量	□らむ〈らん〉	56
過去推量	□けむ〈けん〉	57
7 推定	□らし □めり □なり	58
8 反実仮想	□まし	60
9 断定	□なり □たり	62
10 自発・可能・受身・尊敬	□る □らる	64
11 使役・尊敬	□す □さす □しむ	66
12 願望	□まほし □たし	68
13 比況	□ごとし □やうなり	69

▼接続による分類

1未然形に付く
り（サ変に） ず む むず
じ まし る らる す
さす しむ まほし

2連用形に付く
き けり つ ぬ
たり〈完了〉 けむ たし

3終止形に付く
べし らむ まじ
らし めり なり〈推定〉*
（ただし、ラ変・ラ変型の活用語には連体形に付く。）

4連体形に付く
なり〈断定〉 ごとし やうなり

5已然形に付く
り（四段に）

6その他（体言・副詞・助詞）に付く
なり〈断定〉 たり〈断定〉
ごとし やうなり

*ラ変型の活用語＝形容詞（カリ活用）・形容動詞・ラ変型活用の助動詞

▼活用の型による分類

1四段型
む らむ けむ

2下二段型
つ る らる す さす しむ

3ナ変型
ぬ

4ラ変型
けり たり〈完了〉 り めり
なり〈推定〉

5サ変型
むず

6形容詞型
ク活用型……べし たし
ごとし
シク活用型……まじ まほし

7形容動詞型
ナリ活用型…なり〈断定〉
やうなり
タリ活用型…たり〈断定〉

8特殊型
特別の型……き ず まし
無変化型……じ らし

1 過去

＊助動詞の意味については、P.2の「用語解説」参照。

き

活用

基本形	未然形	連用形	終止形	連体形	已然形	命令形	活用の型
き	(せ)	○	き	し	しか	○	特殊型

参照 P.144・145 識別

接続　活用語の連用形に接続。（カ変・サ変には、特殊な接続をする。）

意味

1 過去（…タ）

❶京より下り(連用形)しときに、みな人、子どもなかり(連用形)き。（土佐日記・二月九日）

京から（土佐へ）下ったときに、ここにいる人はみな、子供がなかった。

けり

活用

基本形	未然形	連用形	終止形	連体形	已然形	命令形	活用の型
けり	(けら)	○	けり	ける	けれ	○	ラ変型

参照 P.144 識別

接続　活用語の連用形に接続。

意味

1 過去（…タ・…タトイウコトダ・…タソウダ）

❷今は昔、竹取の翁といふ者あり(連用形)けり。（竹取物語・おひたち）

昔、竹取の翁という者がいた。

2 詠嘆（…ナア・…タノダナア）

❸「盗人(ぬすびと)の襲ひかかりたるなり(連用形)けり。」（今昔物語集・巻二八ノ四二）

「泥棒が襲いかかってきたのだなあ。」

「き」と「けり」の違い

- **き**　**経験過去**　直接体験したことを回想する。
- **けり**　**伝聞過去**　間接的に知ったことを回想する。

「き」の未然形「せ」の用法

「き」の未然形「せ」は、「せば…まし」の形で反実仮想を表す用法しかなく、和歌の中で用いられることが多い。この「せ」をサ変動詞の未然形とする説もある。

●世の中にたえて桜のなかりせば春の心はのどけからまし（古今集・五三）

もし世の中に全く桜がなかったなら、春の人の心はのどかだったろうに。

参照 P.60「まし」

「けり」の未然形「けら」の用法

「けり」の未然形「けら」は、奈良時代に、「けらずや」「けらく」の形で用いられた。

●梅の花咲きたる園の青柳(あおやぎ)はかづらにすべくなりにけらずや（万葉集・八一七）

梅の花が咲いているこの庭の青柳は、髪に飾ることができるほどになったではないか。

チェック！

1 次の活用表を完成させなさい。

基本形	未然	連用	終止	連体	已然	命令
き	(せ)	○				○
けり	(けら)	○				○

詳解

■「き」の力変・サ変への接続

参照 P.26 カ変 P.27 サ変

「き」がカ変・サ変に接続するときは、次のような特殊な接続をする。

		過去の助動詞「き」		
		終止形 き	連体形 し	已然形 しか
カ変「来」	未然形 こ	×	こ―し	こ―しか
	連用形 き	×	き―し	（き―しか）
サ変「す」	未然形 せ	×	せ―し	せ―しか
	連用形 し	し―き	×	×

● くらべこし（未然形）振り分け髪も肩過ぎぬ （伊勢物語・二三段）

あなたと長さを比べてきた私の振り分け髪も肩より長くなりました。

● わがせ（未然形）しがごとうるはしみせよ （伊勢物語・二四段）

私があなたを愛したように、あなたも新しい夫を愛して幸福に暮らしなさいよ。

■「けり」の詠嘆の用法

参照 P.74 助動詞の整理 P.62「なり」

「けり」の詠嘆の用法は、今まで気づかなかったことに初めて気づいた驚きや感動を表す。**気づきの「けり」**ともいう。

1 和歌や会話文の中で使われるときに多い。
2 断定の助動詞「なり」に付くときに多い。

1 見渡せば花も紅葉もなかりけり浦の苫屋（とまや）の秋の夕暮れ （新古今集・三六三）

見渡すと、興趣を誘うような春の桜も秋の紅葉もなかったのだなあ。漁師の苫ぶきの小屋が点在するだけの海辺の秋の夕暮れは。

2 わがうへを思ふなりけりと思ふに、いとかなしうなりぬ。 （大和物語・一四九段）

（女は）私の身の上を案じていたのだったのだなあと思うと、（女のことが）ひどくいとおしくなった。

練習問題

1 次の傍線部の助動詞の活用形を答えなさい。

1 祭り見し[1]さま、いとめづらかなりき[2]。 （徒然草・一三七段）

（情趣を解さない人が）賀茂祭りを見た様子は、たいそう珍妙だった。

1 [　　] 2 [　　]

2 思ふさまに吹きける[1]、世にたぐひなく、めでたかりけり[2]。 （十訓抄・第一）

思うままに（笛を）吹いた、その音色は、この世に比類なく、すばらしかった。

1 [　　] 2 [　　]

2 次の傍線部の助動詞の意味は、過去、詠嘆のどちらか。

1 「聞きしにも過ぎて、尊くこそおはしけれ。」 （徒然草・五二段）

「（社殿は）聞いていたのよりもまさって、まことに尊くていらっしゃったよ。」

[　　]

2 駿河（するが）なる宇津（うつ）の山べのうつつにも夢にも人にあはぬなりけり （伊勢物語・九段）

駿河にある宇津の山辺の「うつ」という名のように、現実にも夢の中でもあなたに逢わないことだよ。

[　　]

2 完了

つ・ぬ

参照 P.74 助動詞の整理　P.146・147・148・149 識別

活用

基本形	未然形	連用形	終止形	連体形	已然形	命令形	活用の型
つ	て	て	つ	つる	つれ	てよ	下二段型
ぬ	な	に	ぬ	ぬる	ぬれ	ね	ナ変型

接続

活用語の**連用形**に接続。

意味

1 完了（…タ・…テシマッタ）

❶ 秋田、なよ竹のかぐや姫とつけ（連用形）つ。（竹取物語・おひたち）

秋田は、なよたけのかぐや姫と（名を）つけた。

❷ この子を見れば、苦しきこともやみ（連用形）ぬ。（竹取物語・おひたち）

（翁は）この子を見ると、苦しい気持ちも治まった。

2 確述（強意）（キット…スル・…テシマウ・タシカニ…ダ）

❸ 国王の仰せ言を背かば、はや殺し給ひ（連用形）てよかし。（竹取物語・帝の求婚）

（私が）国王のご命令に背いたなら、早く（私を）殺してしまいなさいな。

❹ とまれかうまれ、とく破り（連用形）てむ。（土佐日記・二月十六日）

何はともあれ、（こんな書き物は）早く破ってしまおう。

❺ はや舟に乗れ。日も暮れ（連用形）ぬ。（伊勢物語・九段）

早く舟に乗れ。日も暮れてしまう。

❻ もの知り（連用形）ぬべき顔したる神官を呼びて、（徒然草・二三六段）

いかにもものを知っていそうな顔をした神官を呼んで、

3 並列（…タリ、…タリ）◆中世以降の用法

❼ 組ん（連用形）づ組まれ（連用形）つ、討ち（連用形）つ討たれ（連用形）つ。（源平盛衰記・巻三）

組んだり組まれたり、討ったり討たれたり。

❽ 泣き（連用形）ぬ笑ひ（連用形）ぬぞし給ひける。（平家物語・藤戸）

泣いたり笑ったりなさいました。

▼「つ」と「ぬ」の違い

つ　意識的・意図的な動作・作用の完了

❶ かぐや姫と（名を）つけ（他動詞）つ。

ぬ　無意識・自然な動作・作用の完了

❷ 苦しきこともやみ（自動詞）ぬ。

識別　ぬ

1 連用形に接続

⇩完了の助動詞「ぬ」の終止形

● 雨やみぬ。

2 未然形に接続

⇩打消の助動詞「ず」の連体形

● やまぬ雨。

雨やみぬ。（雨がやんだ。）

やまぬ雨。（やまない雨。）

チェック！

1 次の活用表を完成させなさい。

基本形	未然	連用	終止	連体	已然	命令
つ						
ぬ						

詳解

■「つ」「ぬ」＋過去の助動詞の訳し方 参照 P.74 助動詞の整理

「つ」「ぬ」は、下に過去の助動詞を伴うことが多い。

てき	にき	完了＋過去	…てしまった
てけり	にけり	完了＋過去	…てしまった
		完了＋詠嘆	…てしまったなあ

● 夢てふものは頼みそめてき　（古今集・五五三）
夢というものを頼りにし始めるようになってしまった。

● 「かくても月日は経にけり。」　（源氏物語・桐壺）
「更衣が亡くなっても月日は過ぎてしまったなあ。」

■「つ」「ぬ」＋推量の助動詞の訳し方 参照 P.74 助動詞の整理

下に推量の助動詞が付くとき、「つ」「ぬ」は確述（強意）の用法である。「む」「べし」の意味にも注意して解釈する。

てむ	なむ	確述（強意）＋推量	きっと…だろう	など
つべし	ぬべし			

● 鬼なども我をば見許してむ。　（源氏物語・夕顔）
鬼などもきっと私を見逃すだろう。　（「む」は推量）

● いづくなりともまかりなむ。　（大鏡・道長伝）
どこであっても必ず参りましょう。　（「む」は意志）

● 言ひ過ぐしもしつべき所々もあれば、　（枕草子・跋）
きっと言い過ぎをしているはずの箇所もあるので、　（「べし」は当然）

● つれづれ慰みぬべき物語や候ふ。　（無名草子・紫式部）
退屈を慰めるのにちょうどよい物語はありますか。　（「べし」は適当）

推量の助動詞が付かなくても、確実に実現するという判断を表すとき（用例❸❺）は、確述（強意）の用法である。

練習問題

1 次の傍線部の助動詞の活用形を答えなさい。

1 一夜（ひとよ）のうちに塵灰（ぢんくわい）となりにき。　（方丈記・安元の大火）
一夜のうちに塵灰となってしまった。
［　　　　］

2 かしらおろしてけり。　（古今集・八四七詞書）
出家してしまった。
［　　　　］

3 年ごろ思ひつる[1]こと、果たし侍りぬ[2]。　（徒然草・五二段）
長年念願していたことを、成し遂げました。
1［　　　　］　2［　　　　］

2 次の傍線部の助動詞の意味は、完了、確述（強意）のどちらか。

1 このこと、試みてむ。　（宇治拾遺物語・一〇四）
このことを、試してみよう。
［　　　　］

2 行き通ふ所出で来にけり。　（伊勢物語・二三段）
通って行く所ができてしまった。
［　　　　］

3 庵（いほ）なども浮きぬばかりに雨降りなど　（更級日記・門出）
仮の宿なども浮いてしまうくらいに雨が降りなど
［　　　　］

参照 P.144・146・150 識別

活用

基本形	未然形	連用形	終止形	連体形	已然形	命令形	活用の型
たり	たら	たり	たり	たる	たれ	(たれ)	ラ変型
り	ら	り	り	る	れ	(れ)	

接続

たり—活用語の**連用形**に接続。

り——サ変動詞の**未然形**・四段動詞の**已然形**に接続。

意味

1 存続(…テイル・…テアル)

❶紫だち(連用形)たる雲の細くたなびき(連用形)たる。(枕草子・春は、あけぼの)
紫がかっている雲が細くたなびいている(のは、すばらしい)。

❷かきつばたいとおもしろく咲き(連用形)たり。(伊勢物語・九段)
かきつばたがたいそう美しく咲いている。

❸あしと思へ(已然形)るけしきもなくて、出だしやりければ、(伊勢物語・二三段)
いやだと思っている様子もなくて、(男を)送り出してやったので、

❹五月(さつき)のつごもりに、雪いと白う降れ(已然形)り。(伊勢物語・九段)
五月の末に、雪がまっ白に降り積もっている。

2 完了(…タ・…テシマッタ)

❺すでにし出だし(連用形)たるさまにて、ひしめき合ひたり。(宇治拾遺物語・一二)
早くも(ぼたもちを)作り上げた様子で、騒ぎ合っている。

❻大和人(やまとびと)、「来む。」と言へ(已然形)り。(伊勢物語・二三段)
大和の人は、「行くつもりだ。」と言った。

完了と存続の違い

完了 事件や事象が済んでしまったことを表す。「今ハ…テシマッタ」の意。

存続 事件や事象が済んで、その結果が今も存在し続けていることを表す。

「たり」の並列の用法

中世以降、「…たり…たり」の形で、動作・作用の並列を表す用法が生まれた。

●掃(は)いたり拭(のご)うたり、塵(ちり)拾ひ、手づから掃除せられけり。(平家物語・先帝身投)
掃いたり拭(ふ)いたり、塵を拾い、自分の手でお掃除をなさった。

「り」の接続

「り」は四段動詞については命令形に接続するという説もある。また、サ変動詞については、命令形の古形「せ」に接続するという説もある。

チェック!

1 次の活用表を完成させなさい。

基本形	未然	連用	終止	連体	已然	命令
たり						(たれ)
り						(れ)

練習問題

1 次の傍線部の助動詞の意味と活用形を答えなさい。

1 歌をなむよみて出だしたりける。(伊勢物語・二四段)
歌をよんで(男に)差し出してしまった。
[・]

2 おごれる人も久しからず、(平家物語・祇園精舎)
おごりたかぶっている人もそのおごりの日々は長くは続かない、
[・]

3 打消

ず

活用

基本形	未然形	連用形	終止形	連体形	已然形	命令形	活用の型
ず	ず ざら	ず ざり	ず	ぬ ざる	ね ざれ	ざれ	特殊型

参照 P.149 識別

接続 活用語の**未然形**に接続。

意味 **1 打消（…ナイ）**

❼京には見え（未然形）ぬ鳥なれば、みな人見知ら（未然形）ず。（伊勢物語・九段）
京には見えない鳥なので、一行の人々は誰も（その鳥を）見知らない。

「ず」の未然形に付く「は」

未然形「ず」に接続助詞「ば」が付いて仮定条件を表す場合、「は」と表記され、「ワ」と発音する。

●第一ならずはいかに。（枕草子・御方々、君たち）
もし第一番でないならどうですか。

参照 P.34 形容詞の未然形に付く「は」
P.88 清音の「は」

チェック！

1 次の活用表を完成させなさい。

基本形	未然	連用	終止	連体	已然	命令
ず						

詳解

■「ず」の活用

1 次の三つの系列の活用を一つにまとめたものである。

基本形	未然形	連用形	終止形	連体形	已然形	命令形	活用の型
ず	（な）	（に）	○	ぬ	ね	○	四段型
	ず	ず	ず	○	○	○	無変化型
	ざら	ざり	○	ざる	ざれ	ざれ	ラ変型

2「ざり」の系列は「ず」に「あり」が付いてできた活用で、ラ変型活用をする。主として助動詞が下に付く。

3 未然形「な」と連用形「に」は奈良時代に用いられた。「な」は「なくに」の形で平安時代以降の和歌にも用いられる。

2●馬の頭（かしら）も見えざりけり。（平家物語・木曽最期）
馬の頭も見えなかった。

3●みちのくのしのぶもぢずりたれゆゑに乱れそめにし我ならなくに（伊勢物語・一段）
陸奥（むつ）の国のしのぶずりの乱れ模様のように、誰のせいで私の心は乱れ始めたのでしょうか、私のせいではないのに。

練習問題

1 次の傍線部の助動詞の活用形を答えなさい。

1 二、三日にあげず[1]、御覧ぜぬ[2]日なし。（大和物語・一五二段）
（帝は鷹を）二、三日と間を置かず、御覧にならない日はない。

1 ＿＿＿　2 ＿＿＿

2 この川、飛鳥（あすか）川にあらねば[1]、淵瀬（ふちせ）さらに変はらざり[2]けり。（土佐日記・二月十六日）
この川は、飛鳥川ではないので、淵や瀬は少しも変化していないことだよ。

1 ＿＿＿　2 ＿＿＿

4 推量

む〈ん〉・むず〈んず〉

参照 P.55「む」「べし」「じ」「まじ」の関係　P.147・150 識別

活用

基本形	未然形	連用形	終止形	連体形	已然形	命令形	活用の型
む〈ん〉	(ま)	○	む〈ん〉	む〈ん〉	め	○	四段型
むず〈んず〉	○	○	むず〈んず〉	むずる〈んずる〉	むずれ〈んずれ〉	○	サ変型

接続

活用語の**未然形**に接続。

意味

1 推量（…ウ・…ヨウ・…ダロウ）

❶深きゆゑあらむ。（未然形：あら）（徒然草・二三六段）
　深いわけがあるのだろう。

❷もとの国より、迎へに人々まうで来むず。（未然形：まうで来（こ））（竹取物語・嘆き）
　もとの国から、迎えに人々が参るだろう。

2 意志（…ウ・…ヨウ・…ツモリダ）

❸我、人を起こさむ。（未然形：起こさ）（源氏物語・夕顔）
　私が、人を起こそう。

❹この柑子（かうじ）の喜びをばせむずるぞ。（未然形：せ）（宇治拾遺物語・九六）
　この柑子のお礼をするつもりだよ。

3 適当・勧誘（…ベキダ・…ノガヨイ・…タラドウダ）

❺命長くとこそ思ひ念ぜめ。（未然形：念ぜ）（源氏物語・桐壺）
　長生きして（機会を待とう）と一心に祈るのがよい。

❻方々に手分けをこそせられむずれ。（未然形：せられ）（保元物語・中）
　方々に手分けをなさるのがよい。

4 仮定（…トシタラ）

❼ただ一度にいらへむも、待ちけるかともぞ思ふとて、（未然形：いらへ）（宇治拾遺物語・一二）
　ただ一度で返事をするとしたらそれも、待っていたのかと思うといけないと思って、

「む」の読みと表記

助動詞「む」は、奈良時代までは「ム」と発音されていたが、平安時代以降「ン」と発音されるようになり、平安時代後期には「ん」とも表記されるようになった。「むず」「らむ」「けむ」などの「む」も同様である。

「む」の未然形「ま」の用法

奈良時代には未然形「ま」があり、接尾語「く」が付いて「まく」（…ダロウコト・…ヨウナコト）の形で用いられた。

● 梅の花散らまく惜しみわが園の竹の林に鶯（うぐひす）鳴くも（万葉集・八二四）
　梅の花が散るだろうことを惜しんで、わが庭の竹林に鶯が鳴くことだよ。

「むず」の語源

「むず」は「むとす」（助動詞「む」＋格助詞「と」＋サ変動詞「す」）の縮まった語で、「む」より意味がやや強い。

チェック！

1 次の活用表を完成させなさい。

基本形	未然	連用	終止	連体	已然	命令
む〈ん〉	(ま)	○				○
むず〈んず〉	○	○				○

❽焼き殺されたりと言はれむずるは、念もなきことなり。（義経記・巻五）
焼き殺されたと言われるとしたらそれは、無念なことである。

5 婉曲（…ヨウナ）

❾心あらむ友もがな。（徒然草・一三七段）
情趣を解するような友がいてほしい。

❿悦びをなして参らむずる源氏どもこそ多う候へ。（平家物語・源氏揃）
喜んで馳せ参ずるような源氏勢は多くございます。

詳解

■「む」の意味の見分け方

参照 P.74 助動詞の整理

▼主語の人称による見分け方

1 一人称 ⬇ 意志
2 二人称 ⬇ 適当・勧誘
3 三人称 ⬇ 推量

1● 我は討ち死にせむと思ふなり。（平家物語・木曽最期）（意志）
俺は討ち死にしようと思うのだ。

2●（あなたは）少将をこそ召し返され候はめ。（平家物語・赦文）（適当）
（あなたは）少将をご召還なさったらいかがでしょう。

3● 伊尹・兼通・兼家などが、言ひもよほして、せさするならむ。（大鏡・師輔伝）（推量）
伊尹・兼通・兼家などが、そそのかして、やらせたのだろう。

▼主語の人称以外の見分け方

1 文中で連体形のときは仮定・婉曲が多い。
連体形「む」＋助詞 ⬇ 仮定が多い
連体形「む」＋体言 ⬇ 婉曲が多い
2 適当・勧誘は「こそ…め」「なむ（や）。」「てむ（や）。」に多い。

1● 落ちなむは、心憂かるべし。（徒然草・一八八段）（仮定）
（馬から）落ちてしまったらそれは、情けないだろう。

● いみじからむ心地もせず。（竹取物語・嘆き）（婉曲）
うれしいような気持ちもいたしません。

2● 吾子がことをこそおぼさめ。（しのびね物語・偽りの別れ）（適当）
わが子のことをお考えになるのがよい。

● 歌はよみてむや。（宇治拾遺物語・一二一）（勧誘）
歌をよんでみないか。

練習問題

1 次の傍線部の助動詞の意味と活用形を答えなさい。

1 こころざしはせむとす。（土佐日記・二月十六日）
お礼はしようと思う。
［　　・　　］

2 こと出で来なむず。（大鏡・道隆伝）
騒動がきっと起こるだろう。
［　　・　　］

べし

活用

基本形	未然形	連用形	終止形	連体形	已然形	命令形	活用の型
べし	べく べから	べく べかり	べし	べき べかる	べけれ	○	形容詞型

参照 P.55「む」「べし」「じ」「まじ」の関係

接続 活用語の終止形に接続。（ラ変・ラ変型の活用語には連体形に接続。）

意味

1 推量（…ニチガイナイ・…ソウダ・…ダロウ）

❶この戒め、万事にわたる（終止形）べし。（徒然草・九二段）

この教訓は、万事に通じるにちがいない。

2 意志（…ウ・…ヨウ・…ツモリダ）

❷毎度ただのちの矢なく、この一矢（ひとや）に定む（終止形）べしと思へ。（徒然草・九二段）

矢を射るたびにひたすら二本目の矢はなく、この一矢で決めようと思え。

3 適当（…ノガヨイ・…ノガ適当ダ）

❸東（あづま）の方（かた）に住む（終止形）べき国求めにとて行きけり。（伊勢物語・九段）

東国のほうに住むのによい国を探しに（行こう）と思って行った。

4 当然・義務（…ハズダ・…ナケレバナラナイ・…ベキダ）

❹子になり給ふ（終止形）べき人なめり。（竹取物語・おひたち）

子におなりになるはずの人であるようだ。

5 強い勧誘・命令（…ベキダ・…セヨ）

❺七つあらむ軟挺（なんてい）を尋ねて取る（終止形）べし。（沙石集・巻九ノ三）

七枚あるような銀貨を探して取りなさい。

6 可能（…デキル・…デキルハズダ）

❻影だに踏む（終止形）べくもあらぬこそ、くちをしけれ。（大鏡・道長伝）

影さえ踏むこともできないのが、全く残念だ。

▼推量の助動詞「べらなり」

平安時代に主として和歌で用いられた推量の助動詞に、「べらなり」がある。

活用

基本形	未然	連用	終止	連体	已然	命令	活用の型
べらなり	○	（べらに）	べらなり	べらなる	べらなれ	○	形容動詞型

接続 活用語の終止形に接続。（ラ変・ラ変型の活用語には連体形に接続。）

意味 **1 推量**（…ヨウダ・…ソウダ）

●北へ行く雁（かり）ぞ鳴くなる連れて来（こ）し数は足らでぞ帰るべらなる（古今集・四一二）

北へ帰る雁が鳴いているようだ。連れ立って来たときの仲間の数が足りないで帰るようだ。

▼「べし」の予定の用法

「べし」は、文脈によって予定（…コトニナッテイル）の意味にもなる。

●船に乗るべき所へわたる。（土佐日記・十二月二十一日）

船に乗ることになっている所へ移る。

チェック！

1 次の活用表を完成させなさい。

基本形	未然	連用	終止	連体	已然	命令
べし						○

詳解

■「べし」の意味の見分け方

参照 P.74 助動詞の整理

▼主語の人称による見分け方
1 一人称⬇意志
2 二人称⬇適当・強い勧誘・命令
3 三人称⬇推量

1● 我ふたたび俳諧を言ふべからず。（去来抄・先師評）（意志）
私は二度と俳諧を口にしないつもりだ。

2● なんぢ手柄にこの冠（かむり）を置くべし。（去来抄・先師評）（命令）
おまえは立派な仕事としてこの初句をつけよ。

3● 折あしかるべし。（堤中納言物語・はいずみ）（推量）
時期が悪いだろう。

▼主語の人称以外の見分け方
1 打消表現の中で用いられるときは可能が多い。
2 疑問・反語表現の中で用いられるときは可能か推量が多い。

1● 一口（いっこう）に言ふべき歌よみにあらず。（俊頼髄脳・歌のよしあし）（可能）
一言で（優劣を）決めることのできる歌人ではない。

2● 何かは苦しう候ふべき。（平家物語・大原御幸）（推量）
何が差し支えましょうか、いいえ、何も差し支えはありません。

■「む」と「べし」の違い

参照 P.51「む」の意味の見分け方

「べし」の語源は形容詞「宜（うべ）し」（モットモダ・当然ダ）だといわれ、**「そうなるのが当然だ」という意味を根本に持つ**。したがって、推量なら確信のある推量を、意志なら強い意志を表す。「む」とあわせて整理すると、次のようになる。

人称	む	強め	べし
1 一人称	意志	強め⬇	強い意志
2 二人称	適当・勧誘	強め⬇	適当・強い勧誘・命令
3 三人称	推量	強め⬇	確信のある推量

練習問題

1 次の傍線部の助動詞の意味と活用形を答えなさい。

1 深き志はこの海にも劣らざるべし。（土佐日記・一月九日）
深い志はこの海にも劣らないにちがいない。

2 自今以後もなんぢらよくよく心得べし。（平家物語・殿下乗合（てんがのノりあい））
今後もおまえたちはよくよく心得よ。

3 君の寵（ちょう）をも頼むべからず。（徒然草・二一一段）
主君の寵愛をも頼みにはできない。

4 これ、罪得べきことにあらず。（宇治拾遺物語・一〇四）
これは、罪を得るはずのことではない。

5 家の造りやうは、夏をむねとすべし。（徒然草・五五段）
家の造り方は、夏を主とするのがよい。

5 打消推量

じ

基本形	未然形	連用形	終止形	連体形	已然形	命令形	活用の型
じ	○	○	じ	(じ)	(じ)	○	特殊型

接続 活用語の**未然形**に接続。

意味

1 打消推量（…ナイダロウ・…マイ）

❶月ばかりおもしろきものはあら(未然形)じ。（徒然草・二一段）

月ほど興趣のあるものはないだろう。

2 打消意志（…マイ・…ナイツモリダ）

❷私の従者（ずさ）をば具し候は(未然形)じ。（大鏡・道長伝）

私個人の家来は連れて参りますまい。

まじ

基本形	未然形	連用形	終止形	連体形	已然形	命令形	活用の型
まじ	まじく (まじから)	まじく まじかり	まじ	まじき まじかる	まじけれ	○	形容詞型

接続 活用語の**終止形**に接続。（ラ変・ラ変型の活用語には**連体形**に接続。）

意味

1 打消推量（…ナイダロウ・…マイ・…ソウニナイ）

❸行く春丹波（たんば）にいまさば、もとよりこの情浮か(終止形)ぶまじ。（去来抄・先師評）

春の終わりに丹波にいらっしゃったなら、もちろんこの感情は浮かばないだろう。

2 打消意志（…マイ・…ナイツモリダ）

❹「漏（も）らすことある(連体形)まじ。」と、返す返す契りて去りぬ。（宇治拾遺物語・九二）

「(私は)他言することはしまい。」と、繰り返し約束して立ち去った。

3 禁止・不適当（…テハナラナイ・…ナイホウガヨイ）

▼**「じ」の連体形・已然形の用法**

「じ」の活用は無変化型で、連体形・已然形の用例も少ない。連体形では、体言や助詞に続く例はあるが、助詞「ぞ」「なむ」「や」「か」の結びになった例がない。已然形では「こそ」の結びになった例はあるが、助詞「ど」「ども」に続く例がない。

▼**「じ」「まじ」の意味の見分け方**

「じ」は「む」の打消の意味、「まじ」は「べし」の打消の意味なので、「む」「べし」と同じように、原則として主語の人称によって意味を見分けることができる。

じ
一人称 ➡ 打消意志
三人称 ➡ 打消推量

まじ
一人称 ➡ 打消意志
二人称 ➡ 禁止・不適当
三人称 ➡ 打消推量

参照 P.51・53

❺さらにさらにおぼしよるまじきことなり。（大鏡・師尹伝）

絶対に絶対にお考え及びになってはならないことだ。

4 打消当然（…ベキデハナイ・…ハズガナイ）

❻顔むげに知るまじき童一人ばかりぞ率ておはしける。（源氏物語・夕顔）

顔を絶対に知るはずがない童一人だけを連れて（夕顔のもとに）いらっしゃった。

5 不可能推量（…デキナイダロウ・…デキソウニナイ）

❼この女見では、世にあるまじき心地のしければ、（竹取物語・仏の御石の鉢）

（石作りの皇子は、）この女（かぐや姫）を見ないでは、この世に生きていることができそうにない気持ちがしたので、

チェック!

1 次の活用表を完成させなさい。

基本形	未然	連用	終止	連体	已然	命令
じ	○	○				○
まじ	（まじから）					○

詳解

■「む」「べし」「じ」「まじ」の関係 参照 P.50「む」 P.52「べし」

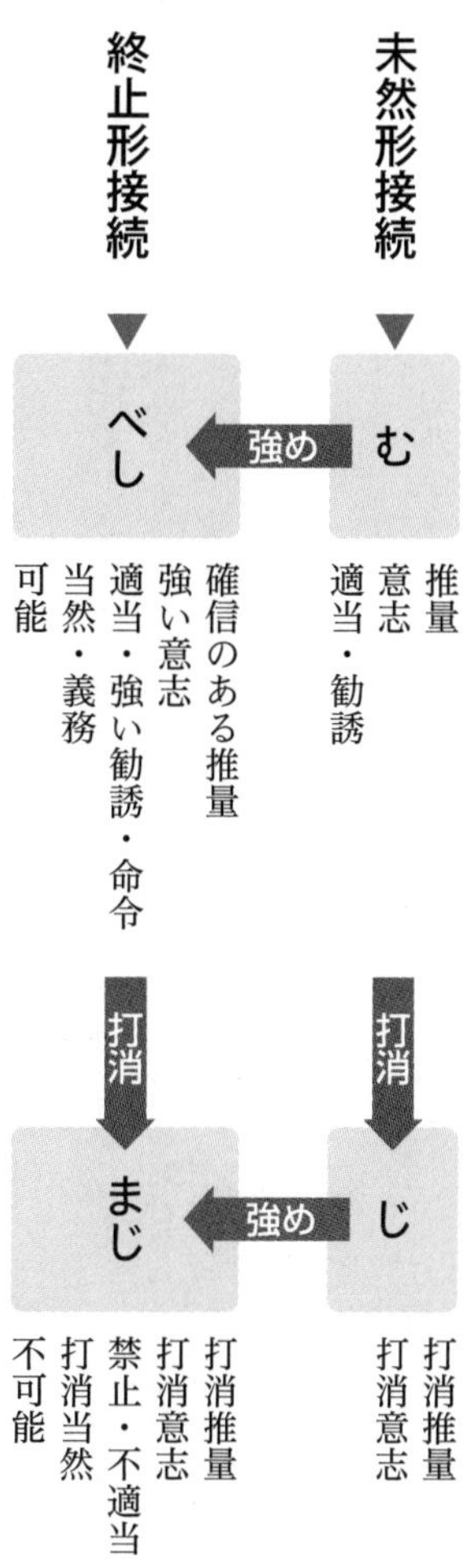

「じ」は「む」の打消。
「まじ」は「べし」の打消。
「べし」は「む」の強い意味。
「まじ」は「じ」の強い意味。

練習問題

1 次の傍線部の助動詞の意味と活用形を答えなさい。

1 女をばよも切らじ。（今昔物語集・巻二八ノ四二）
（盗人も）女のことはまさか切らないだろう。
［　・　］

2 勝たむと打つべからず。負けじと打つべきなり。（徒然草・一一〇段）
（双六は）勝とうと思って打ってはならない。負けまいと思って打たなければならないのである。
［　・　］

3「ただ今は見るまじ。」とて入りぬ。（枕草子・頭中将の）
「（私は）今すぐは（手紙を）見るまい。」と言って（奥に）入った。
［　・　］

4 人づてに聞こえ給ふまじきことなりかし。（源氏物語・蛍）
（この宮に対して）人を介してお返事申し上げなさらないほうがよいことだよ。
［　・　］

6 現在推量・過去推量

らむ〈らん〉

基本形	未然形	連用形	終止形	連体形	已然形	命令形	活用の型
らむ〈らん〉	○	○	らむ〈らん〉	らむ〈らん〉	らめ	○	四段型

参照 P.150 識別

活用

接続　活用語の終止形に接続。（ラ変・ラ変型の活用語には連体形に接続。）

意味

1 現在推量（今ゴロハ…テイルダロウ）

❶風吹けば沖つ白波たつた山夜半（よは）にや君がひとり越ゆ（終止形）**らむ**　（伊勢物語・二三段）

風が吹くと沖の白波が立つ、その竜田山を、夜中にあなたが一人で今ごろは越えているだろうか。

❷見るままに山風荒くしぐるめり都も今は夜寒なる（連体形）**らむ**　（新古今集・九八九）

見ているうちに山風が激しくしぐれてくるようだ。都も今ごろは夜寒になっているだろう。

2 現在の原因推量（…ノダロウ・…ダカラダロウ・〈ドウシテ〉…テイルノダロウ）

❸などや苦しきめを見る（終止形）**らむ**。　（更級日記・竹芝寺（たけしばでら））

どうしてつらい目を見るのだろうか。

❹ひさかたの光のどけき春の日に静心（しづごころ）なく花の散る（終止形）**らむ**　（古今集・八四）

日の光がのどかな春の日に、どうして落ち着いた心もなく桜の花が散っているのだろう。

3 現在の伝聞（…トカイウ・…ソウダ）

❺唐土（もろこし）にことごとしき名つきたる鳥の、えりてこれにのみゐる（終止形）**らむ**、いみじう心ことなり。　（枕草子・木の花は）

中国で仰々しい名がついている鳥（鳳凰）が、とくに選んでこの桐の木にだけとまるとかいうのは、本当に格別な気持ちがする。

4 現在の婉曲（…テイルヨウナ・…ト思ワレル）

❻ほどにつけつつ思ふ（終止形）**らむ**家を別れて、かく惑ひ合へる。　（源氏物語・須磨）

それぞれに応じて大事に思っているような家を捨てて、このように（私と）ともにさまよっていることよ。

5 推量（…ダロウ）

❼目を配りて読みゐたるこそ、罪や得（う）（終止形）**らむ**とおぼゆれ。　（枕草子・八月ばかりに）

（僧が客に）目をやって（経を）読んでいるのは、仏罰をこうむるだろうと思われる。

▼**「らむ」の意味**

1 現在推量　直接見ていない事柄について、「今ごろは…ているだろう」と推量する。

2 現在の原因推量　直接見ている事柄について、その背後にある原因・理由を「どうして…ているのだろう」と推量する。

3 現在の伝聞　直接見ていない事柄について、「話では…とかいうことだ」と、伝え聞いていることとして述べる。

識別 らむ

1 終止形・ラ変型の連体形（u段音）に接続
⇩現在推量の助動詞「らむ」　●知るらむ

2 サ変未然形・四段已然形（e段音）に接続
⇩完了の助動詞「り」未然形＋推量の助動詞「む」の終止形・連体形　●知れらむ

▼**「らむ」「けむ」の伝聞・婉曲の用法**

「らむ」「けむ」が文中で連体形（体言や助詞に接続）のときは、伝聞・婉曲の意味を表すことが多い。

●おぼすらむこと何事ぞ。　（竹取物語・嘆き）

お思いになっているようなことはどんなことですか。

▼**「む」「らむ」「けむ」の違い**

む	未来を推量	不明のことを推量
らむ	現在を推量	現在の事実に基づいて原因を推量
けむ	過去を推量	過去の事実に基づいて原因を推量

けむ〈けん〉

活用

基本形	未然形	連用形	終止形	連体形	已然形	命令形	活用の型
けむ〈けん〉	○	○	けむ〈けん〉	けむ〈けん〉	けめ	○	四段型

接続　活用語の連用形に接続。

意味

1 過去推量（…タダロウ・…ダッタロウ）

⑧右大臣の御年、五十七、八にやおはしまし（連用形）けむ。（大鏡・時平伝）
右大臣のお年は、五十七、八でいらっしゃっただろうか。

2 過去の原因推量（…タノダロウ・…ダッタノダロウ）

⑨恨みを負ふ積もりにやあり（連用形）けむ、いとあつしくなりゆき、（源氏物語・桐壺）
恨みを受けることが積もったのだろうか、ひどく病気がちになってゆき、

⑩参りたる人ごとに山へ登りしは、何事かあり（連用形）けむ。（徒然草・五二段）
参詣している人がみな山へ登って行ったのは、何事があったのだろうか。

3 過去の伝聞（…タトカイウ・…タソウダ）

⑪行平（ゆきひら）の中納言の、「関吹き越ゆる」と言ひ（連用形）けむ浦波、（源氏物語・須磨）
行平の中納言が、「関吹き越ゆる」とよんだという海辺の波が、

4 過去の婉曲（…タヨウナ・…タト思ワレル）

⑫すかし申し給ひ（連用形）けむが恐ろしさよ。（大鏡・花山院）
（道兼公が花山天皇を）だまし申し上げなさったようなのは恐ろしいことですよ。

雨降らむ。（雨が降るだろう。）

雨降るらむ。（雨が降っているだろう。）

雨降りけむ。（雨が降っていただろう。）

1 チェック!　次の活用表を完成させなさい。

基本形	未然	連用	終止	連体	已然	命令
らむ〈らん〉	○	○				○
けむ〈けん〉	○	○				○

練習問題

1 次の傍線部の助動詞の意味を答えなさい。

1 春霞（はるがすみ）なに隠すらむ（古今集・七九）
春霞はなぜ（桜の花を）隠すのだろうか。

［　　　］

2 鸚鵡（あうむ）、いとあはれなり。人の言ふらむ[1]ことをまねぶらむ[2]よ。（枕草子・鳥は）
鸚鵡は、本当に感心な鳥だ。人の言うようなことをまねるそうだよ。

1［　　　］　2［　　　］

3 これを聞きけむ[1]人、いかに憎み笑ひけむ[2]。（今昔物語集・巻二八ノ四二）
これを聞いたという人は、（国守を）どれほど憎みあざ笑っただろうか。

1［　　　］　2［　　　］

7 推定

らし

基本形	未然形	連用形	終止形	連体形	已然形	命令形	活用の型
らし	○	○	らし	らし（らしき）	らし	○	特殊型

接続　活用語の終止形に接続。（ラ変・ラ変型の活用語には連体形に接続。）

意味　**1推定**（…ラシイ・…ニチガイナイ）

❶春過ぎて夏来たる（終止形）らし白妙（しろたへ）の衣乾（ほ）したり天（あめ）の香具山（かぐやま）　（万葉集・二八）

春が過ぎて夏がやって来るらしい。真っ白な衣が干してある。天の香具山は。

めり

基本形	未然形	連用形	終止形	連体形	已然形	命令形	活用の型
めり	○	（めり）	めり	める	めれ	○	ラ変型

接続　活用語の終止形に接続。（ラ変・ラ変型の活用語には連体形に接続。）

意味　**1推定**（…ヨウニ見エル・…ヨウダ）

❷簾（すだれ）少し上げて、花奉る（終止形）めり。　（源氏物語・若紫）

（垣根からのぞくと、女房が）簾を少し上げて、（仏に）花を差し上げているようだ。

2婉曲（…ヨウダ）

❸ことにかたくなる人ぞ、「この枝、かの枝、散りにけり。今は見どころなし。」などは言ふ（終止形）める。　（徒然草・一三七段）

特にものの情趣を解さない人は、「この枝も、あの枝も、（花が）散ってしまった。今はもう見どころがない。」などと言うようだ。

▼**「らし」の連体形「らしき」の用法**……

連体形「らしき」は、奈良時代に主に「こそ…らしき」の形で用いられた。

●古（いにしへ）もしかにあれこそうつせみも妻を争ふらしき　（万葉集・一三）

神代の昔もこうであったからこそ、現世でも（一人の）妻を（取り合い）争うらしい。

▼**過去の推定「けらし」**（連用形に接続）……

過去の推定を表す助動詞に「けらし」があり、奈良時代に多く用いられた。

●夕されば小倉の山に鳴く鹿（しか）は今夜（こよひ）は鳴かず寝（ね）にけらしも　（万葉集・一五一一）

夕方になるといつも小倉山で鳴く鹿は、今夜は鳴かない。寝てしまったらしいな。

▼**「めり」の連用形「めり」の用法**……

連用形「めり」は、下に助動詞「き」「つ」の付く形でまれに用いられるだけである。

●すぐれたる限り抜き出で給ふめりしかば、　（増鏡・おどろの下）

すぐれている歌だけを抜き出しなさったようなので、

♛**ラ変型の活用語と「めり」「なり」の接続**……

「めり」「なり」がラ変型の活用語の連体形に接続する場合、語尾の「る」が撥音便化することが多い。撥音「ん」は表記されないこともあるが、読むときには「ン」を補う。

●あるなり➡あんなり➡あなり

●あるめり➡あんめり➡あめり

参照　P.39 用言の音便　P.71 助動詞の音便

なり

参照 P.147 識別

活用	基本形	未然形	連用形	終止形	連体形	已然形	命令形	活用の型
	なり	○	なり	なり	なる	なれ	○	ラ変型

接続 活用語の終止形に接続。（ラ変・ラ変型の活用語には連体形に接続。）

意味

1推定（…ヨウダ・…ラシイ・…ニチガイナイ）

❹笛をいとをかしく吹き澄まして、過ぎぬ（終止形）なり。（更級日記・荻の葉）

笛をたいそうすばらしく澄んだ音色で吹いて、（その人は）通り過ぎてしまったようだ。

2伝聞（…トイウコトダ・…ソウダ・…ト聞イテイル）

❺男もす（終止形）なる日記（にき）といふものを、女もしてみむとて、するなり。（土佐日記・十二月二十一日）

男性も書くという日記というものを、女性である私も書いてみようと思って、書くのだ。

チェック！

1 次の活用表を完成させなさい。

基本形	未然	連用	終止	連体	已然	命令
らし	○	○		（らしき）		○
めり	○	（めり）				○
なり	○					○

詳解

■「らし」「めり」「なり」の違い

らし　客観的な事実に基づく推定（根拠のある推定）
めり　目で見た事柄に基づく推定（視覚的推定）
なり　耳で聞いた事柄に基づく推定（聴覚的推定）

＊推定＝判断の根拠がある推量

用例❶ 衣替えの白い衣が干してあるという**事実に基づいて**⇩夏が来るらしいと推定。

用例❷ 簾を少し上げている様子をのぞき**見て**⇩仏に花を供えているようだと推定。

用例❹ 笛の音を**聞いて**⇩笛の主が遠のいたようだと推定。

練習問題

1 次の傍線部の助動詞の意味を答えなさい。

1 この川にもみぢ葉（ば）流る奥山の雪解（ゆきげ）の水ぞ今まさるらし（古今集・三二〇）

この川に（今ごろ）紅葉の葉が流れている。奥山の雪解けの水が今増しているらしい。

2 雪は道も見えず降るめり。（讃岐典侍日記・嘉承二年十一月）

雪は道も見えないほど降っているようだ。

3 ゆかしくし給ふなるものを奉らむ。（更級日記・物語）

見たがっていらっしゃると聞いているものを差し上げましょう。

8 反実仮想

まし

参照 P.44「き」の未然形「せ」の用法　P.88「ば」

活用

基本形	未然形	連用形	終止形	連体形	已然形	命令形	活用の型
まし	ましか（ませ）	○	まし	まし	ましか	○	特殊型

接続　活用語の未然形に接続。

意味

1 反実仮想（モシ〜ダッタラ…ダロウニ）

❶ やがてかけこもら（未然形）ましかば、くちをしから（未然形）まし。　（徒然草・三二段）

もしすぐさま（妻戸の）掛け金を掛けて引きこもったなら、残念なことだろうに。

❷ 思ひにし死（しに）するものにあら（未然形）ませば千遍（ちたび）そ吾（われ）は死に返ら（未然形）まし　（万葉集・六〇三）

もし恋のために死ぬというのであったら、千度も私は死を繰り返すことだろうに。

❸ 世の中にたえて桜のなかりせば春の心はのどけから（未然形）まし　（古今集・五三）

もし世の中に全く桜がなかったら、春の人の心はのどかだっただろうに。

❹ 朽ちもせぬこの川柱残らずは昔の跡をいかで知ら（未然形）まし　（更級日記・門出）

もし朽ち果てもしないこの川中の柱が残っていなかったら、昔の（長者の屋敷）跡をどうしてわかろうか、いや、わからないだろうに。

2 実現不可能な希望（…ダッタラヨカッタノニ）

❺ 白玉か何ぞと人の問ひしとき露と答へて消えな（未然形）ましものを　（伊勢物語・六段）

「（あれは）白玉ですか、何ですか。」とあの人が尋ねたとき、「露だよ。」と答えて（私も露のように）消えてしまったらよかったのになあ。

3 迷い・ためらい（…タモノダロウカ・…タラヨカロウカ）

◆「何・いかに・や」などの疑問を表す語を伴う。

❻ これに何を書か（未然形）まし。　（枕草子・跋）

これに何を書いたらよかろうか。

▼「まし」の未然形「ませ」の用法……

未然形「ませ」は「〜ませば…まし」の形で、主に奈良時代に用いられた。（⬇用例❷）

▼「まし」の推量の用法……

「まし」は、中世以降、単純な推量（…ダロウ）の意でも用いられることがある。

● 行き暮れて木の下かげを宿とせば花やこよひのあるじならまし　（平家物語・忠度最期）

旅の途中で日が暮れて、桜の木の下を宿としたなら、桜の花が今夜の主人（として私をもてなしてくれること）であろう。

✔チェック！

1 次の活用表を完成させなさい。

基本形	未然	連用	終止	連体	已然	命令
まし	（ませ）	○				○

■反実仮想の意味

反実仮想＝事実に反することを仮定して結果を想像する

仮想……もし **A**（＝事実に反すること） だったら **B**（＝結果） だろうに。
事実……**A** ではないから **B** ではなかった。
心情……不満・残念・愛惜・希望などを言外に含む。

●今しばしあら（A） ましかば、必ずからめて（B） まし。（今昔物語集・巻二八ノ四二）

仮想……もしもう少し（盗人がここに）いたら、必ず捕らえただろうに。
事実……盗人が逃げ出してもういなかったから、捕らえることができなかった。
心情……残念だ。

■反実仮想の呼応のしかた

条件部		帰結部	
もし A	だったら	B	だろうに。
A	ましかば	B	まし（用例❶）
A	ませば	B	まし（用例❷）
A	せば	B	まし（用例❸）
A	ば	B	まし（用例❹）

●「ば」は仮定条件を表す接続助詞。
●「せば」の「せ」は過去の助動詞「き」の未然形。
●帰結部は省略されることもある。
●周りをきびしく囲ひたりしこそ、少しこと冷めて、この木なから（未然形）ましかばとおぼえしか。（徒然草・一一段）
（木の）周りを厳重に囲ってあったのは、少し興ざめして、この木がなかったら（よかっただろうに）と思われた。

練習問題

1 次の傍線部の助動詞の意味を答えなさい。

1 取られむよりは、我とや退き（の）なまし。（大鏡・師尹伝）
（皇太子の位を）取られるよりは、自分から辞退してしまったらよかろうか。

2 吾（あ）を待つと君が濡れ（ぬ）けむあしひきの山の雫（しづく）にならましものを（万葉集・一〇八）
私を待ってあなたが濡れたという山の雫に（私は）なれたらよかったのに。

2 次の反実仮想の文について、事実はどうであったかを口語で答えなさい。

1 鏡に色・形あらましかば、映らざらまし。（徒然草・二三五段）
もし鏡に色や形があったら、（ものの姿が正しく）映らないだろうに。

2 夢と知りせばさめざらましを（古今集・五五二）
もし夢だと気がついたなら、目を覚まさなかっただろうになあ。

9 断定

なり・たり

参照 P.146・147・148 識別

活用

基本形	未然形	連用形	終止形	連体形	已然形	命令形	活用の型
なり	なら	なり に	なり	なる	なれ	(なれ)	形容動詞型
たり	たら	たり と	たり	たる	たれ	(たれ)	

接続

なり―体言・活用語の連体形に接続。
(「と・て・ば」などの一部の助詞や副詞にも接続。)
たり―体言に接続。

意味

1 断定(…ダ・…デアル)

❶よき方の風(体言)なり。あしき方の風(体言)にはあらず。(竹取物語・竜の頸の玉)
よい方角の風だ。悪い方角の風ではない。

❷諸国の受領(体言)たりしかども、殿上(てんじやう)の仙籍(せんせき)をばいまだ許されず。(平家物語・祇園精舎)
諸国の受領であったが、昇殿はまだ許されていなかった。

❸御年二十八、九ばかり(副詞)なり。(大鏡・時平伝)
お年は二十八、九歳ほどである。

2 存在(…ニアル) ◆「なり」のみの用法。

❹天の原ふりさけ見れば春日(体言)なる三笠(みかさ)の山に出でし月かも(古今集・四〇六)
大空を振り仰いで見ると、(今昇ったあの月は、)春日にある三笠山の山の端に昇った月と、驚くほど似ているなあ。

識別 断定「なり」と推定「なり」

1 体言+「なり」 ●風なり
⇩断定の助動詞「なり」
2 連体形+「なり」 ●するなり
⇩断定の助動詞「なり」
3 終止形*+「なり」 ●すなり
⇩推定・伝聞の助動詞「なり」
*ラ変型活用語には連体形に接続する。
4 ラ変型活用語の連体形撥音便+「なり」 ●あなり・あんなり
⇩推定・伝聞の助動詞「なり」

識別 断定「たり」と完了「たり」

1 体言+「たり」 ●受領たり
⇩断定の助動詞「たり」
2 連用形+「たり」 ●引きたり
⇩完了の助動詞「たり」

チェック!

1 次の活用表を完成させなさい。

基本形	未然	連用	終止	連体	已然	命令
なり						(なれ)
たり						(たれ)

詳解

■「なり」「たり」の連用形

参照 P.30 補助動詞　P.74 助動詞の整理　P.101 係り結びの留意点

1「なり」は「に-あり」の縮約形、「たり」は「と-あり」の縮約形なので、連用形にもとの形「に」「と」を含める。

2「なり」の連用形「なり」は、助動詞「き」「けり」「けむ」「つ」などに続くときに用いられる。

3「たり」の連用形「と」は、接続助詞「して」を伴うことが多い。

2 ● 見し人なりけり。（伊勢物語・九段）
見知った人であったよ。

3 ● 七珍万宝一つとして欠けたることなし。（平家物語・吾身栄花（わがみのえいぐわ））
珍しい数々の財宝は一つとして欠けていることがない。

4「なり」の連用形「に」は、主に次の形で用いられる。
❶「に」に接続助詞「て・して」が付いて文を中止する。
❷「に」に存在の意を表す動詞（この場合の働きは補助動詞）が付く。
❸❷に助詞を伴い、「に」＋助詞＋補助動詞となる。
❹「に」に係助詞が付いて、補助動詞を含む文節を省略。

❶ ● 日々旅にして、旅を栖（すみか）とす。（奥の細道・旅立ち）
毎日が旅であって、旅を自分の住む家としている。

❷ ● 罪得べきことにあらず。（宇治拾遺物語・一〇四）
罪を得るはずのことではない。

❸ ● 異心（ことごころ）ありてかかるにやあらむ。（伊勢物語・二三段）
浮気心があってこのようであるのだろうか。

❹ ● かかる徳もありけるにこそ（あらめ）。（徒然草・六八段）
このような功徳もあったのであろう。

練習問題

1 次の傍線部の助動詞の意味と活用形を答えなさい。

1 人の心も、荒れたるなりけり。（土佐日記・二月十六日）
人の心も、すさんでいるのであったよ。
［　・　］

2 四十余ばかりにて、いと白うあてに、（源氏物語・若紫）
（尼君は）四十歳余りで、たいそう色白で上品で、
［　・　］

3 さやうのことに心得たる者に候ふ。（徒然草・一八四段）
そのような仕事に熟練している者でございます。
［　・　］

4 いかなる仏にか候ひける。（徒然草・二四三段）
どのような仏でございましたのでしょうか。
［　・　］

5 御前（おまへ）なる獅子（しし）・狛犬（こまいぬ）、背きて、（徒然草・二三六段）
社殿の前にある獅子と狛犬が、背を向け合って、
［　・　］

6 清盛（きよもり）、嫡男（ちやくなん）たるによつて、その跡を継ぐ。（平家物語・鱸（すずき））
清盛は、嫡男であることによって、父の跡を継ぐ。
［　・　］

10 自発・可能・受身・尊敬

参照 P.150 識別

る・らる

活用

基本形	未然形	連用形	終止形	連体形	已然形	命令形	活用の型
る	れ	れ	る	るる	るれ	*れよ	下二段型
らる	られ	られ	らる	らるる	らるれ	*られよ	

（*自発・可能には命令形がない。）

接続

る――四段・ナ変・ラ変動詞の未然形に接続。
らる―右以外の動詞の未然形に接続。

意味

1 自発（自然ニ…レル・自然ニ…ラレル・…レル・…ラレル）

❶悲しくて、人知れずうち泣か（未然形）れぬ。（更級日記・門出）
悲しくて、人知れず思わず泣けてしまった。

❷住みなれしふるさと、限りなく思ひ出で（未然形）らる。（更級日記・野辺の笹原）
住み慣れたもとの家が、たいそう（懐かしく）思い出される。

2 可能（…コトガデキル・…レル・…ラレル）

❸湯水飲ま（未然形）れず、同じ心に嘆かしがりけり。（竹取物語・嘆き）
（使用人たちも）湯水も飲むことができず、（翁夫婦と）同じ気持ちで嘆き合った。

❹恐ろしくて寝も寝（未然形）られず。（更級日記・門出）
恐ろしくて眠ることもできない。

3 受身（…レル・…ラレル）

❺にぎはひ豊かなれば、人には頼ま（未然形）るるぞかし。（徒然草・一四一段）
（東国の人は）富み栄えて豊かなので、人には頼りにされるのだよ。

❻ありがたきもの、舅にほめ（未然形）らるる婿。（枕草子・ありがたきもの）
めったにないもの、舅にほめられる婿。

4 尊敬（オ…ニナル・…レル・…ラレル）

❼今日はまして、母の悲しが（未然形）らるることは。（土佐日記・一月十一日）
今日はまして、母親が悲しがられることといったら（格別である）。

▼「る」「らる」の基本的意味
自発（自然にそうなる）が基本的な意味で、可能・受身・尊敬の意味が派生した。

▼「る」と「らる」の違い
「る」と「らる」には意味上の違いはない。接続する動詞の活用の種類によって使い分けられている。

▼「る」「らる」の可能の用法
平安時代までは打消や反語表現の中で用いられて不可能を表すことが多いが（⬇詳解）、鎌倉時代以降、単独で可能を表すようになった。
●冬はいかなる所にも住まる。（徒然草・五五段）
冬はどんな所にでも住むことができる。

識別 る

1 四段・ナ変・ラ変の未然形（a段音）に接続
⇩自発・可能・受身・尊敬の助動詞「る」の終止形 ●泣かる

2 サ変未然形・四段已然形（e段音）に接続
⇩完了の助動詞「り」の連体形 ●泣ける

チェック！

1 次の活用表を完成させなさい。

基本形	未然	連用	終止	連体	已然	命令
る						
らる						

❽いかでかくはおぼしめし仰せ(未然形)らるるぞ。 (大鏡・道長伝)

(帝は)どうしてそのようにお思いになり、またおっしゃるのですか。

詳解

■「る」「らる」の意味の見分け方

参照 P.74 助動詞の整理

1 自発　心情・知覚を表す動詞に付くことが多い。
●思はる・嘆かる・見らる・ながめらる　など

2 可能　打消・反語表現を伴って不可能を表すことが多い。
●れず・れで・いかで…るる　など

3 受身　受身の相手が示され、「〜に…る(らる)」となる。受身の相手が示されない場合もあるが、文脈から判断する。
●敵に討たる・風に吹かる・人に捨てらる　など

4 尊敬　尊敬の動詞に付くことが多い。貴人・神仏が主語であることが多い。
●仰せらる　など

5 尊敬以外　尊敬の補助動詞「給ふ」が下に付くときは、「る」「らる」は尊敬ではない。受身・自発が多い。
●れ給ふ・られ給ふ

1 ●心なき身にもあはれは知られけり (新古今集・三六二) (自発)
情趣を解さない私にもしみじみとした情趣が感じられるよ。

2 ●つゆまどろまれず。 (更級日記・宮仕へ) (可能)
少しも眠ることができない。

3 ●人に笑はれけり。 (宇治拾遺物語・四八) (受身)
人に笑われた。

4 ●「こは何ぞ。」と仰せらるれば、 (大鏡・道長伝) (尊敬)
(帝が)「これは何だ。」とお尋ねになると、

●能登殿は、早業や劣られけむ、 (平家物語・能登殿最期) (尊敬)
能登殿は早業は(判官に)劣っておられたのだろうか、

5 ●よよと泣かれ給ふ。 (源氏物語・須磨) (自発)
思わずおいおいとお泣きになる。

●ただはかられ給へかし。 (源氏物語・夕顔) (受身)
ただ(私に)だまされてごらんなさいよ。

練習問題

1 次の傍線部の助動詞の意味と活用形を答えなさい。

1 月の顔のみまもられ給ふ。 (源氏物語・須磨)
月の面(おもて)ばかりを自然と見つめてしまわれる。
[　・　]

2 昔の直衣(なほし)姿こそ忘られね。 (無名草子・清少納言)
昔見た直衣姿の方たちが忘れられない。
[　・　]

3 舎人(とねり)が、寝たる足を狐(きつね)に食はる。 (徒然草・二一八段)
舎人が、寝ていた(ところ、)足を狐にかみつかれる。
[　・　]

4 「伝へ聞こえられ[1]よ。」と仰せられ[2]ければ、 (大鏡・師尹(もろまさ)伝)
「お伝え申し上げなさい。」とおっしゃったので、
[1　・　] [2　・　]

11 使役・尊敬

す・さす・しむ

参照 P.134 最高敬語　P.145 識別

活用

基本形	未然形	連用形	終止形	連体形	已然形	命令形	活用の型
す	せ	せ	す	する	すれ	せよ	下二段型
さす	させ	させ	さす	さする	さすれ	させよ	
しむ	しめ	しめ	しむ	しむる	しむれ	しめよ	

接続

す――四段・ナ変・ラ変動詞の未然形に接続。
さす―右以外の動詞の未然形に接続。
しむ―用言の未然形に接続。

意味

1 使役（…セル・…サセル）

❶妻（め）の嫗（おうな）に預けて養は（未然形）す。（竹取物語・おひたち）
（かぐや姫を）妻のお婆さんに預けて育てさせる。

❷名を、三室戸（みむろと）斎部（いんべ）の秋田を呼びてつけ（未然形）さす。（竹取物語・おひたち）
名を、三室戸斎部の秋田を呼んでつけさせる。

❸何によりてか目を喜ば（未然形）しむる。（方丈記・ゆく川の流れ）
何によって目を楽しませるのか。

2 尊敬（オ…ニナル・…レル・…ラレル）

❹君はあの松原へ入ら（未然形）せ給へ。（平家物語・木曽最期）
殿はあの松原へお入りなさい。

❺御身は疲れ（未然形）させ給ひて候ふ。（平家物語・木曽最期）
お体はお疲れになっています。

❻鐘の声を聞こしめして、作ら（未然形）しめ給ふ詩ぞかし。（大鏡・時平伝）
（菅原道真公が）鐘の音をお聞きになって、お作りになった漢詩ですよ。

▼**「す」と「さす」の違い**
「す」と「さす」には意味上の違いはない。接続する動詞の活用の種類によって使い分けられている。

▼**「す」「さす」「しむ」の使われ方**
「しむ」は漢文訓読体や和漢混交文で多く用いられ、「す」「さす」は和文体で多く用いられる。

▼**受身の「す」「さす」**
軍記物語では、「討たる」「射らる」などという受身表現を嫌い、「討たす」「射さす」のように使役の形で表現することがある。口語訳は受身で訳す。

●馬の腹射させて、引き退く。（平家物語・判官（はうぐわん）都落（みやこおち））
馬の腹を射られて、引き退く。

チェック！

1 次の活用表を完成させなさい。

基本形	未然	連用	終止	連体	已然	命令
す						
さす						
しむ						

■「す」「さす」「しむ」の意味の見分け方

参照 P.75 助動詞の整理　P.134 最高敬語

1 尊敬語を伴わないときは、すべて使役である。❶使役の対象が示されている場合と、❷使役の対象が示されていない場合とがある。

1 ❶ ● そこなる人にみな滝の歌よます。（伊勢物語・八七段）
そこにいる人に残らず（布引(ぬのびき)の）滝の歌をよませる。

❷ ● 人の（良秀ニ）描(か)かする仏もおはしけり。（宇治拾遺物語・三八）
人が（良秀に）描かせ（てい）る仏も（家の中に）いらっしゃった。

2 下に尊敬語を伴うときは、**尊敬**が多い（**最高敬語・二重敬語**）。使役の場合もあるので、文脈から判断する。
● せ給ふ・させ給ふ・しめ給ふ
● せおはします・させおはします・しめおはします

2 ● 女院(にょうゐん)御庵室(ごあんじつ)に入らせ給ふ。（平家物語・大原御幸）　（尊敬）
女院は御庵室にお入りになる。

● 上も聞こしめして、興ぜさせおはしましつ。（枕草子・五月ばかり）　（尊敬）
帝もお聞きになって、おもしろがっていらっしゃった。

● 声出ださせて、随身に歌はせ給ふ。（堤中納言物語・貝合）
（蔵人少将は）声を出させて、随身に歌を朗詠させなさる。
（使役の対象が示されている→使役）

● （帝ハ桐壺の更衣ヲ）まづまう上らせ給ふ、（源氏物語・桐壺）
（帝は桐壺の更衣を）まっ先に参上させなさる、
（文脈から使役の対象を補うことができる→使役）

練習問題

1 次の傍線部の助動詞の意味と活用形を答えなさい。

1 いま一かへり我に言ひて聞かせよ。（更級日記・竹芝寺）
もう一度私に話して聞かせなさい。
［　　・　　］

2 女房にも歌よませ給ふ。（枕草子・五月の御精進のころ）
（伊周(これちか)様が）女房にも歌をおよませになる。
［　　・　　］

3 髪上げさせ、裳(も)着す。（竹取物語・おひたち）
大人の髪に結い上げさせ、裳を着せる。
［　　・　　］

4 帝、感に堪へさせ給はず。（十訓抄・第一ノ三八）
帝は、感動を抑えることがおできにならない。
［　　・　　］

5 一つのわざを伝へて、習はしめたり。（折たく柴の記・巻一）
（私に剣術の）一つの技を伝授して、習わせた。
［　　・　　］

6 おほやけも行幸せしめ給ふ。（大鏡・時平伝）
帝も行幸なさる。
［　　・　　］

12 願望

まほし・たし

参照 P.103～104 願望の終助詞

活用

基本形	未然形	連用形	終止形	連体形	已然形	命令形	活用の型
まほし	まほしく まほしから	まほしく まほしかり	まほし	まほしき まほしかる	まほしけれ	○	形容詞型
たし	たく たから	たく たかり	たし	たき	たけれ	○	

接続

まほし――動詞・助動詞「す」「さす」「ぬ」の未然形に接続。
たし――動詞・助動詞「る」「らる」「す」「さす」の連用形に接続。

意味

1 願望（…タイ・…テホシイ）

1 自己の願望（…タイ）

❶ 紫のゆかりを見て、続きの見(未然形)まほしくおぼゆれど、　（更級日記・物語）
『源氏物語』の若紫の巻を見て、続きが見たく思われるが、

❷ 御主(ぬし)へ返し(連用形)たし。　（西鶴諸国ばなし・巻一ノ三）
持ち主へ（小判を）返したい。

2 自己以外の願望（…タイ）

❸ 昔の人はもの言は(未然形)まほしくなれば、　（大鏡・序）
昔の人は何か言いたくなると、

❹ 帰り(連用形)たければ、一人つい立ちて行きけり。　（徒然草・六〇段）
（盛親僧都は）帰りたくなると、一人でひょいと立ち上がって帰って行った。

3 他に対する願望（…テホシイ）

❺ 世の人の、飢ゑず、寒からぬやうに、世をば行は(未然形)まほしきなり。　（徒然草・一四二段）
世間の人が、飢えたり、寒い思いをしたりしないように、世を治めてほしいものである。

❻ あり(連用形)たきことは、まことしき文の道、　（徒然草・一段）
あってほしいことは、本格的な学問の道、

1「あら」＋「まほし」と「あらまほし」

1「あら」＋「まほし」　ラ変動詞「あり」の未然形＋願望の助動詞「まほし」。「ありたい・あってほしい・あることが望ましい」の意。

● 少しのことにも、先達(せんだち)はあら(未然形)まほしきことなり。　（徒然草・五二段）
ちょっとしたことにも、その道の指導者はあってほしいものだ。

2「あらまほし」　1が一語化した形容詞。「理想的だ・望ましい」の意。

● 人は、かたち・ありさまのすぐれたらむこそ、あらまほしかるべけれ。　（徒然草・一段）
人は、容貌や風采がすぐれているのこそが、望ましいことであろう。

チェック！

1 次の活用表を完成させなさい。

基本形	未然	連用	終止	連体	已然	命令
まほし						○
たし						○

練習問題

1 次の傍線部の助動詞の意味を答えなさい。

1 いかなる人なりけむ、尋ね聞かまほし。（徒然草・四三段）
どんな人であったろうか、尋ねて聞きたい。

2 見苦しういみじきものを見るこそ、いと命短くなりなまほしけれ。（宇津保物語・国譲上）
見苦しく恐ろしいものを見るにつけても、命がとても短くなってしまってほしい。

3 みな花は盛りをのどかに見まほしく、（玉勝間・巻四）
みな花は満開をのんびりと鑑賞したく、

4 家にありたき木は、松、桜。（徒然草・一三九段）
家にあってほしい木は、松と桜。

5 悪所に落ちては死にたからず。（平家物語・老馬）
危険な所に落ちては死にたくない。

13 比況

ごとし

基本形	未然形	連用形	終止形	連体形	已然形	命令形	活用の型
ごとし	ごとく	ごとく	ごとし	ごとき	○	○	形容詞型

接続 体言・活用語の連体形・格助詞「が」「の」に接続。

意味

1 比況（…ト同ジダ・…ニ似テイル・…ヨウダ）

❼おごれる人も久しからず、ただ春の夜の夢の（助詞）ごとし。（平家物語・祇園精舎）
おごりたかぶっている人も、そのおごりの日々は長くは続かない。ただ春の夜の夢のよう（に、短くはかないもの）だ。

2 例示（タトエバ…ノヨウダ・タトエバ…ナドダ）

❽和歌・管弦（くわんげん）・往生要集（わうじやうえうしふ）（体言）ごときの抄物（せうもつ）を入れたり。（方丈記・方丈の庵）
和歌・管弦・往生要集などの書物の抜き書きを入れている。

「ごと」の用法

「ごとし」は、形容詞と同じように語幹の独立性が強く、「ごと」だけで連用形や終止形と同様に用いられることがある。

● 身を変へたるがごとなりにたり。（竹取物語・昇天）
生まれ変わったように（豊かに）なってしまっている。

チェック！

1 次の活用表を完成させなさい。

基本形	未然	連用	終止	連体	已然	命令
ごとし					○	○

やうなり

活用

基本形	未然形	連用形	終止形	連体形	已然形	命令形	活用の型
やうなり	やうなら	やうなり やうに	やうなり	やうなる	やうなれ	○	形容動詞型

接続　活用語の**連体形**・格助詞「が」「の」に接続。

意味

1 比況（…ヨウダ・…ミタイダ）

❶なりは塩尻(しほじり)の（助動）やうになむありける。　（伊勢物語・九段）

（富士山の）形は塩尻のようであった。

2 例示（タトエバ…ヨウダ）

❷増賀聖(そうがひじり)の言ひけむ（連体形）やうに、　（徒然草・一段）

たとえば増賀聖が言ったとかいうように、

3 様子・状態（…様子ダ・…状態ダ・…ヨウダ）

❸青みたる（連体形）やうにて、深き山の杉の梢(こずゑ)に見えたる、　（徒然草・一三七段）

（月が）青みがかった様子で、深山の杉の梢のあたりに見えているのは、

4 婉曲（…ヨウダ）

❹なにがしの押領使(あふりやうし)などいふ（連体形）やうなる者のありけるが、　（徒然草・六八段）

誰それという押領使などというような者がいたが、

練習問題

1 次の傍線部の助動詞の意味と活用形を答えなさい。

1 扇を広げたるがごとく末広になりぬ。　（方丈記・安元の大火）

扇を広げたように末広がりに延焼した。

［　・　］

2 楊貴妃(やうきひ)ごときは、あまりときめきすぎて、かなしきことあり。　（大鏡・道長伝）

楊貴妃のような人は、あまりにも（玄宗皇帝の）ご寵愛を受けて栄えすぎて、悲しい結末がある。

［　・　］

▼比況の助動詞「ごとくなり」

比況の助動詞には、ほかに「ごとくなり」がある。

活用

基本形	未然	連用	終止	連体	已然	命令	活用の型
ごとくなり	ごとくなら	ごとくなり ごとくに	ごとくなり	ごとくなる	ごとくなれ	ごとくなれ	形容動詞型

接続　活用語の**連体形**・格助詞「が」「の」に接続。

意味　**1 比況**（…ト同ジダ・…ヨウダ）

●飛ぶがごとくに都へもがな　（土佐日記・一月十一日）

飛ぶように都へ帰りたいよ。

チェック！

1 次の活用表を完成させなさい。

基本形	未然	連用	終止	連体	已然	命令
やうなり						○

3 夢のやうにうれしと思ひけり。　（堤中納言物語・はいずみ）

夢のようにうれしいと思った。

［　・　］

4 軽々しきやうなりと、せめて思ひ返す。　（源氏物語・薄雲）

軽率なようだと、強いて思い返す。

［　・　］

❸ 助動詞の音便

助動詞の音便は、イ音便・ウ音便・撥音便の三種類である。

参照 P.39 用言の音便

種類	助動詞・活用形	例
イ音便（イ音に変化）	べし・まじ ― 連体形	べき➡べい まじき➡まじい
ウ音便（ウ音に変化）	べし・まじ・まほし・たし ― 連用形	べく➡べう まじく➡まじう まほしく➡まほしう たく➡たう
撥音便（ン音に変化）	ず・たり（完了）・べし・まじ・なり（断定） ― 連体形＋助動詞（推定・伝聞）めり・なり	ざるめり➡ざんめり たるなり➡たんなり べかるめり➡べかんめり まじかるなり➡まじかんなり なるめり➡なんめり

▼「てけり」の音変化

「てけり」（完了の助動詞「つ」の連用形「て」＋過去の助動詞「けり」）が、「てんげり」（「て」＋撥音「ん」＋「けり」濁音化）となることがある。語勢を強めた言い方で、中世の軍記物語や説話などに用いられた。

● つひに木曽殿の首をば取ってんげり。（平家物語・木曽最期）

とうとう木曽殿の首を取ってしまった。

▼撥音の無表記

ラ変型活用をする「ざる」「たる」「べかる」「まじかる」「なる」が撥音便化する場合、撥音「ん」は表記されないこともあるが、読むときにはン音を補う。

● ざるめり➡ざんめり➡ざめり

● たるなり➡たんなり➡たなり

参照 P.58 ラ変型の活用語と「めり」「なり」の接続

練習問題

1 次の傍線部の助動詞の音便の種類ともとの形を答えなさい。

1 あの勢の中にしかるべい者やある。（平家物語・勝浦付大坂越）

あの敵勢の中に適当な者はいるか。

［　　・　　］

2 こと人すべうもなかりしことぞかし。（大鏡・兼通伝）

他の人にはできなかったことですよ。

［　　・　　］

3 ゆめゆめ疎略を存ずまじう候ふ。（平家物語・忠度都落）

決しておろそかにしようとは存じません。

［　　・　　］

4 言ひ使ふ者にもあらざなり。（土佐日記・十二月二十三日）

命じたり召し使ったりする人でもないそうだ。

［　　・　　］

5 今宵こそいとむつかしげなる夜なめれ。（大鏡・道長伝）

今夜はひどく不気味な感じの夜であるようだ。

［　　・　　］

6 にほひこそ、心もとなうつきためれ。（枕草子・木の花は）

色つやが、ほんのりとついているようだ。

［　　・　　］

④ 上代の助動詞

ゆ

活用

基本形	未然形	連用形	終止形	連体形	已然形	命令形	活用の型
ゆ	え	え	ゆ	ゆる	○	○	下二段型

参照 P.64「る」

接続 四段・ナ変・ラ変動詞の未然形に接続。

意味

1 自発（自然ニ…レル・自然ニ…ラレル）

❶ 瓜(うり)食(は)めば　子ども思ほゆ　栗(くり)食めば　まして偲(しの)はゆ(未然形)　（万葉集・八〇二）

瓜を食べるといつも、子供たちのことが自然と思い浮かんでくる。栗を食べるといっそう恋しく思われる。

2 可能（…コトガデキル）

❷ 影に見えつつ忘らえ(未然形)ぬかも　（万葉集・一四九）

面影が見えて忘れることができないよ。

3 受身（…レル・…ラレル）

❸ 汝(な)は我に欺かえ(未然形)つ。　（古事記・大国主神）

おまえは私にだまされた。

らゆ

活用

基本形	未然形	連用形	終止形	連体形	已然形	命令形	活用の型
らゆ	らえ	○	○	○	○	○	下二段型

参照 P.64「らる」

接続 「寝(ぬ)」の未然形のみに接続。

意味

1 可能（…コトガデキル）

❹ 妹(いも)を思ひ寝(い)の寝(ね)らえ(未然形)ぬに暁(あかとき)の朝霧(あさぎりご)隠(も)り雁(かり)がねそ鳴く　（万葉集・三六六五）

妻を思って眠ることができないときに、夜明け前の朝霧に隠れて雁が鳴くことだ。

▼「ゆ」「らゆ」と「る」「らる」

「ゆ」「らゆ」は、平安時代以後の「る」「らる」に相当する。

▼「ゆ」の固定化

「ゆ」は、平安時代以後も動詞や連体詞の一部として形をとどめている。

動詞　おぼゆ・思ほゆ・聞こゆ・

連体詞　あらゆる・いはゆる

す

活用

基本形	未然形	連用形	終止形	連体形	已然形	命令形	活用の型
す	さ	し	す	す	せ	せ	四段型

接続 四段・サ変動詞の未然形に接続。

意味
1 尊敬（オ…ニナル・…レル・…ラレル）

❺ ねもころに嘆か（未然形）して、「あづまはや。」とのりたまひき。（古事記・景行天皇）
（倭建命（やまとたけるのみこと）が）しみじみとため息をおつきになって、「あづまはや（わが妻よ）。」とおっしゃった。

ふ

活用

基本形	未然形	連用形	終止形	連体形	已然形	命令形	活用の型
ふ	は	ひ	ふ	ふ	へ	へ	四段型

接続 四段動詞の未然形に接続。

意味
1 反復（繰リ返シ…スル・何度モ…スル）

❻ 糟湯酒（かすゆざけ） うちすすろ（未然形）ひて しはぶか（未然形）ひ（万葉集・八九二）
糟湯酒をすすっては、何度も咳き込み、

2 継続（…続ケル・イツモ…スル）

❼ 三輪山（みわやま）をしかも隠すか雲だにも情（こころ）あらなも隠さ（未然形）ふべしや（万葉集・一八）
三輪山をそんなにも隠すことよ。せめて雲だけでも思いやりの心があってほしい。隠し続けてよいものか。

▼**「す」の固定化**
「す」は、平安時代以後も敬語動詞や敬語名詞の一部として形をとどめている。
● おぼす　「思ふ」の尊敬語
● 遊ばす　「遊ぶ」「す」の尊敬語
● みはかし（御佩刀）　貴人の刀の敬称
● みとらし（御執らし）　貴人の弓の敬称
● みけし（御衣）　貴人の着物の敬称

▼**「ふ」の固定化**
「ふ」は、平安時代以後も、次のような動詞の一部として形をとどめている。
● 語らふ　住まふ　交じらふ　呼ばふ

▼**「ふ」による音韻変化**
「ふ」がラ行四段動詞に接続する場合、動詞の未然形活用語尾「ら」が「ろ」に音変化することがある。
● 移らふ⬇移ろふ
● すすらふ⬇すすろふ

練習問題

1 次の傍線部の助動詞の意味と活用形を答えなさい。

1 我と笑（ゑ）まし[1]て人に知らゆ[2]な（万葉集・二七六二）
私にほほえみなさって人に気づかれるな。
1　・
2　・

2 寝（い）の寝（ね）らえぬに聞けば苦しも（万葉集・一四八四）
眠れないときに（ほととぎすの声を）聞くとつらいよ。
・

3 天地（あめつち）とともに久しく住まはむ（万葉集・五七八）
天地とともに長く住み続けよう。
・

助動詞の整理

▼意味の見分け方

1「けり」 参照 P.45

1 地の文 ➡ 過去が多い …た
2 和歌・会話文 ➡ 詠嘆が多い …たのだなあ
3 なり〈断定〉+けり ➡ 詠嘆が多い …であったのだなあ

2「つ」「ぬ」 参照 P.47

1 てき・にき・てけり・にけり ➡ 完了 …た・…てしまった
- てき　にき　完了+過去 …てしまった
- てけり　にけり　完了+過去 …てしまった
　完了+詠嘆 …てしまったなあ

2 てむ・なむ・つべし・ぬべし など ➡ 確述(強意) きっと…
「む」「べし」の意味によって、次のように訳し分ける。
- つ・ぬ+推量 きっと(必ず)…だろう
- つ・ぬ+意志 きっと(必ず)…う・よう・つもりだ
- つ・ぬ+当然 きっと(まさに)…はずだ
- つ・ぬ+適当 きっと(ちょうど)…のがよい
- つ・ぬ+命令 きっと(必ず)…せよ

3「む」 参照 P.51

■主語の人称による見分け方
1 一人称 ➡ 意志 …よう
2 二人称 ➡ 適当・勧誘 …のがよい
3 三人称 ➡ 推量 …だろう

■主語の人称以外の見分け方
4 む(連体形)+体言 ➡ 婉曲 …ような
　む(連体形)+助詞 ➡ 仮定 …としたら
5 こそ…め・なむ(や)・てむ(や) ➡ 適当・勧誘 …のがよい

4「べし」 参照 P.53

■主語の人称による見分け方
1 一人称 ➡ 強い意志 …よう
2 二人称 ➡ 適当・強い勧誘・命令 …のがよい・…べきだ
3 三人称 ➡ 確信のある推量 …だろう・…にちがいない

■主語の人称以外の見分け方
4 べし+打消 ➡〈不〉可能 …できる
5 疑問・反語+べし ➡ 可能・推量 …できる・…だろう

5「じ」 参照 P.54

1 一人称 ➡ 打消意志 …ないつもりだ
2 三人称 ➡ 打消推量 …ないだろう

6「まじ」 参照 P.54

1 一人称 ➡ 打消意志 …ないつもりだ
2 二人称 ➡ 禁止・不適当 …てはならない・…ないほうがよい
3 三人称 ➡ 打消推量 …ないだろう

7「まし」 参照 P.61

1 〜ましかば…まし・〜ませば…まし ➡ 反実仮想
　〜せば…まし　・〜ば…まし　もし〜だったら、…だろうに

8「る」「らる」 参照 P.65

1 心情・知覚を表す動詞+る・らる ➡ 自発 自然に…られる
- 思はる・しのばる・嘆かる・見らる・ながめらる など

2 打消・反語＋る・らる ⬇〈不〉可能 …できる

●れず・られず・いかで…るる・なんぞ…らるる など

3「（受身の相手）に」＋る・らる ⬇受身 …られる

●敵に討たる・風に吹かる・人に捨てらる など

受身の相手が示されない場合は、文脈から判断する。

4 尊敬の動詞＋る・らる ⬇尊敬 お…になる

●仰せらる など

貴人・神仏が主語＋る・らる ⬇尊敬 お…になる

5 る・らる＋尊敬の補助動詞「給ふ」 ⬇自発 自然に…れる

●れ給ふ・られ給ふ ⬇受身 …られる

9「す」「さす」「しむ」 参照 P.67

1 尊敬語を伴わない ⬇すべて使役 …せる・…させる

2 下に尊敬語を伴う ⬇①尊敬が多い お…になる

●せ給ふ・させ給ふ・しめ給ふ

●せおはします・させおはします・しめおはします

⬇②使役の場合もある …せる・…させる

使役の対象（～に）が示されている場合
使役の対象（～に）が示されていない場合 }がある。

▼同じ語形を持つ助動詞の識別のしかた

1「ぬ」 参照 P.46

1 連用形＋ぬ ⬇完了「ぬ」の終止形 ●雨やみぬ

2 未然形＋ぬ ⬇打消「ず」の連体形 ●やまぬ雨

2「らむ」 参照 P.56

1 終止形・ラ変型活用語の連体形＋らむ ●知るらむ

⬇現在推量「らむ」

2 サ変動詞の未然形・四段動詞の已然形＋らむ ●知れらむ

⬇完了「り」の未然形＋推量「む」の終止形・連体形

3「なり」 参照 P.62

1 体言・連体形＋なり ●風なり・するなり

⬇断定「なり」

2 終止形・ラ変型活用語の連体形（撥音便）＋なり

⬇推定・伝聞「なり」 ●すなり・あなり・あんなり

4「たり」 参照 P.62

1 体言＋たり ⬇断定「たり」 ●受領たり

2 連用形＋たり ⬇完了「たり」 ●引きたり

5「る」 参照 P.64

1 四段・ナ変・ラ変動詞の未然形＋る ●泣かる

⬇自発・可能・受身・尊敬「る」の終止形

2 サ変動詞の未然形・四段動詞の已然形＋る ●泣ける

⬇完了「り」の連体形

▼断定「なり」の連用形「に」の見分け方

参照 P.63

1 に＋接続助詞「て」「して」で文を中止。 ●にて・にして

2 に＋存在の意を表す動詞〈補助動詞の用法〉。

●にあり・に侍り・に候ふ など

3 に＋助詞＋存在の意を表す動詞〈補助動詞の用法〉。

●にてあり・にや侍る・にこそ候へ など

4 に＋係助詞で、補助動詞を含む文節を省略。

●にや。にか。にぞ。にこそ。 など

練習問題　助動詞

1 次の傍線部の助動詞の文法的意味と活用形を答えなさい。

1 ほととぎすの歌よまむ[1]としつる[2]、紛れぬ[3]。（枕草子・五月の御精進のほど）

ほととぎすの歌をよもうとしたことも、取り紛れて（よまずに終わって）しまった。

1 ・
2 ・
3 ・

2 その人の名忘れに[1]けり[2]。（伊勢物語・八二段）

その人の名を忘れてしまった。

1 ・
2 ・

3 絵に描かまほしき[1]夕ばへどもなり[2]。（増鏡・老のなみ）

絵に描きたい（ほど美しい）夕方の景色である。

1 ・
2 ・

4 横笛の声すごく吹きすました[1]なり[2]。（とりかへばや物語・巻一）

横笛をぞっとするほど澄みわたった音色で吹いているようである。

1 ・
2 ・

---

2 次の文から解答欄の数に合わせて助動詞を順にすべて抜き出し、例を参考に文法的に説明しなさい。

例　べけれ…推量の助動詞「べし」の已然形。

1 ただむせかへりて、御いらへもせられず。（讃岐典侍日記・嘉承二年七月）

ただ涙にむせかえって、お返事もできない。

1
2

2 男、いと悲しくて、寝ずなりにけり。（伊勢物語・六九段）

男は、とても悲しくて、寝ずじまいになってしまった。

1
2
3

3 大納言、南海の浜に吹き寄せられたるにやあらむと思ひて、息づき、伏し給へり。（竹取物語・竜の頸の玉）

大納言は、南海の海岸に吹き寄せられたのであろうかと思って、苦しげな息をつき、横になっていらっしゃる。

1
2
3
4
5

3 次の傍線部を口語訳しなさい。

1 あからさまと思ひしかども、今すでに五年を経たり。（方丈記・閑居の気味）
ほんの少しの間と〔　　〕、（ここに住んで）もうすでに五年がたった。

2 心、身の苦しみを知れれば、苦しむときは休めつ。（方丈記・閑居の気味）
心は、身体のつらさを〔　　〕ので、苦しいときは確実に（身体を）休める。

3 ほど経べきことならねば、やがて走り入りぬ。（今物語・一〇）
時間が〔　　〕ではないので、すぐに門の中に走って入った。

4 めでたきことは、たぐひあらじとおぼえたり。（枕草子・木の花は）
（梨の花が）すばらしいことは、比類が〔　　〕と思われた。

5 今はなほ、もの忘れしなむ。思ひがひもなし。（紫式部日記・寛弘五年十月）
今はやはり、〔　　〕。思ってもしようがない。

6 疾風も、龍の吹かするなり。（竹取物語・竜の頸の玉）
疾風も、龍が〔　　〕。

7 昔ならましかば、馬に這ひ乗りても、ものしなまし。（蜻蛉日記・天禄三年閏二月）
〔　　〕、馬に這い乗ってでも、やって来ただろうに。

4 次の傍線部の解釈として適当なものを選びなさい。

1 親のため、妻子のためには、恥をも忘れ、盗みもしつべきことなり。（徒然草・一四二段）
親のため、妻子のためには、恥をも忘れ、〔　　〕。
ア 必ず盗みをしようとするようだ
イ 盗みもできてしまうということらしい
ウ きっと盗みをしてしまうはずである

2 かうやうのことは、女房はせじ。伊尹・兼通・兼家などが、言ひもよほして、せさするならむ。（大鏡・師輔伝）
このようなことは、女房はしまい。伊尹・兼通・兼家などが、そそのかして、〔　　〕。
ア なさるのがよい
イ やらせるのであろう
ウ 今ごろはしているのだろう

3 物に気取られぬるなめりと、せむ方なき心地し給ふ。（源氏物語・夕顔）
（夕顔は）〔　　〕と、（光源氏は）どうしようもない気持ちがなさる。
ア 物の怪に魂を奪われてしまったようだ
イ 物の怪は自然と気づいたように見える
ウ 物の怪に気に入られているはずである

5 次の文は、三歳の娘（姫君）を源氏に預けることをためらう明石の君に、母の尼君が言葉をかける場面である。説明として適当でないものを、後から選びなさい。

・（姫君ヲ）見奉らざらむことはいと胸痛かりぬべけれど、つひにこの御ためによかるべからむことをこそ思はめ。

ア 尼君は、姫君を見ないことはとてもつらいにちがいないと理解したうえで、明石の君を諭している。
イ 尼君は、姫君の将来にとってよいはずのことを最優先に考えるのがよいとして、意見を述べている。
ウ 尼君は心を痛めながらも、最終的には明石の君自身が考えるだろうと、娘の裁量に任せようとしている。

❺助詞

付属語で活用がなく、他の語に付いて、関係を示したり意味を添えたりする語を、**助詞**という。

●人（　）見る。

（　）に入る助詞によって、文意が違ってくる。

●人（が）見る。　人が見る。　助詞「が」は「人」が主語であることを示す。

●人（を）見る。　人を見る。　助詞「を」は「人」が連用修飾語であることを示す。

●人（や）見る。　人が見るか。　助詞「や」は疑問の意を添える。

学習のポイント

●助詞の種類を理解する。

●それぞれの助詞の意味・接続を理解する。

ポイント

助詞学習の要点

右の助詞「が」「を」の意味は、文語と口語とで違いがなく、そのまま口語に置き換えることができる。助詞にはこのように口語と共通の語や用法が多い。一方で、右の助詞「や」のように、口語では使われない助詞もある。助詞の学習は、次の三つの点に重点を置いて、効率的に進めることが要点である。

1 古文特有の助詞に注意する。
次ページ「助詞の分類」の表の＊印が、口語にはない助詞。

2 古文特有の語法に注意する。
係り結びの法則⇩P.100　同格の用法⇩P.80　など

3 語形が同じで種類の異なる助詞に注意する。
が・に・を・して・と・は・も・ぞ・なむ・や

6 助詞の種類

助詞を働きによって分類すると、次のように分けることができる。

助詞
- 関係を示す
  - 体言や連体形などに付いて、資格を示す……1 格助詞 79
  - 活用語に付いて、接続を示す……2 接続助詞 87
- 意味を添える
  - 種々の語に付いて
    - 副詞のように下の言葉にかかる……3 副助詞 93
    - 文末に一定の言い方を要求する……4 係（けい）助詞 97
  - 文末に付く……5 終助詞 103
  - 文中・文末に付く……6 間投助詞 106

（ページ）

1 格助詞

主に体言または活用語の連体形に付いて、その語が文の成分としてどのような働きをするかを示すとともに、その語が下の語に対してどのような資格に立つかを示す助詞を、格助詞という。格助詞には次の種類がある。

1 主格　主語の資格であることを示す……が　の
2 連体修飾格　体言を修飾する資格であることを示す……が　の
3 連用修飾格　用言を修飾する資格であることを示す……へ　を　に　と　にて　して　より　から
4 同格　対等の資格であることを示す……が　の

▼助詞の分類

格助詞	接続助詞	副助詞	係助詞	終助詞	間投助詞
が　の　へ　を　に　と　にて　して　より　から	ば　と　とも　ど　*ども　ものを　もの の　*ものから　*ものゆゑ　て　して　が　に　*を　で　つつ　ながら	だに　すら　さへ　のみ　ばかり　まで　など　*し　*しも	は　も　ぞ　*なむ　こそ　*や（やは）　か（かは）	な　*そ　*ばや　*なむ　*しが　*てしが　*てしがな　*にしが　*にしがな　*もがな　*がな　なか　*かな　*はな　よ　*かし　ぞ	や　*を

＊口語にはない助詞。

参照 P.91 詳解　P.144 識別

接続		
体言 連体形	が の	1 主格 …ガ・…ノ 2 連体修飾格 …ノ・…ノヨウナ 3 体言の代用（準体格） …ノ・…ノモノ・…ノコト 4 同格 …デ
	の	5 比喩（連用修飾格） …ノヨウニ　◆「の」のみの用法

＊助詞の意味・用法については、P2の「用語解説」参照。

1 ❶ 夜半（よは）にや君がひとり越ゆらむ（伊勢物語・二三段）
夜中にあなたが一人で今ごろは越えているだろうか。

2 ❷ 女児（をんなご）のなきのみぞ、悲しび恋ふる。（土佐日記・十二月二十七日）
女の子がいないことばかりを、悲しみ恋い慕っている。

❸ 木曽殿をば、それがしが郎等（らうだう）の討ちたてまつたる。（平家物語・木曽最期）
木曽殿を、誰それの郎等がお討ち申し上げたぞ。

❹ 屋の内は暗き所なく光り満ちたり。（竹取物語・おひたち）
建物の中は暗い所もないほど光り満ちていた。

3 ❺ この歌は、ある人のいはく、大友黒主（おほとものくろぬし）がなり。（古今集・八九九左注）
この歌は、ある人が言うことには、大友黒主のものである。

❻ 博士（はかせ）どもの書けるものも、古（いにしへ）のは、あはれなること多かり。（徒然草・一三段）
学者たちが書いたものも、昔のものは、趣の深いことが多い。

4 ❼ 短きが袖（そで）がちなる着てありくも、みなうつくし。（枕草子・うつくしきもの）
丈の短い着物で袖ばかりが目立つ着物を、着て歩き回るのも、みなかわいらしい。

❽ 蓮（はちす）の浮き葉の、いと小さきを、池より取り上げたる。（枕草子・うつくしきもの）
蓮の浮き葉で、とても小さい浮き葉を、池から取り上げたの（は、とてもかわいらしい）。

5 ❾ 見し人の松の千年（ちとせ）に見ましかば遠く悲しき別れせましや（土佐日記・二月十六日）
亡き女児が、松のように千年の齢（よはひ）を保っていたら、遠い土佐で、悲しい別れをしただろうか、いや、そんなことはなかったろうに。

主格「が」「の」の結び

主格を示す「が」「の」を受ける述部は、そこで文が終止する場合も連体形となる。会話や和歌に多く、余情を含んだ表現となる。

●「雀の子を、犬君（いぬき）が逃がしつる。」（源氏物語・若紫）
「雀の子を、犬君が逃がしてしまったの。」

チェック！

1 次の傍線部の格助詞「が」「の」の意味は何か。本文の解説中の記号1〜5から選びなさい。

1 いみじう気高う清げにおはする女の[1]、うるはしく装束（さうぞ）き給へるが[2]、奉りし鏡をひきさげて、（更級日記・鏡のかげ）
たいそう気高く美しくていらっしゃる女の人で、きちんと正装なさった女の人が、奉納した鏡を携えて（現れて）、
1 [　]　2 [　]

2 風をいたみ岩うつ波の（おのれのみ砕けて物を思ふころかな）（詞花集・二一一）
風が激しいので、岩に強くうちつける波のように、自分だけが心を砕いてもの思いをするこのごろだよ。
[　]

3 作文（さくもん）のにぞ乗るべかりける。（大鏡・頼忠伝）
漢詩の舟に乗ればよかったよ。
[　]

4 おのれが[1]智の[2]まさりたることを興とす。（徒然草・一三〇段）
自分の知恵が優れていることをおもしろがる。
1 [　]　2 [　]

接続		
体言	へ	1方向

1 ⑩船に乗るべき所（体言）へわたる。 …へ （土佐日記・十二月二十一日）

船に乗る予定の場所へ行く。

詳解

■同格のパターンと訳し方

（連体修飾部）［体言］＋［の］＋……連体形［　］

↑上と同じ体言が省略されている。

↑連体形の下に格助詞「が」「に」「を」が接続することが多い。

●大きなる（連体修飾部）柑子（かうじ）の木（体言）＋［の］＋枝もたわわになりたる（連体形）（柑子の木）が、 （徒然草・一一段）

大きなみかんの木で、枝も曲がるほどに実っているみかんの木が、

（実っているのが、）↑体言の代用の「の」で口語訳してもよい。

連体形［　］＋［が］＋……連体形［　］

↑上文から類推できる同じ体言が省略されている。

●継母（ままはは）なりし人は、宮仕へせし（連体形）（人）＋［が］＋下（くだ）りし（連体形）（人）なれば、 （更級日記・梅の立ち枝）

継母だった人は、宮仕えをしていた人で、（父とともに上総（かずさ）へ）下った人なので、

右のように、「の」「が」で結ばれる上下の文節（連文節）が、一文の中で対等な資格として並置される関係を、**同格**という。口語訳するときは、「の」「が」を「…デ」と訳し、連体形の下の省略に同じ体言を補うとよい。

参照 P.91 詳解　P.150 識別

接続			
体言 連体形	を	1 対象	…ヲ
		2 起点	…ヲ・…カラ
		3 通過する場所	…ヲ・…ヲ通ッテ
		4 継続する期間	…ヲ・…ノ間ヲ

1 ❶これ(体言)を見て、親どもも「何事ぞ。」と問ひさわぐ。（竹取物語・嘆き）
これを見て、親（である翁）たちも「どうしたのですか。」と尋ねて騒ぐ。

2 ❷境(体言)を出でて、下総（しもつさ）の国のいかたといふ所に泊まりぬ。（更級日記・門出）
国境を出て、下総の国のいかたという所に泊まった。

3 ❸芥川（あくたがは）といふ河(体言)を率（ゐ）て行きければ、（伊勢物語・六段）
芥川という河のほとりを（女を）連れて行ったところ、

4 ❹立ち遅れたる人々待つとて、そこに日(体言)を暮らしつ。（更級日記・門出）
出発し遅れた人々を待つというわけで、そこで一日を送った。

参照 P.91 詳解　P.148 識別

接続			
体言 連体形 4 動詞の 連用形に 接続	に	1 時間・場所	…ニ・…時ニ・…デ
		2 帰着点	…ニ
		3 対象	…ニ
		4 目的	…ニ・…ノタメニ
		5 原因・理由	…ノタメニ・…ニヨッテ
		6 手段・方法	…デ・…ニヨッテ
		7 変化の結果	…ニ・…ト
		8 受身・使役の対象	…ニ
		9 比較の基準	…ト比ベテ・…ヨリ
		10 添加	…ニ・…ノ上ニ・…ニ加エテ
		11 内容	…ト・…トシテ・…デアルト
		12 資格・状態	…トシテ・…デ

1 ❺戌（いぬ）の時(体言)に、門出す。（土佐日記・十二月二十一日）

「に」の強調の用法

格助詞「に」は、同じ動詞を重ねた間に用いて、**その動作を強調する**用法がある。このとき上の動詞は**連用形**である。

●ただ食ひに食ふ音のしければ、（宇治拾遺物語・一二）
ただひたすら食べる音がしたので、

「に」の尊敬の用法

「に」には、身分の高い人を主語とすることを避け、その人のいる場所を示すことによって**間接的な尊敬**の意味を示す用法がある。

●上の御前（おまへ）には、史記といふ文をなむ書かせ給へる。（枕草子・跋）
帝におかれては、（この紙に）『史記』という書物をお書きです。

識別 に

1 体言・連体形に接続して、「…で…であって」の意味を持つ。
⇩断定の助動詞「なり」の連用形
●まことの智にあらず。

2 連用形に接続する。「にき・にけり・にたり」となることが多い。
⇩完了の助動詞「ぬ」の連用形
●泣きにけり。

3 上の語と切り離せない。「いと」などの連用修飾句を補うことができる。
⇩ナリ活用形容動詞の連用形活用語尾
●（いと）豊かになりゆく。

4 体言・連体形に接続する。連体形に接続する場合は、「に」の上に体言を補うことができる。時間・場所などの意味を表す。

午後八時ごろに、出発する。

2 ⑥行き行きて駿河国（体言）に至りぬ。（伊勢物語・九段）
どんどん進んで駿河の国（するがのくに）に着いた。

3 ⑦「かれは何ぞ。」となむ男（体言）に問ひける。（伊勢物語・六段）
（女は）「あれは何なの。」と男に尋ねた。

4 ⑧講師（かうじ）、馬のはなむけし（連用形）に出でませり。（土佐日記・十二月二十四日）
国分寺の住職が、餞別（せんべつ）をしにお出ましになった。

5 ⑨神鳴るさわぎ（体言）に、え聞かざりけり。（伊勢物語・六段）
雷の鳴る騒がしい音のために（悲鳴がかき消されて）、聞くことができなかった。

6 ⑩火（体言）に焼かむに、焼けずはこそ、まことならめ。（竹取物語・火鼠の皮衣）
火で焼いてみたらそのときに、もし焼けなかったなら、本物だろう。

7 ⑪勢ひ猛の者（体言）になりにけり。（竹取物語・おひたち）
勢力のある富豪になった。

8 ⑫下部（しもべ）（体言）に酒飲ますることは心すべきことなり。（徒然草・八七段）
下層階級の者に酒を飲ませることは注意しなければならない。

⑬ある人（体言）に誘はれ奉りて、（徒然草・三二段）
ある人に誘われ申し上げて、

9 ⑭子を恋ふる思ひ（体言）にまさる思ひなきかな（土佐日記・一月十一日）
（亡き）子を恋しく思う（親の）思いにまさる（悲しい）思いはないよ。

10 ⑮赤地（あかぢ）の錦（にしき）の直垂（体言）に、唐綾縅（からあやをどし）の鎧（よろひ）着て、（平家物語・木曽最期）
赤地の錦の直垂（ひたたれ）の上に、唐綾縅の鎧を着て、

11 ⑯その男、身をえうなきもの（体言）に思ひなして、（伊勢物語・九段）
その男は、わが身を何の役にも立たないものだと思い込んで、

12 ⑰都のつと（体言）に語らむ。（徒然草・二三六段）
都へのみやげ話として話そう。

⇩格助詞 ●暗き(夜)に来けり。
5 連体形に接続する。「に」の上に体言を補うことができない。
⇩接続助詞 ●憎きに、その法師をばまづ斬れ。
6 上の語と切り離すことができない。活用がない。
⇩副詞の一部 ●すでに都を出でぬ。

チェック！

1 次の傍線部の格助詞「に」の意味を後から選び、記号で答えなさい。

1 宇津の山に至りて、（伊勢物語・九段）
宇津の山に着いて、

2 男、片田舎に住みけり。（伊勢物語・二四段）
男が、片田舎に住んでいた。

3 いざ給へ、出雲拝みに。（徒然草・二三六段）
さあいらっしゃい、出雲の神を拝みに。

4 あるいは煙（けぶり）にむせびて倒れ臥（ふ）し、（方丈記・安元の大火）
ある人は煙によってむせて倒れ臥し、

ア時間・場所 イ帰着点 ウ目的
エ原因・理由

1	2	3	4

参照 P.146 識別

接続		意味	訳
体言 4引用句 に接続	と	1 動作をともにする相手	…ト
		2 変化の結果	…ト・…ニ
		3 比較の基準	…ト・…ニ比ベテ
		4 引用・内容	…ト・…ト言ッテ・…ト思ッテ
		5 並列	…ト…ト
		6 比喩	…ノヨウニ

1 ❶なんぢ(体言)と一所(いつしよ)で死なむと思ふためなり。　（平家物語・木曽最期）

おまえと一つ所で死のうと思うためなのだ。

2 ❷大家(おほいへ)滅びて小家(こいへ)(体言)となる。　（方丈記・ゆく川の流れ）

大きい家がなくなって小さい家となる。

3 ❸軒(のき)(体言)と等しき人のあるやうに見え給ひければ、　（大鏡・道長伝）

軒と同じくらいの高さの巨人がいるようにお見えになったので、

4 ❹「いざ、かいもちひせむ。」(引用句)と言ひけるを、　（宇治拾遺物語・一二）

「さあ、ぼたもちを作ろう。」と言ったのを、

5 ❺「この戸開け給へ。」(引用句)と、たたきけれど、　（伊勢物語・二四段）

「この戸をお開けください。」と言って、（戸を）たたいたが、

5 ❻世の中にある人(体言)とすみか(体言)と、またかくのごとし。　（方丈記・ゆく川の流れ）

世の中に住んでいる人と住居とは、またこのよう（に、生滅を続けているの）である。

6 ❼ふるさとは雪(体言)とのみこそ花は散るらめ　（古今集・一一一）

旧都は今ごろはただもう雪のように花が散っているだろう。

「と」の強調の用法

格助詞「と」は、同じ動詞を重ねた間に用いて、**その動作を強調する用法**がある。このとき上の動詞は連用形である。

● 聞きと聞く人々に言ひそしられける。　（今昔物語集・巻二九ノ二〇）

聞く人々すべてに非難された。

格助詞「とて」

格助詞「と」に接続助詞「て」が付いて一語化した語。**引用・内容を表す用法**（…ト言ッテ・…ト思ッテ）や、**理由を表す用法**（…トイウワケデ・…トシテモ）がある。

● 男もすなる日記(にき)といふものを、女もしてみむとて、するなり。　（土佐日記・十二月二十一日）

男性も書くという日記というものを、女性である私も書いてみようと思って、書くのだ。

チェック！

1 次の傍線部の格助詞「と」の意味は、ア比喩、イ強調のどちらか。記号で答えなさい。

1 生きとし生けるもの、いづれか歌をよまざりける。　（古今集・仮名序）

生きているすべてのもので、歌をよまなかったものがあったろうか、いやない。

2 笛の音のただ秋風と聞こゆるに　（更級日記・大納言の姫君）

笛の音がまるで秋風のようにあわれに聞こえるというのに

1 [　　]　2 [　　]

参照 P.148 識別

接続		
体言 連体形	にて	1 場所・年齢 …デ 2 手段・方法・材料 …デ・…ニヨッテ 3 原因・理由 …デ・…ニヨッテ 4 資格・状態 …トシテ・…デ

1 ⑧潮海(しほうみ)のほとりにてあざれ合へり。（土佐日記・十二月二十二日）
海のほとりでふざけ合った。

2 ⑨月・花をば、さのみ目にて見るものかは。（徒然草・一三七段）
月や花を、そういうふうに目だけで見るものだろうか、いや、そうではない。

3 ⑩朝ごと夕ごとに見る竹の中におはするにて、知りぬ。（竹取物語・おひたち）
毎朝毎晩見る竹の中にいらっしゃることによって、わかった。

4 ⑪太政大臣にて二年、世をしらせ給ふ。（大鏡・兼家伝）
太政大臣として二年、天下をお治めになる。

⑫寝たるよしにて、出で来るを待ちけるに、（宇治拾遺物語・一二）
寝ているふりで、（ぼたもちが）できあがるのを待ったところ、

参照 P.145 識別

接続		
体言 連体形	して	1 手段・方法・材料 …デ・…ニヨッテ・…ヲ使ッテ 2 ともに動作を行う人数・範囲 …デ・…ト・…トトモニ 3 使役の対象 …ニ・…ヲ使ッテ

1 ⑬そこなりける岩に、指(および)の血して書きつけける。（伊勢物語・二四段）
そこにあった岩に、指の血で書きつけた（歌）。

2 ⑭もとより友とする人、ひとりふたりして行きけり。（伊勢物語・九段）
前から友としている人、一人二人とともに行った。

3 ⑮蔵人(くらうど)して、削りくづをつがはしてみよ。（大鏡・道長伝）
蔵人を使って、削りくずを（柱に）あてがわせてみよ。

▼「にて」から「で」への変化

「にて」は中世以降音変化を起こし、「で」の形で現在に至っている。
●いま一文(いちもん)で、盛りなるときは、大きなるがあり。（日本永代蔵・巻二ノ二）
もう一文で、出盛りのときは、大きな茄子(なす)がある。

識別 にて

1 体言・連体形に接続して場所・手段・原因・資格などの意味を表す
⇩格助詞「にて」 ●目にて見る。 目で見る。

2 体言・連体形に接続して「…で・…であって」の意味を表す
⇩断定の助動詞「なり」の連用形「に」＋接続助詞「て」 ●目にてあり。 目である。

3 体言・連体形に接続していない
⇩形容動詞連用形活用語尾「に」＋接続助詞「て」 ●目清らにて、 目が清らかで、

チェック！

1 次の傍線部の格助詞「にて」の意味は何か。本文の解説中の記号1～4から選びなさい。
舟にて詣でたり。（源氏物語・澪標(みおつくし)）
舟で参詣した。

2 次の傍線部の格助詞「して」の意味は何か。本文の解説中の記号1～3から選びなさい。
人して惟光(これみつ)召させ、待たせ給ひけるほど、（源氏物語・夕顔）
従者を使って惟光をお呼びになり、お待ちなさっていた間、

接続		意味	訳
体言 連体形	より	1 起点	…カラ
		2 通過する場所	…ヲ通ッテ・…カラ
		3 手段・方法	…デ・…ニヨッテ
		4 比較の基準	…ヨリ
		5 限定 ◆「より＋ほか＋打消」が多い。	…ヨリ・…以外
		6 即時 ◆動詞の連体形に付く。	…ヤイナヤ・…トスグニ

1 ❶ 大津(体言)より浦戸をさして漕ぎ出づ。（土佐日記・十二月二十七日）

大津から浦戸をめざして漕ぎ出す。

2 ❷ 有明(ありあけ)の月の、板間(体言)より屋(や)の内にさし入りたりけるに、（今昔物語集・巻二八ノ四二）

有明の月が、板の間を通って家の中に差し込んでいたので、

3 ❸ ただひとり、徒歩(体言)より詣でけり。（徒然草・五二段）

ただ一人、徒歩で参詣した。

4 ❹ 聞きし(連体形)よりもまして、言ふかひなくぞこほれ破れたる。（土佐日記・二月十六日）

聞いていたよりもまさって、話にならないほど壊れ傷んでいる。

5 ❺ 夜昼、笛を吹く(連体形)よりほかのことなし。（発心集・巻六ノ七）

夜昼、笛を吹く以外のことをしない。

6 ❻ 名を聞く(連体形)より、やがて面影は推し量らるる心地するを、（徒然草・七一段）

名前を聞くやいなや、すぐさま(その人の)顔かたちが推し量られる気持ちがするのに、

接続		意味	訳
体言 連体形	から	1 起点	…カラ
		2 通過する場所	…ヲ通ッテ・…カラ
		3 手段・方法	…デ・…ニヨッテ
		4 原因・理由	…ニヨッテ・…次第デ

1 ❼ 去年(こぞ)(体言)から山籠(やまごも)りして侍るなり。（蜻蛉日記・天禄三年二月）

去年から山籠りをしております。

2 ❽ ほととぎす鳴きて過ぎにし岡び(体言)から秋風吹きぬ（万葉集・三九四六）

▼「より」と「から」

「より」のほうが「から」よりも意味の範囲が広く、平安時代には「より」が多く用いられていた。「から」は口語的で、鎌倉時代以降は「から」が動作・作用の起点を表す場合に用いられるようになった。

♛「より」「から」の手段・方法の用法

「より」「から」には手段・方法を表す用法がある。これは、❸❾のように「徒歩(かち)より」「徒歩から」(徒歩(とほ)で)などの形で用いられることが多い。

チェック!

1 次の傍線部の格助詞「より」「から」の意味を後から選び、記号で答えなさい。

1 いと小さくあばれたる家なり。見るより悲しくて打ちたたけば、（堤中納言物語・はいずみ）

ひどく小さく荒れている家である。見るやいなや(男は)悲しくて、(戸を)打ちたたくと、

2 都の東南(たつみ)より火出で来て、西北(いぬゐ)に至る。（方丈記・安元の大火）

都の東南から火事が起こって、西北の方角に広がった。

3 これかれ問ふべき人、徒歩(かち)からあるまじき者もあり。（蜻蛉日記・天禄三年閏二月）

あれこれと見舞ってくれる人には、徒歩で来るような身分であるはずがない人もいる。

ア 起点　イ 手段・方法　ウ 即時

1 [　]　2 [　]　3 [　]

ほととぎすが鳴いて通り過ぎた岡辺を通って秋風が吹いてきた。

3 ⑨ 徒歩(体言)からまかりて、言ひ慰め侍らむ。（落窪物語・巻一）

徒歩で参って、話をして慰めましょう。

4 ⑩ 何心なき空のけしきも、ただ見る人(体言)から、艶(えん)にもすごくも見ゆるなりけり。（源氏物語・帚木(ははきぎ)）

何ということもない空の様子も、ただ見る人次第で、優美にも不気味にも見えるのだなあ。

2 接続助詞

文中にあって、活用語に付き、接続詞のように上の文節（連文節）を下の文節（連文節）に続ける助詞を、**接続助詞**という。

接続助詞は、前後の続き方によって次の二種類に分けることができる。

- **単純接続**　上の文節と下の文節とを単につなげるだけの接続。
- **条件接続**　上の文節が下の文節に対する何らかの条件となる接続。

→ **条件接続は、前後の続き方によって次の二種類に分けることができる。**

- **順接**　上の条件と順当な関係で下に続く。〔AだからBとなる〕
- **逆接**　上の条件とは逆の関係で下に続く。〔AだけれどもBとなる〕

→ **順接と逆接は、条件の内容によって次の二種類に分けることができる。**

- **仮定条件**　まだ実現していないことを仮定して述べる。〔もしAならBとなる〕
- **確定条件**　すでに実現していることを前提にして述べる。〔AなのでBとなる〕

以上を整理すると、接続助詞は次の種類に分けられる。複数の働きをする助詞には注意が必要である。

- **条件接続**
  - 順接
    - 仮定条件……………………ば
    - 確定条件……………ば　て　して　に　を
  - 逆接
    - 仮定条件……………………と　とも
    - 確定条件……ど　ども　ものを　ものの　ものから　ものゆゑ　て　して　が　に　を　ながら
- **単純接続**……………て　して　が　に　を　で　つつ　ながら

▼ **接続助詞の働きによる分類**

助詞＼働き	順接	逆接	単純接続
ば			
と			
とも			
ど			
ども			
ものを			
ものの			
ものから			
ものゆゑ			
て			
して			
が			
に			
を			
で			
つつ			
ながら			

参照 P.149 識別

接続		意味	訳
未然形	ば	1 順接の仮定条件	モシ…タラ・モシ…ナラ
已然形	ば	2 順接の確定条件 A 原因・理由 B 偶然条件 C 恒時(こうじ)（恒常）条件	 …カラ・…ノデ …ト・…トコロ …トイツモ

1 ❶ 月の都の人まうで来（こ）〔未然形〕ば、捕らへさせむ。（竹取物語・昇天）
もし月の都の人がやって来るなら、捕らえさせよう。

2A ❷ 京には見えぬ鳥なれ〔已然形〕ば、みな人見知らず。（伊勢物語・九段）
京には見かけない鳥なので、一行の人はみな見てもわからない。

B ❸「たれたれか。」と問へ〔已然形〕ば、「それそれ。」と言ふ。（枕草子・二月つごもりごろに）
「どなた方（がいらっしゃるの）か。」と尋ねると、「あの方、この方。」と答える。

C ❹ 命長けれ〔已然形〕ば、恥多し。（徒然草・七段）
長生きをすると決まって、恥をかくことが多いものだ。

接続		意味	訳
終止形	と とも	1 逆接の仮定条件	タトエ…テモ ◆「と」の用例は少ない。

1 ❺ 千の歌なり〔終止形〕と、これより出でまうで来（こ）まし。（枕草子・五月の御精進のほど）
たとえ千首の歌であっても、私のほうからよみ出しましょう。

❻ 今は逃ぐ〔終止形〕ともよも逃がさじとおぼえければ、（宇治拾遺物語・二八）
今となってはたとえ逃げても（相手が）逃がすまいと思われたので、

接続		意味	訳
已然形	ど ども	1 逆接の確定条件 2 逆接の恒時（恒常）条件	…ノニ・…ケレドモ・…ガ …テモイツモ・…タトコロデ

1 ❼ いとはつらく見ゆれ〔已然形〕ど、こころざしはせむとす。（土佐日記・二月十六日）
なんとも薄情だとは見て思うけれども、お礼はしようと思う。

❽ 足ずりをして泣け〔已然形〕ども、かひなし。（伊勢物語・六段）
じだんだ踏んで悔しがって泣くけれども、今さらどうにもならない。

偶然条件と恒時（恒常）条件

偶然条件 ある条件のもとでたまたまある事柄が起こる場合を示す。

恒時条件 ある条件のもとで決まって一定の事柄が起こる場合を示す。

清音の「は」

形容詞と形容詞型活用語の未然形「く・しく」、および打消の助動詞「ず」の未然形「ず」に、「ば」が付いて仮定条件を表す場合、「は」と表記され、「ワ」と発音する。

● 切りぬべき人なくは、給（た）べ。（徒然草・二三一段）
もし切ろうとする人がいないなら、ください。

なお、この「は」を係助詞と見て、連用形接続とする説もある。

参照 P.34 形容詞の未然形に付く「は」
P.49「ず」の未然形に付く「は」

「とも」の接続

「とも」は、形容詞・助動詞「ず」に接続する場合には、終止形ではなく連用形に接続する。

● 唐のものは、薬のほかは、なく〔連用形〕ともこと欠くまじ。（徒然草・一二〇段）
中国のものは、薬のほかは、たとえなくても不自由しないだろう。

● 門を開かれず〔連用形〕とも、このきはまで立ち寄らせ給へ。（平家物語・忠度都落）
たとえ門をお開けにならなくても、門のそばまでお立ち寄りください。

2 ⑨その子・孫(うまご)までは、はふれにたれ(已然形)ど、なほなまめかし。（徒然草・一段）
その子・孫までは、おちぶれてしまっていても、やはり優雅である。

⑩遠く見れ(已然形)ども近く見れ(已然形)ども、いとおもしろし。（土佐日記・一月十八日）
遠くから見ても近くから見ても、たいそう景色がよい。

接続		
連体形	ものを ものの ものから ものゆゑ	1 逆接の確定条件 …ノニ・…ケレドモ・…ガ

1 ⑪「翁丸(おきなまろ)か。」とだに言へば、喜びてまうで来る(連体形)ものを、呼べど寄り来ず。（枕草子・上に候ふ御猫は）
「翁丸か。」と名を呼びさえすると、喜んでやって参るのに、（この犬は）呼んでも絶対に寄って来ない。

⑫頼まぬ(連体形)ものの恋ひつつぞ経(ふ)る（伊勢物語・二三段）
あてにはしませんけれども、（それでもあなたを）恋しく思い続け、日を過ごしています。

⑬いたましうする(連体形)ものから、下戸(げこ)ならぬこそ男はよけれ。（徒然草・一段）
迷惑そうにするけれども、下戸ではないのが男としてはよい。

⑭誰(た)が秋にあらぬ(連体形)ものゆゑをみなへしなぞ色に出でてまだきうつろふ（古今集・二三二）
誰の秋というのでもなく、飽きられたわけでもないのに、女郎花よ、どうして色に出て早くも色あせていくのか。

チェック！

1 次の傍線部の接続助詞「ば」の意味を後から選び、記号で答えなさい。

1 見れば、率て来し女もなし。（伊勢物語・六段）
見ると、連れて来た女もいない。

2 京には見えぬ鳥なれば、みな人知らず。（伊勢物語・九段）
京には見えない鳥なので、誰も見知らない。

3 摂政・関白すべきものならば、この矢当たれ。（大鏡・道長伝）
摂政・関白になるはずのものならば、この矢当たれ。

4 老いぬればさらぬ別れのありと言へばいよいよ見まくほしき君かな（伊勢物語・八四段）
年を取ってしまうと必ず、避けることのできない別れ（死別）があるというので、ますます会いたいあなたなのですよ。

ア 順接仮定　イ 原因・理由　ウ 偶然　エ 恒時

1	2	3

4	5

詳解

■「ものを」「ものから」「ものゆゑ」の注意すべき用法

1「ものを」は詠嘆の意味合いが強く、文末にあって「…ノニナア」の意味を表すときは、終助詞である。

●伏籠(ふせご)の内にこめたりつるものを。（源氏物語・若紫）
（雀を）伏籠の中に入れておいたのになあ。

2「ものから」「ものゆゑ」には、順接の確定条件の用法（…ノデ・…カラ）が見られる。

●月は有明(ありあけ)にて光をさまれるものから、富士の峰かすかに見えて、（奥の細道・旅立ち）
月は有明の月であって光が薄れてしまっているので、富士山がやっとかすかに見えて、

●ことゆかぬものゆゑ、大納言をそしり合ひたり。（竹取物語・竜の頸の玉）
納得できないから、（家来たちは）大納言の悪口を言い合った。

参照 P.144・145 識別

接続　連用形　て／して

1 単純接続　…テ〈デ〉・…ノ様子デ・…ノ状態デ
2 順接の確定条件　…カラ・…ノデ
3 逆接の確定条件　…ノニ・…ケレドモ・…ガ

1 ❶手にうち入れて、家へ持ちて来ぬ。（竹取物語・おひたち）
手のひらに包みこんで、家へ持って来た。

❷聖の後ろに、寝ねもせずして起きゐたり。（宇治拾遺物語・一〇四）
聖の後ろで、寝もしないで起きていた。

2 ❸十日、さはることありて、のぼらず。（土佐日記・二月十日）
十日、差し障りがあるので、（川を）上らない。

❹悲しきに堪へずして、ひそかに心知れる人と言へりける歌、（土佐日記・二月十六日）
悲しくてたまらないので、そっと心がわかりあっている人とよみかわした歌、

3 ❺なんぢ、姿は聖人にて、心は濁りに染めり。（方丈記・自己批判）
おまえは、姿は聖人であるのに、心は濁りに染まっている。

❻格子どもも、人はなくして開きぬ。（竹取物語・昇天）
格子もみな、人はいないのに開いてしまった。

参照 P.144・148・150 識別

接続　連体形　が／に／を

1 逆接の確定条件　…ノニ・…ケレドモ・…ガ
2 順接の確定条件　…カラ・…ノデ
3 単純接続　…ガ・…ト・…トコロ
◆「に」「を」のみの用法

1 ❼昔より多くの白拍子ありしが、かかる舞はいまだ見ず。（平家物語・祇王）
昔から多くの白拍子がいたが、このような舞はまだ見たことがない。

❽京へ帰るに、女子のなきのみぞ、悲しび恋ふる。（土佐日記・十二月二十七日）
都へ帰るというのに、女の子がいないことばかりを、悲しみ恋い慕っている。

❾八重桜は奈良の都にのみありけるを、このごろぞ世に多くなり侍るなる。（徒然草・一三九段）
八重桜は奈良の都にだけあったのに、最近は世間に多くなっているそうです。

▼「して」の接続

「して」は、形容詞・形容動詞型活用語の連用形、助動詞「ず」の連用形に接続する。

▼音便＋「て」の音変化

特定の音便に「て」が続くとき、音変化を起こして「で」と濁音になる。

●をめき叫んで攻め戦ふ。（平家物語・能登殿最期）
わめき叫んで攻め戦う。

参照 P.39 音便に続く語の音変化

▼単純接続の接続助詞

接続助詞「て」「して」「に」「を」自体が、順接と逆接という相反する意味を持つわけではない。接続助詞の前後の内容から判断して、順接あるいは逆接の関係で続けているとみなされるのであり、本来の意味は単純接続である。単純接続と逆接の確定条件の用法のある「が」も同様である。

チェック！

1 次の傍線部の条件接続の意味を、後からそれぞれ二つ選んで、組み合わせて答えなさい。

1 木のさまにくげなれど、楝の花、いとをかし。（枕草子・木の花は）
木の格好はみっともないが、楝の花は、たいそう趣深い。

2 いつはりと思ふものから今さらに誰がまことをか我は頼まむ（古今集・七一三）

2

⑩ 入相（いりあひ）ばかりのことなる（連体形）に、薄氷は張つたりけり、（平家物語・木曽最期）

夕刻のことなので、薄氷が張っていた、

⑪ 明日は物忌（ものい）みなる（連体形）を、門（かど）強く鎖させよ。（蜻蛉日記・天禄元年八月）

明日は身を清めて慎む日なので、門をしっかり閉ざせ。

3

⑫ 右兵衛舎人（うひやうゑのとねり）なる者、東の七条に住みける（連体形）が、司（つかさ）に参りて、（宇治拾遺物語・一一四）

右兵衛府の舎人である者が、東の七条に住んでいたが、役所に参って、

⑬ あやしがりて寄りて見る（連体形）に、筒の中光りたり。（竹取物語・おひたち）

不思議に思って近寄って見ると、竹筒の中が光っている。

⑭ 「ほととぎすの声尋ねに行かばや。」と言ふ（連体形）を、我も我もと出で立つ。（枕草子・五月の御精進のほど）

「ほととぎすの声を尋ねに行きたい。」と言うと、私も私もと言って出かける。

（あの人の言葉を）いつわりだと思うけれども、今さら誰のまごころを私はあてにしましょうか。

3 たとひ丈（たけ）十丈の鬼なりとも、などか従へざるべき。（平家物語・能登殿最期）

たとえ背丈十丈の鬼であっても、どうして屈服させないことがあろうか、いや屈服させるだろう。

4 涙のこぼるるに、目も見えずものも言はれず。（伊勢物語・六二段）

涙がこぼれるので、目も見えずものも言えない。

ア順接　イ逆接　ウ仮定条件　エ確定条件

1	・
2	・
3	・
4	・

詳解

■「が」「に」「を」の格助詞と接続助詞の見分け方

参照 P.82〜83　P.144・148・150 識別

1 体言に接続 ➡ 格助詞

2 連体形に接続し、連体形の下に「こと」「もの」などの体言や体言の代用の「の」を補うことができる ➡ 格助詞

3 連体形に接続し、連体形の下に「こと」「もの」などの体言や体言の代用の「の」を補うことができない ➡ 接続助詞

4 平安時代中期ごろまでの作品に現れる「が」 ➡ 格助詞

＊接続助詞「が」は、平安時代末期に格助詞から派生した。

1 ● 炎（体言）を地（体言）に吹きつけたり。（方丈記・安元の大火）

炎を地に吹きつけていた。

2 ● 雁などの連ねたる（連体形）が、いと小さく見ゆるは、いとをかし。（枕草子・春は、あけぼの）

雁などで連なっているのが、たいへん小さく見えるのは、とてもおもしろい。

3 ● そのものともなき声どもの聞こゆる（連体形）に、ずちなくて帰り給ふ。（大鏡・道長伝）

何ともわからない声々が聞こえるので、どうしようもなくてお帰りになる。

4 ● いとやむごとなききはにはあらぬ（連体形）が、すぐれて時めき給ふありけり。（源氏物語・桐壺）

それほど高貴な身分ではない方で、きわだって帝のご寵愛を受けていらっしゃる方がいた。

＊『源氏物語』は平安時代中期の作品。

接続		
未然形	で	1 **打消接続** …ナイデ・…ズニ

1 ❶ 親のあはすれども、聞か（未然形）でなむありける。（伊勢物語・二三段）
親が結婚させようとするけれども、耳を貸さないでいた。

接続		
連用形	つつ	1 **反復・継続** …テハ・…続ケテ 2 **並行** …ナガラ・…ツツ

1 ❷ 野山にまじりて竹を取り（連用形）つつ、よろづのことに使ひけり。（竹取物語・おひたち）
山野に分け入って竹を取っては、（その竹を）いろいろな物（を作るの）に使っていた。

2 ❸ 顔をうちまもり（連用形）つつ、なごう鳴くも、（更級日記・大納言殿の姫君）
（猫が私の）顔をじっと見つめながら、のどやかに鳴くのも、

接続		
*連用形 形容詞・ 形容動詞 の語幹	ながら	1 **存続** …ママデ 2 **並行** …ナガラ・…ツツ 3 **逆接の確定条件** …ノニ・…ケレドモ・…ガ

*動詞・助動詞「ず」の連用形に接続する。

1 ❹ 馬に乗り給ひて、乗り（連用形）ながら北の陣までおはして、（宇治拾遺物語・一一四）
馬にお乗りになって、乗ったままで北の陣までおいでになって、

2 ❺ 食ひ（連用形）ながら、文（ふみ）をも読みけり。（徒然草・六〇段）
ものを食べながら、経文をも読んだ。

3 ❻ 限りなく思ひ（連用形）ながら、妻（め）をまうけてけり。（大和物語・一四九段）
（もとの妻を）このうえなくいとしく思うけれども、（ほかに）妻を作ってしまった。

詳解

■**和歌の「つつ止め」の用法**

和歌の最後に「つつ」を用いることを「つつ止め」という。反復・継続の意味に余情が加えられる。

● 秋の田のかりほの庵（いほ）の苫（とま）をあらみわが衣手（ころもで）は露（つゆ）にぬれつつ（後撰集・三〇二）
秋の田の（稲を納める）仮小屋の（屋根にふいている）苫の目が粗いので、（張り番をしている）私の袖は露にしきりに濡れることだよ。

▼**体言・副詞に付く「ながら」**

「ながら」は、体言や副詞に付いて、「…ノママデ・…スベテ」という意味を表すことがある。（接続助詞・副助詞とする説もある。）この「ながら」は、接尾語である。

● 旅の御姿ながらおはしましたり。（竹取物語・蓬萊の玉の枝）
旅装のお姿のままでいらっしゃった。

● 六つながら夫妻に給（た）びけり。（沙石集・巻九ノ三）
（銀貨）六枚すべてを夫婦にお与えになった。

チェック！

1 次の傍線部の接続助詞を、空欄に合うように口語訳しなさい。

1 ほかへもさらに行かで、つとゐにけり。（大和物語・一四九段）
（男は）よそへも全く行か［　　］、（女のそばを）じっと離れずにいた。

2 いとあはれなりと聞きながら、涙のつと出で来ぬ、（枕草子・はしたなきもの）
本当にかわいそうだと思って聞いている［　　］、涙がすっと出て来ないのは、

1	2

3 副助詞

体言・活用語の連体形・一部の副詞・助詞など、種々の語に付いて、副詞のようにある意味を添えることによって下の用言を修飾する働きを持つ助詞を、**副助詞**という。

接続		
種々の語	だに	1 程度の軽いものを示して、より程度の重いものを類推させる …サエ
		2 最小限の限定 セメテ…ダケデモ

1 ❶かく人がちなる（連体形）だに、けしきおぼゆ。まして、もの離れたる所など、いかならむ。（大鏡・道長伝）

このように人が大勢いる所さえ、不気味な感じがする。まして、遠く離れた（人気のない）所などは、どんな具合だろう。

❷光やあると見るに、蛍ばかりの光（体言）だになし。（竹取物語・仏の御石の鉢）

光はあるかと思って見るが、蛍くらいの光さえない。

2 ❸それを見て（助詞）だに帰りなむ。（竹取物語・帝の求婚）

せめてそれだけでも見て帰ろう。

接続		
種々の語	すら	1 一つのものを示して、それ以外のものを類推させる …サエ

1 ❹言問はぬ木（体言）すら妹と兄ありといふをただ独り子にあるが苦しさ（万葉集・一〇〇七）

ものを言わない木さえ兄妹があるというのに、私が全くの一人っ子であるというのは本当につらいことだよ。

接続		
種々の語	さへ	1 添加 …マデモ

1 ❺雨降りぬ。風（体言）さへ出で来たり。（土佐日記・一月十日）

雨が降った。風までも出てきた。

「だに」の最小限の限定の用法……

「だに」の最小限の限定の用法は、意志・願望・命令・仮定などの表現の中で用いられる。

● 昇らむをだに見送り給へ。（竹取物語・昇天）

せめて（天に）昇るのだけでもお見送りなさってください。

▼「だに」「すら」「さへ」の意味の変遷……

奈良時代までは「だに」「すら」「さへ」は使い分けられていたが、平安時代には「すら」の類推の用法を「だに」が持つようになった。さらに時代が進むと、「さへ」が「だに」の類推の用法を吸収し、現在に至っている。

チェック！

1 次の傍線部の副助詞「だに」「すら」「さへ」の意味を後から選び、記号で答えなさい。

1 一文字をだに知らぬ者、しが足は十文字に踏みてぞ遊ぶ。（土佐日記・十二月二十四日）

「一」という文字をさえ知らない者が、その足は「十」文字に千鳥足を踏んで遊び興じている。

2 証人にさへなされて、（徒然草・七三段）

証人にまでもされて、

3 苔の袂よかわきだにせよ（古今集・八四七）

涙にぬれた僧衣の袂よ、せめて乾きだけでもしておくれ。

4 聖などすら、前の世のこと夢見るは、いと難かなるを、（更級日記・宮仕へ）

高僧などでさえ、前世のことを夢に見るのは、たいそう難しいと聞いているが、

ア類推　イ添加　ウ最小限の限定

1	2
3	4

接続 種々の語　のみ　1限定　2強意　…ダケ　ヒドク…・トクニ…

1 ❻ただ白き波〔体言〕のみぞ見ゆる。（土佐日記・一月七日）
ただ白い波だけが見える。

2 ❼風の音、虫の音につけても、もの〔接頭語〕のみ悲しうおぼさるるに、（源氏物語・桐壺）
風の音や虫の音につけても、（帝は）ただもう悲しくお思いになるのに、

接続 種々の語　ばかり　1限定　2およその程度　…ダケ・…バカリ　…クライ・…ホド

1 ❽思ひ寄らぬ道〔体言〕ばかりはかなひぬ。（徒然草・一八九段）
思いも寄らない方面のことだけがかなってしまう。

2 ❾また新手（あらて）の武者、五十騎〔体言〕ばかり出で来たり。（平家物語・木曽最期）
また新しい一隊の武士が、五十騎ほど出て来た。

▼「のみ」と「ばかり」の限定の違い……

のみ　一つの物事を強く限定し、それ以外のものは認めない。

ばかり　一つの物事を示して、ある程度の許容範囲を持って限定する。

✔チェック！

1 次の傍線部の副助詞「のみ」「ばかり」の意味を後から選び、記号で答えなさい。

1 月・花はさらなり、風のみこそ、人に心はつくめれ。（徒然草・二一段）
月や花は言うまでもないが、風は特に、人に風流心を与えるようだ。

2 物は破れたところばかりを修して用ゐることぞ。（徒然草・一八四段）
ものは破損しているところだけを繕って使うものだよ。

3 三寸ばかりなる人、いとうつくしうてゐたり。（竹取物語・おひたち）
三寸ほどの人が、とてもかわいらしい姿で座っている。

ア限定　イ強意　ウおよその程度

1 [　　]　2 [　　]　3 [　　]

詳解

■「ばかり」の接続と意味

「ばかり」は種々の語に付くが、活用語に付く場合は、次のようになることが多い。

1 連体形＋「ばかり」⬇限定

● 名にめでて折れるばかりぞをみなへし（古今集・二二六）
その名に感じて折ってしまっただけだよ、女郎花よ。

2 終止形＋「ばかり」⬇およその程度

● 太刀をも落としつばかりこそ震ひつれ。（今昔物語集・巻二八ノ四二）
太刀を落としてしまいそうなほど震えていたぞ。

接続		
種々の語	まで	1 限界　…マデ 2 程度　…マデ・…ホド

1 ⑩ 鳴く声、雲居(体言)まで聞こゆる、いとめでたし。（枕草子・鳥は）

（鶴の）鳴く声が、天まで聞こえるのは、本当にすばらしい。

2 ⑪ あさぼらけ有明(ありあけ)の月と見る(連体形)までに吉野(よしの)の里に降れる白雪（古今集・三三二）

夜がほのぼの明けるころ、有明の月（が照らしているのか）と見まちがえるほどに、吉野の里に降り積もった白雪よ。

接続		
種々の語	など	1 例示　…ナド 2 引用　…ナドト 3 婉曲　…ナド

1 ⑫ 風の音(おと)、虫の音(ね)など(体言)、はた言ふべきにあらず。（枕草子・春は、あけぼの）

風の音、虫の音などは、これもまたなんとも言いようがない（情趣である）。

2 ⑬「今は見どころなし。」(引用句)などは言ふめる。（徒然草・一三七段）

「今は見どころがない。」などとは言うようだ。

3 ⑭ 雨(体言)など降るも、をかし。（枕草子・春は、あけぼの）

雨などが降るのも、風情がある。

参照 P.144 識別

接続		
種々の語	し しも	1 強意　（特に口語訳しない） 2 （下に打消を伴い）部分否定　必ズシモ…〈デハナイ〉 ◆「しも」のみの用法。

1 ⑮ 今(体言)し、羽根といふ所に来ぬ。（土佐日記・一月十一日）

ちょうど今、羽根という所にさしかかった。

⑯ 今日(体言)しも、端におはしましけるかな。（源氏物語・若紫）

今日はとくに、端近くにいらっしゃいましたね。

2 ⑰ 京に思ふ人なきに(連用形)しもあらず。（伊勢物語・九段）

必ずしも京に恋しい人がいないわけでもない。

チェック!

1 次の傍線部の副助詞「まで」の意味は何か。本文の解説中の記号1・2から選びなさい。

かしましきまでぞ鳴く。（枕草子・鳥は）

（鶯が）やかましいほど鳴く。

2 次の傍線部の副助詞「など」の意味は何か。本文の解説中の記号1～3から選びなさい。

極楽寺・高良などを拝みて、（徒然草・五二段）

極楽寺や高良社などを拝んで、

▼「し」「しも」の分類

「しも」は、「し」に係助詞「も」が付いたもので、「し」の意味を強めたものである。（この「しも」を一語の副助詞ととらずに連語とする説や、「し」を間投助詞とする説もある。）

識別 し

1「する」の意味を持つ
⇩サ変動詞の連用形　●食ふ音のしければ

2 連用形（カ変・サ変は未然形）＋し
下に体言が付くか、「ぞ・なむ・や・か」の結びであることが多い。
⇩過去の助動詞「き」の連体形　●あはれなりしものかな

3 取り除いても文意が通じる。
⇩副助詞　●はるばるきぬる旅をしぞ思ふ

練習問題

格助詞・接続助詞・副助詞

1 次の傍線部の助詞「が」「の」から、同格の用法で用いられているものをすべて選びなさい。

1 この[1]歌、天地(あめつち)の[2]開け始まりけるときより、出で来にけり。（古今集・仮名序）

この歌（というもの）は、天地が開闢(かいびゃく)したときから、（この世に）出現していた。

2 これは隆家(たかいへ)が[3]言にしてむ。（枕草子・中納言参り給ひて）

これは隆家の言葉にしてしまおう。

3 白き鳥の[4]、嘴(はし)と脚(あし)と赤き、鴫(しぎ)の[5]大きさなる、水の[6]上に遊びつつ、魚(いを)を食ふ。（伊勢物語・九段）

白い鳥で、くちばしと脚とが赤い、鴫くらいの大きさの鳥が、水の上で遊泳しては、魚を食べる。

4 大きなる童盗人(わらはぬすびと)の[7]、髪おぼとれたるが[8]、もの取らむとて入り立てるぞ。（今昔物語集・巻二八ノ四二）

大きな童姿の盗人で、髪をぼさぼさにした盗人が、ものを取ろうとして入って来て立っているぞ。

2 次の傍線部の格助詞の文法的意味を答えなさい。

1 炎上に滅びたる家、またいくそばくぞ。（方丈記・閑居の気味）

火災によって滅んだ家は、またどれくらいか。

2 馬場(むまば)といふ所にて、人多くて騒ぐ。（枕草子・五月の御精進のほど）

馬場という所で、人が多くいて騒いでいる。

3 宮の御(おほん)をば、女別当(にょべったう)して書かせ給へり。（源氏物語・賢木）

斎宮のお歌は、女別当にお書かせになっている。

4 門(かど)引き入るるより、けはひあはれなり。（源氏物語・桐壺）

（車を）門内に引き入れるやいなや、もの悲しい雰囲気である。

3 次の傍線部の接続助詞の文法的意味を答えなさい。

1 そしられたらば聞かじ。（枕草子・二月つごもりごろに）

もしけなされているなら（評判を）聞きたくない。

2 いとをさなければ、籠(こ)に入れて養ふ。（竹取物語・おひたち）

とても小さいので、籠に入れて育てる。

3 瓜(うり)食(は)めば子ども思ほゆ（万葉集・八〇二）

瓜を食べるといつも、子供たちのことが自然と思い浮かんでくる。

4 身はいやしながら、母なむ宮なりける。（伊勢物語・八四段）

（男は）身分は低いが、母は皇族であった。

5 いづくなりともまかりなむ。（大鏡・道長伝）

たとえどこであっても必ず参ろう。

4 次の傍線部の副助詞の文法的意味を答えなさい。

1 男(をのこ)だに、才(ざえ)がりぬる人は、いかにぞや。（紫式部日記・日本紀の御局）

男でさえ、学問をひけらかす人は、どうだろうか。

2 見てけりとだに知られむ。（蜻蛉日記・天暦九年九月）

せめて確かに見たとだけでも知られよう。

3 玉の男皇子(をのこみこ)さへ生まれ給ひぬ。（源氏物語・桐壺）

玉のような皇子までもお生まれになった。

4 ことうけのみよくて、まことなし。（徒然草・一四一段）

請け合うことだけは調子がよくて、誠意がない。

5 枕浮くばかりになりにけり。（源氏物語・須磨）

（涙で）枕が浮くほどになってしまった。

4 係助詞

種々の語に付いて、強意・疑問・反語などの意味を添え、文の結び方に一定の活用形を要求する助詞を、**係助詞**という。

接続			
種々の語	**は**	**1 提示・対比・強調**	…ハ

1 ❶かやうのことは、ただ朝夕の心づかひによるべし。〈提示〉（徒然草・三二段）
このようなふるまいは、ただ平素の心がけによるのだろう。

❷あそこでは四、五百騎、ここでは二、三百騎、〈対比〉（平家物語・木曽最期）
あそこでは四、五百騎、ここでは二、三百騎、

❸いとはつらく見ゆれど、こころざしはせむとす。〈強調〉（土佐日記・二月十六日）
なんとも薄情だとは思われるけれども、お礼はしようと思う。

参照 P.98 詳解

接続			
種々の語	**も**	**1 同趣の事柄の並列**	…モ…モ
		2 同趣の事柄の添加	…モ・…モマタ
		3 類推	…デモ・…ダッテ
		4 最小限の希望	セメテ…ダケデモ・…デモ
		5 強意	…モ

1 ❹男も女も恥ぢかはしてありけれど、（伊勢物語・二三段）
男も女も互いに恥ずかしがっていたけれども、

2 ❺聖海上人（しやうかいしやうにん）、そのほかも、人あまた誘ひて、（徒然草・二三六段）
聖海上人や、そのほかも、人を大勢誘って、

3 ❻后（きさき）の位も何にかはせむ。（更級日記・物語）
后の位だって何になろうか、いや、何にもならない。

4 ❼あしひきの山ほととぎす一声も鳴け（万葉集・四二〇三）
山ほととぎすよ、せめて一声でも鳴いておくれ。

5 ❽帳の内よりも出ださず、いつき養ふ。（竹取物語・おひたち）
帳台の中からも出さず、大切に育てる。

▼「は」の濁音化

格助詞「を」に係助詞「は」が接続すると、「をば」となる。

● 名をば、さかきの造（みやつこ）となむいひける。（竹取物語・おひたち）
名を、さかきの造といった。

▼「は」「も」が格助詞でない理由

1 格助詞は他の助詞に付かないが、「は」「も」は他の助詞に付くことができる。

● 京にはあらじ、（伊勢物語・九段）
京にはいないことにしよう、

2 格助詞は主部とすぐ下の述部を直結するが、「は」「も」は離れた述部にもかかる。

● 河原院は、融（とほるの）左大臣の造りて住み給ひける家なり。（今昔物語集・巻二七ノ二）
河原院は、左大臣源融が造って住んでいらっしゃった家である。

接続		
種々の語	ぞ なむ こそ	1 強意

（口語訳の必要がない場合が多い）

1
❶よろづの遊びを（助詞）ぞしける。　（竹取物語・おひたち）
ありとあらゆる音楽を演奏した。

❷この国にはあまたの年を経ぬるに（連用形）なむありける。　（竹取物語・嘆き）
この国では多くの年を経てしまったのでしたよ。

❸よろづのことも、初め終はり（体言）こそをかしけれ。　（徒然草・一三七段）
どんなことも、最初と最後こそがおもしろい。

▼**強意の口語訳**

強意の係助詞は、取り除いても文意は大きく変わらない。口語訳しづらい場合には無理に訳さなくてもよい。

▼**「ぞ」「なむ」「こそ」の違い**

「ぞ」「こそ」は散文・和歌ともに多く用いられたが、「なむ」は和歌ではあまり用いられず、会話文や手紙文などで多く用いられた。

強意の度合いが最も強いのは「こそ」で、次が「ぞ」であり、「なむ」が最も弱い。

詳解

■**「もぞ」「もこそ」**

係助詞「も」に係助詞「ぞ」または「こそ」の付いた「もぞ」「もこそ」は、「**…たら困る・…たら大変だ**」という、不安・危惧の気持ちを表す。

●ありつる男もぞ来る。　（宇治拾遺物語・九六）
さっきの男が戻って来たら困る。

●烏などもこそ見つくれ。　（源氏物語・若紫）
（逃げた雀を）烏などが見つけたら大変だ。

■**「ぞ」「こそ」の紛らわしい用法**　参照 P.105「ぞ」

1 文末にあって念を押す意味を示す「ぞ」は、**終助詞**である。

●これは、人の食ひつれば死ぬるものぞ。　（沙石集・巻八ノ一一）
これは、人が食べると必ず死ぬものだよ。

2 人の名前などの名詞に付いて敬意・親しみをこめた呼びかけを示す「こそ」は、**接尾語**である。

●北殿こそ、聞き給ふや。　（源氏物語・夕顔）
北隣さん、お聞きになっていますか。

参照 P.100 係り結びの法則

接続		
種々の語	や〈やは〉 か〈かは〉	1 疑問 2 反語

…カ
…ダロウカ、イヤ、…デハナイ
◆「やは」「かは」は反語が多い。

1

❹ **羽根といふ所は、鳥の羽のやうに（連用形）やある。**（土佐日記・一月十一日）

羽根という所は、鳥の羽のような形をしているのか。

❺ **いにしへもかく（副詞）やは人の惑ひけむ**（源氏物語・夕顔）

昔の人もこのように迷っただろうか。

❻ **何を（助詞）か奉らむ。**（更級日記・物語）

何を差し上げようか。

❼ **何（体言）かは露を玉とあざむく**（古今集・一六五）

どうして露を玉とみせかけてだますのか。

2

❽ **近き火などに逃ぐる人は、しばしと（助詞）や言ふ。**（徒然草・五九段）

近くの火事などのために逃げる人は、「少し待て。」と言うだろうか、いや、言わない。

❾ **をかしなど世の常に言ふべく（連用形）やはある。**（枕草子・木の花は）

おもしろいなどと世間並みに評価することができようか、いや、できない。

❿ **あとまで見る人ありとは、いかで（副詞）か知らむ。**（徒然草・三二段）

あとまで（自分を）見ている人がいるとは、どうして知ろうか、いや、知るはずはない。

⓫ **何につけて（助詞）かは深き罪も侍らむ。**（発心集・巻六ノ七）

何について深い罪がありましょうか、いや、あるはずがございません。

▼**反語**

反語とは、書き手が自分の考えを強調するために、その考えとは逆の考え方を疑問の形で提示する表現方法のことである。

●生きとし生けるもの、いづれか歌をよまざりける。（古今和歌集・仮名序）

生きているすべてのもので。歌をよまなかったものがあったろうか、いやない。

右の例は、生きるものはみんな歌をよむものだ、という自分の考えを強調するために、それとは逆の考え方の「いづれも歌をよまざりけり」に係助詞「か」を付けて、「いづれか歌をよまざりける」と疑問の形で提示している。口語訳するときには、結論の部分を「**いや、…ではない**」という形で補う必要がある。

詳解

■「や(やは)」「か(かは)」の文末用法

「や(やは)」「か(かは)」が文末にあって疑問・反語を表す場合は、**係助詞**である。（これを終助詞とする説もある。）

●**さあらむ所に一人いなむや。**（大鏡・道長伝）

そんな所に一人で行けるだろうか。〔疑問〕

●**月はくまなきをのみ見るものかは。**（徒然草・一三七段）

月は曇りなく照りわたっているさまだけを鑑賞するものだろうか、いや、そうではない。〔反語〕

■「や」「か」の紛らわしい用法

参照 P.104「か」・106「や」

1 文末や句末にあって詠嘆を表す「や」は、**間投助詞**である。

●**あなめでたや。**（徒然草・二三六段）

ああすばらしいことよ。

2 文末や句末にあって詠嘆を表す「か」は、**終助詞**である。

＊係助詞「も」と呼応することが多い。

●**静けくも岸には波は寄せけるか**（万葉集・一二三七）

静かに岸に波が寄せていたことだなあ。

▼係り結びの法則

文は普通、活用語の終止形で言い切るのが原則である。しかし、文中に係助詞があって、強調したり、疑問・反語の意を持たせたりしている場合は、文末に終止形以外の活用形を要求する。

参照 P.98「ぞ・なむ・こそ」「や・か」

●橋を八つ渡せるによりて、八橋といひけり。〈終止形で言い切る〉

(伊勢物語・九段)

↓

❶橋を八つ渡せるによりてなむ、八橋といひける。〈連体形で言い切る〉

橋を八つ渡してあるのにちなんで、八橋といった。

文中に係助詞「ぞ」「なむ」「や(やは)」「か(かは)」が用いられている場合は、文末を**連体形**で結び、係助詞「こそ」が用いられている場合は、文末を**已然形**で結ぶ。この呼応のきまりを**係り結びの法則**という。このとき上の係助詞を**係り**といい、呼応する語を**結び**という。

意味	係り	結び	例 夜明く。	訳 夜が明ける。
強意	ぞ	**連体形**	夜ぞ明くる。	夜が明ける。
	なむ		夜なむ明くる。	夜が明ける。
反語 疑問	や(やは)		夜や明くる。	夜が明けるか〈、いや明けない〉。
	か(かは)		夜か明くる。	夜が明けるか〈、いや明けない〉。
強意	こそ	**已然形**	夜こそ明くれ。	夜が明ける。

＊強意の度合いは「こそ」が最も強く、次に「ぞ」、「なむ」が最も弱い。
＊「やは」「かは」の場合は反語で訳すことが多い。

▼疑問・反語を表す副詞の結び

係助詞がなくても、疑問・反語を表す副詞(「など」「いかで」「いかが」など)が文中にあるときは、連体形で文を結ぶ。

●など歌はよまで、むげに離れゐたる。(枕草子・五月の御精進のほど)

どうして歌をよまないで、むやみに離れて座っているのか。

参照 P.112「呼応の副詞の種類」

▼会話文中の係り結び

会話文や引用文・挿入句中に係助詞がある場合、係り結びはその中で成立する。

●「かかる道は、いかでかいまする(連体形)。」と言ふを見れば、見し人なりけり(終止形)。(伊勢物語・九段)

「このような(さびしい)道を、どうしていらっしゃるのか。」と言う人を見ると、(京で)見知った人であったよ。

会話文にも地の文にも係助詞がある場合は、係り結びはそれぞれにおいて成立する。

●「露こそあはれなれ(已然形)。」と争ひしこそ、をかしけれ(已然形)。(徒然草・二一段)

「露がいちばん趣深い。」と言い合ったのは、たいへんおもしろかった。

▼省略された結びの語の補い方

上の❷「言ひける」、❸「あらむ」のように、省略された結びの語は助動詞を伴った形で補うことも多い。文脈から判断する。

▼係り結びの留意点

1 結びの省略

係助詞「ぞ」「なむ」「や」「か」「こそ」が文中にあっても、文脈から判断して類推できる言葉が結びになる場合は、結びの語(語句)を省略することがある。これを**結びの省略**という。省略された語(語句)は次のパターンで補うことができる。

参照 P.30 補助動詞の見分け方
P.63「なり」「たり」の連用形

1 引用の格助詞「と」+係助詞➡「言ふ」「聞く」「思ふ」など

❷ただ人にはあらざりけるとぞ。(言ひける)　(徒然草・一八四段)

並々の人ではなかったと(世間の人は)言ったそうだ。

2 断定の助動詞「なり」の連用形「に」+係助詞➡補助動詞「あり」「侍り」など

❸我ばかりかく思ふにや。(あらむ)　(徒然草・七一段)

私だけがこのように思うのだろうか、いや、そんなことはない。

2 結びの流れ

係助詞「ぞ」「なむ」「や」「か」「こそ」が文中にあっても、結びとなるべき語に接続助詞が付くなどして文が続き、文末にならない場合、係り結びの法則は成立しない。これを**結びの流れ**または**結びの消滅**という。

❹たとひ耳鼻**こそ**切れ失すとも、命ばかりはなどか生きざらむ。　(徒然草・五三段)

たとえ耳や鼻は切れてなくなっても、命だけはどうして助からないことがあるだろうか、いや、命は助かるだろう。

「こそ」を受けて結びが「切れ失すれ。」になるはずが、終止形接続の接続助詞「とも」が付いて下に続いたため、係り結びが流れて「切れ失すとも」となった。

3「こそ」—已然形の逆接用法

「こそ」—已然形で文が終わらず、さらに下に続くときは、**逆接**の意味(…ケレドモ)になる。この用法を**逆接強調**ということもある。

❺中垣**こそ**あれ、一つ家のやうなれば、望みて預かれるなり。　(土佐日記・二月十六日)

中隔ての垣根はあるけれども、一つ屋敷みたいなものだから、(先方が)望んで(この家を)預かったのだ。

	文末	省略された語(語句)の例
パターン1	とぞ となむ とや とか	**言ふ 聞く 思ふ** 言はむ 言ひける など (連体形)
	とこそ	**言へ 聞け 思へ** 言はめ 言ひけれ など (已然形)
パターン2⇨P.63	にぞ になむ にや にか	**ある 侍る 候ふ** あらむ ありける など (連体形)
	にこそ	**あれ 侍れ 候へ** あらめ ありけれ など (已然形)

チェック!

1 次の空欄にあてはまる語を答えなさい。

係助詞は、文中にあって、(1)・(2)・反語などの意味を添え、文末を一定の結び方にする助詞である。「ぞ・なむ・や・か」が文中に用いられると、文末を(3)で結び、「こそ」が文中に用いられると、文末を(4)で結ぶきまりがある。

1	2
3	4

練習問題　係助詞

1 次の傍線部の係助詞の文法的意味を答えなさい。

1 我も我もとつかうまつり給ふ。（源氏物語・澪標）
我も我もとお供し申し上げなさる。

2「これなむ都鳥。」と言ふを聞きて、（伊勢物語・九段）
「これが（有名な）都鳥だ。」と言うのを聞いて、

3 もののつき給へるか。（宇治拾遺物語・三八）
怪しげな霊がとりつきなさったか。

4 遅れて来る人もぞある。（宇治拾遺物語・九六）
遅れて来る人がいるといけない。

2 次の傍線部の係助詞の結びの語を抜き出し、活用形を答えなさい。

1 はるばるきぬる旅をしぞ思ふ（伊勢物語・九段）
はるばるやって来た旅をしみじみと思うことだよ。

2 折に合ひたることなむ、言ひがたき。（枕草子・村上の先帝の御時に）
その場その時にぴったり合っている言葉は、容易に言えないものだ。

3 この鏡には、文（ふみ）や添ひたりし。（更級日記・鏡のかげ）
この鏡には、願文が添えてあったか。

4 鳶（とび）のゐたらむは、何かは苦しかるべき。（徒然草・一〇段）
鳶がとまっているようなのは、何の不都合があろうか、いや、ない。

5 かうこそ燃えけれと、心得つるなり。（宇治拾遺物語・三八）
このようにこそ燃えるものだったのだなあと、悟ったのだ。

3 次の〔　〕内の語を、適当な活用形に改めなさい。

1 恋ひつつぞ〔経（ふ）〕（伊勢物語・九段）
恋しく思い続けて日を過ごしています。

2 歌をなむよみて出だしたり〔けり〕。（伊勢物語・二四段）
歌をよんで（男に）差し出してしまった。

3 とみにやは宣旨（せんじ）下させ給ひ〔き〕。（大鏡・道長伝）
すぐに（関白の）宣旨をお下しになっただろうか、いや、お下しにならなかった。

4 いとこそ〔めでたし〕。（十訓抄・第一）
全くもってすばらしい。

4 次の傍線部の係助詞の結びについて、消滅している場合は「消滅」と答え、省略されている場合には省略された語（語句）を補いなさい。

1 火もとは、樋口富小路（ひぐちとみのこうぢ）とかや。（方丈記・安元の大火）
火元は、樋口富小路とかいうことだよ。

2 さこそ貧しけれど、おちぶれたる振る舞ひなどはせざりければ、さすがに人いやしむべきことなし。（発心集・巻六ノ七）
そんなにも貧しいけれども、おちぶれた振る舞いなどはしなかったので、貧しいと言ってもやはり人々が（永秀を）軽蔑するはずはない。

3 ひとりありかむ身は、必ず心すべきことにこそ。（徒然草・八九段）
一人で歩きまわるような者は、用心しなければならないことである。

参照 P.146 識別

5 終助詞

文末にあって、種々の語に付き、禁止・願望・詠嘆・念押しなどの意味を添える助詞を、終助詞という。

接続			
終止形〈ラ変は連体形〉	な	1禁止	…ナ

1 ❶あやまちすな（終止形）。心して降りよ。（徒然草・一〇九段）
あやまちをするな。注意して降りよ。

❷我まつ椿（つばき）吹かざる（連体形）な（万葉集・七三）
私を待つ松や椿を吹き忘れるな。

参照 P.113 呼応の副詞

接続			
連用形〈カ変・サ変は未然形〉	そ	1禁止	…ナ・…ナイデクレ

1 ❸もの知らぬこと、なのたまひ（四段・連用形）そ。（竹取物語・昇天）
もののわからないことを、おっしゃるな。

❹孝の子ならずは、な出で来（こ）（カ変・未然形）そ。（宇津保物語・俊蔭）
（私が）親孝行の子でないなら、出て来ないでくれ。

❺便（びん）なきこと。かくなせ（サ変・未然形）そ。（大鏡・道長伝）
不都合なことだ。こんなことをしないでくれ。

参照 P.149 識別

接続			
未然形	ばや	1自己の願望	…タイ

1 ❻世の中に物語といふもののあんなるを、いかで見（未然形）ばやと思ひつつ、（更級日記・門出）
世の中に物語というものがあるそうだが、それをなんとかして見たいと思い続け、

参照 P.147 識別

接続			
未然形	なむ	1他に対する願望	…テホシイ

1 ❼「惟光（これみつ）、とく参ら（未然形）なむ。」とおぼす。（源氏物語・夕顔）
「惟光が、早く参上してほしい。」とお思いになる。

▼終助詞の分類

禁止	な　（な）―そ
願望	ばや　なむ しが（しか）　もがな・がな てしが・てしがな（てしか・てしかな） にしが・にしがな（にしか・にしかな）
詠嘆	な　か・かな　は　よ
念押し	かし　ぞ

▼「な―そ」の用法

「そ」は禁止を表す副詞「な」を受けて、「な―そ」の形で用いられる。「な―そ」の間には動詞の連用形が入る。ただし、カ変・サ変動詞の場合は未然形が入る。

▼禁止の「な」と「な―そ」の違い

な　他に命令する禁止「……テハイケナイ」

な―そ　他に依頼する禁止「……テクレルナ」

識別　「未然形＋なむ」と「連用形＋なむ」

1 未然形＋なむ　「…てほしい」と訳す。
●梅咲かなむ　梅が咲いてほしい
⇩他に対する願望の終助詞

2 連用形＋なむ　「きっと…だろう」と訳す。
●梅咲きなむ　きっと梅が咲くだろう
⇩確述（強意）の助動詞「ぬ」の未然形＋推量の助動詞「む」の終止形・連体形

しが〈しか〉

てしが・てしがな〈てしか・てしかな〉

にしが・にしがな〈にしか・にしかな〉

参照 P.145 識別

接続 連用形

1 自己の願望 …タイモノダ

❶甲斐（かひ）が嶺（ね）をさやにも見し（連用形）が （古今集・一〇九七）

甲斐の山をはっきりと見たいものだ。

❷いかでこのかぐや姫を得（連用形）てしがな、見（連用形）てしがなと、 （竹取物語・おひたち）

なんとかしてこのかぐや姫を手に入れたいものだ、妻にしたいものだと、

❸伊勢（いせ）の海に遊ぶ海人（あま）ともなり（連用形）にしが （後撰集・八九二）

伊勢の海で遊ぶ海人にもなりたいものだ。

もがな

参照 P.107「もが・もがも」

接続 種々の語

1 願望 …ガアレバナア・…トイイノニナア

◆実現を期待する意。

❹いかでとく京へ（助詞）もがな。 （土佐日記・一月十一日）

なんとかして早く都へ着くといいのになあ。

❺あつぱれ、よからうかたき（体言）がな。 （平家物語・木曽最期）

ああ、適当な敵がいればなあ。

な

参照 P.146 識別

接続 文末

1 詠嘆 …ナア・…ヨ・…コトヨ

❻まろが丈（たけ）過ぎにけらし（終止形）な （伊勢物語・二三段）

私の背丈はもう井筒の高さを越えてしまったにちがいないよ。

か・かな

参照 P.99 詳解

接続 体言・連体形

1 詠嘆 …ナア

◆係助詞「も」と呼応することが多い。

❼苦しくも降りくる雨（体言）か （万葉集・二六五）

苦しくも降ってくる雨だなあ。

❽限りなく遠くも来にける（連体形）かな。 （伊勢物語・九段）

限りなく遠くまでやって来たものだなあ。

▼「てしがな・にしがな・もがな」の成り立ち…

- てしがな⬇て＋しが＋な
- にしがな⬇に＋しが＋な
- もがな　⬇もが＋な

「て」は完了の助動詞「つ」の連用形
「に」は完了の助動詞「ぬ」の連用形
「もが」は上代の終助詞（⬇P.107）
「な」は詠嘆の終助詞

チェック！

1 次の傍線部の終助詞の意味を後から選び、記号で答えなさい。

1 あさましきことかな。 （宇治拾遺物語・三八）
驚きあきれたことだなあ。

2 さても候ひてしがな。 （伊勢物語・八三段）
このままおそばにお仕えしたいものだ。

3 互いによいかたきぞ。 （平家物語・木曽殿最期）
互いに不足のない敵だぞ。

4 あるじなしとて春を忘るな （大鏡・時平伝）
主人がいないからといって、春を忘れるな。

5 心あらむ友もがな。 （徒然草・一三七段）
情趣を解するような友がいればなあ。

6 苔（こけ）の衣を我に貸さなむ （大和物語・一六八段）
（あなたの）僧衣を私に貸してほしいのです。

ア禁止　イ他に対する願望　ウ自己の願望
エ願望　オ詠嘆　カ念押し

1	2	3
4	**5**	**6**

接続		意味	訳
体言・連体形	は	1 詠嘆	…ヨ・…コトヨ・…ナア

1 ⑨ いとことわりなりつる(連体形)は。　　（蜻蛉日記・天暦九年九月）
（あなたが言うことは）しごくもっともですよ。

接続		意味	訳
体言・文末	よ	1 詠嘆 2 呼びかけ	…ヨ・…ナア …ヨ

1 ⑩ 者はいみじき臆病（おくびやう）の者(体言)よ。　　（今昔物語集・巻二八ノ四二）
そいつはひどい臆病者だったよ。

2 ⑪ 少納言(体言)よ、香炉峰（かうろほう）の雪いかならむ。　　（枕草子・雪のいと高う降りたるを）
少納言よ、香炉峰の雪はどうだろう。

接続		意味	訳
文末	かし	1 念押し	…ヨ・…ゾ

1 ⑫ いま一度起こせ(命令形)かし。　　（宇治拾遺物語・一二）
もう一度起こしてくれよ。

接続		意味	訳
体言・連体形	ぞ	1 念押し	…ヨ・…ゾ

1 ⑬ ただいま名のるは大将軍(体言)ぞ。　　（平家物語・木曽最期）
ただ今名のるのは大将軍（木曽殿）だぞ。

▼「よ」「ぞ」の分類
終助詞「よ」を間投助詞に、「ぞ」を係助詞に分類する説もある。

▼詠嘆の終助詞「ものを」
詠嘆の終助詞に「ものを」がある。文末にあって連体形に接続する。参照 P.89 詳解

▼強い詠嘆を表す「はや」
終助詞「は」は間投助詞「や」と結び付いた「はや」という形で**強い詠嘆**を表す。
●ねもころに嘆かして、「あづまはや。」とのり給ひき。　　（古事記・景行天皇）
しみじみとため息をおつきになって、「わが妻よ。」とおっしゃった。

▼「ぞ」＋「かし」
終助詞「ぞ」に終助詞「かし」が付いて「ぞかし」という形になると、**より強く念を押す意**を表す。
・いみじうものは思ひ知り給へりし**ぞかし**。　　（源氏物語・若紫）
（姫君は）たいそう物事を理解していらっしゃいましたのよ。

練習問題

1 次の傍線部の終助詞の文法的意味を答えなさい。

1 あはれに悲しきことなりな。　　（大鏡・花山院）
しみじみと心痛む悲しいことだなあ。

2 月な見給ひそ。　　（竹取物語・嘆き）
月を御覧になるな。

3 今井が行方を聞かばや。　　（平家物語・木曽最期）
今井の行方を聞きたい。

4 とく立ち給はなむ。　　（枕草子・宮に初めて参りたるころ）
早く（伊周様に席を）お立ちになってほしい。

5 ありがたかりし人の御心ばへなりかし。　　（源氏物語・御法）
めったにない紫の上の（すぐれた）ご気性であったよ。

6 間投助詞

文中、または文末にあって、語調を整えたり、詠嘆・呼びかけなどの意味を添えたりする助詞を、**間投助詞**という。

参照 P.99 詳解

接続			
文中 文末	や	1 詠嘆・整調 2 呼びかけ	(特に口語訳しない) …ヨ

1 ❶ ほととぎす鳴くや五月のあやめぐさあやめも知らぬ恋もするかな　(古今集・四六九)

ほととぎすが(来て)鳴く五月の(節句に飾る)菖蒲、そのあやめという言葉のように、物事のあやめ――筋道もわからなくなるような(無我夢中の)恋もすることだなあ。

2 ❷ あが君や、いづ方におはしましぬる。　(源氏物語・蜻蛉)

わが君よ、どこへ行っておしまいになったのか。

参照 P.150 識別

接続			
文中 文末	を	1 詠嘆・整調	(特に口語訳しない)

1 ❸ 春の野にすみれ摘みにと来し我そ野をなつかしみ一夜寝にける　(万葉集・一四二八)

春の野にすみれを摘みにと来た私は、野に心引かれるので一晩寝てしまったことだ。

❹ ただこなたにてを召せ。　(大鏡・師輔伝)

すぐにここでお呼び戻しなさってください。

7 上代の助詞

格助詞

接続			
体言	つ	1 連体修飾格	…ノ

1 ❺ か青く生ふる　玉藻(体言)沖つ藻　(万葉集・一三二)

青々と生えた美しい藻、沖の藻。

参照 P.86「より」

接続			
体言 連体形	ゆ よ	1 時間・場所の起点 2 経由する場所	…カラ …ヲ通ッテ

1 ❻ み吉野の真木立つ山(体言)ゆ見下ろせば　(万葉集・九一三)

み吉野の真木の立つ山から見下ろすと、

▼切れ字の「や」

俳諧に用いられる切れ字の「や」は、間投助詞である。

● 閑かさや岩にしみ入る蟬の声　(奥の細道・立石寺)

夕暮れの立石寺の静かさよ。蟬の声までも岩にしみ入っていくように思われる。

▼上代の係助詞「そ」「なも」

1 係助詞「ぞ」は上代では清音の「そ」であった。

● 流るる涙止めそかねつる　(万葉集・一七八)

流れる涙を止めることができないよ。

2 係助詞「なむ」は「なも」という形であった。

● その国の造、その野に火をなもつけたりける。　(古事記・景行天皇)

その国の造は、その野に火をつけたのだった。

参照 P.98「ぞ」「なむ」

⑦はしけやし　吾家の方よ　雲居立ち来も　（古事記・景行天皇）

懐かしいことよ、わが家の方角から雲が立ちのぼってくるよ。

2 ⑧田子の浦ゆうち出でて見れば真白にそ富士の高嶺に雪は降りける　（万葉集・三一八）

田子の浦を通って出て見ると、真っ白に富士の高嶺に雪が降り積もっていることだ。

⑨下野安蘇の河原よ石踏まず空ゆと来ぬよ汝が心告れ　（万葉集・三四二五）

下野の阿蘇の河原を通って、石をも踏まず、空を飛んで来たのだよ。（だから）あなたの本心を言ってください。

終助詞

接続			
活用語の未然形	な	1 意志・願望・勧誘	…ウ・…タイ・…テホシイ

1 ⑩熟田津に船乗りせむと月待てば潮もかなひぬ今は漕ぎ出でな　（万葉集・八）

熟田津で船出をしようと月の出を待っていると、月も出て潮も満ちた。さあ漕ぎ出そう。

参照 P.103「なむ」

接続			
未然形	なも	1 他に対する願望	…テホシイ

1 ⑪三輪山をしかも隠すか雲だにも情あらなも隠さふべしや　（万葉集・一八）

三輪山をそんなにも隠すことよ。せめて雲だけでも思いやりの心があってほしい。隠し続けてよいものか。

接続			
未然形 禁止「な―そ」の下	ね	1 他に対する願望	…テホシイ

1 ⑫この丘に　菜摘ます児　家聞かな　名告らさね　（万葉集・一）

この丘で菜を摘んでいらっしゃる娘さん、家はどこか聞きたい。名前をおっしゃってほしい。

⑬高円の野辺の秋萩な散りそね　（万葉集・一二三三）

高円の野の秋萩よ、散らないでほしい。

参照 P.104「かな」

接続			
体言 連体形	かも	1 詠嘆	…ナア・…ヨ

1 ⑭み吉野の象山のまの木末にはここだも騒く鳥の声かも　（万葉集・九二四）

吉野の象山のあたりの木々の梢には、こんなにも鳴き騒ぐ鳥の声だなあ。

▼願望の終助詞「もが」「もがも」

上代の願望の終助詞に「もが」「もがも」があり、体言・形容詞の連用形・助詞に付き、願望（…ガアレバナア・…トイイノニナア）を表す。

●わが妻も絵に描き取らむ暇もが旅行く我は見つつ偲はむ　（万葉集・四三二七）

私の妻を絵に描き取る暇があればなあ。（防人として）旅行く私は（その絵を）見ては（妻を）恋い偲ぼう。

●君が行く道の長手を繰り畳ね焼き滅ぼさむ天の火もがも　（万葉集・三七二四）

あなたが（流されて）行く長い道のりを手操りよせて重ねて焼き滅ぼすような天の火があればなあ。

参照 P.104「もがな」

▼願望の終助詞「か」

上代の願望の終助詞に「か」があり、打消の助動詞「ず」の連体形「ぬ」に付き、「ぬか」の形で他に対する願望（…ナイカナア・…デアッテホシイ）を表す。文中の係助詞「も」と呼応することが多い。

●二上の山にこもれるほととぎす今も鳴かぬか君に聞かせむ　（万葉集・四〇六七）

二上山に隠れているほととぎすよ、今すぐ鳴かないかなあ、あなたに聞かせよう。

▼詠嘆の終助詞「も」

上代の詠嘆の終助詞に「も」があり、文末に付き、詠嘆（…ナア・…ヨ）を表す。

●夕月夜心もしのに白露の置くこの庭に蟋蟀鳴くも　（万葉集・一五五二）

夕月の出ている夜に、心もうちしおれるほどに、白露が置くこの庭で、こおろぎが鳴くことだよ。

練習問題　助詞

1 次の傍線部の助詞の種類を答えなさい。

1「何か射る。な射そ、な射そ。」と制し給ひて、ことさめにけり。（大鏡・道長伝）

（道隆が伊周に）「どうして射るのか、いや、射てはならない。射るな、射るな。」とお制止になって、（その座はすっかり）しらけてしまいました。

1	2	3

2 名にし負はばいざこと問はむ都鳥わが思ふ人はありやなしやと（伊勢物語・九段）

都という言葉を名として持っているのなら（都のことはよく知っているだろうから）、さあ尋ねよう、都鳥よ、私の恋しい人は無事でいるかどうかと。

1	2	3

4	5	6

2 次の傍線部の助詞「が」「に」「を」は、ア　格助詞、イ　接続助詞のどちらか、記号で答えなさい。

1 めでたくは描き(か)て候ふが、難少々候ふ。（古今著聞集・三九八）

（この絵は）うまく描いてはありますが、欠点が少々あります。

2 すかし申し給ひけむが恐ろしさよ。（大鏡・花山院）

だまし申し上げなさったようなのは恐ろしいことですよ。

3 命あるものを見るに、人ばかり久しきはなし。（徒然草・七段）

命があるものを見ると、人ほど長いものはない。

4 この君、いとあてなるに添へて愛敬(あいぎやう)づき、（源氏物語・柏木）

薫君は、とても上品なのに加えて愛くるしく、

5 鶯(うぐひす)はしば鳴きにしを雪は降りつつ（万葉集・四二八六）

鶯がしきりに鳴いたのに、今日は雪が降ることよ。

6 家の焼くるを見て、うちうなづきて、時々笑ひけり。（宇治拾遺物語・三八）

家が焼けるのを見て、しきりにうなずいて、時々笑った。

3 次の傍線部を口語訳しなさい。

1	2	3	4	5	6

1 深き川を舟にて渡る。（更級日記・門出）

深い川を［　　］渡る。

2 おどろきて見れば、いみじうをかしげなる猫あり。（更級日記・大納言殿の姫君）

はっとして［　　］、とてもかわいらしい感じの猫がいる。

3 心はなどか、賢きより賢きにも移さば移らざらむ。（徒然草・一段）

心はどうして、（今の）賢さから（さらに）賢いほうにも［　　］移らないことがあろうか、いや、移るだろう。

4 物は破れたるところばかりを修理して用ゐることぞ。（徒然草・一八四段）

ものは破損している［　　］繕って使うものだよ。

4 次の文は、梅の花が咲いたら来ようと約束して去った継母を、作者が恋しく思っている場面である。説明として適当なものを、後から選びなさい。

・「いつしか梅咲かなむ。来むとありしを、さやある。」と、目をかけて待ちわたるに、花もみな咲きぬれど、音もせず。（更級日記・梅の立ち枝）

ア「なむ」は願望の終助詞で、「早く梅の花が咲いてほしい。」と、作者は期待して待っている。

イ「を」は詠嘆の間投助詞で、「継母は来ようと言ったなあ。」と、作者は懐かしく回想している。

ウ「や」は反語の係助詞で、「来るだろうか、いや、来ないだろう。」と、作者は諦めの心を抱いている。

第四章 活用のない自立語

① 名詞

自立語で活用がなく、単独で主語となることができる語を、**名詞**という。名詞は体言とも呼ばれ、事物の名前を表す働きをする。

参照 P.11 体言と用言

1 名詞の種類

1 普通名詞	同じ種類の事物に共通する名称を表す。〔例語〕雨　山　馬　夢　恋
2 固有名詞	地名・人名・書名など、特定のものを表す。〔例語〕京　江戸　紀貫之（きのつらゆき）　松尾芭蕉（まつをばせう）　源氏（げんじ）物語
3 数詞	事物の数量や順序などを表す。〔例語〕二丈　三つ　四日　五十人
4 代名詞	人や事物を直接に指し示し、その名の代わりに用いる。〔例語〕われ　なんぢ　それ
5 形式名詞	具体的な意味を失って、形式的な意味を表す。単独では意味が抽象的なので、上に連体修飾語を必要とする。〔例語〕こと　もの　ため　とき　まま　ところ

2 代名詞の種類

1 人代名詞（人称代名詞）

自称（一人称）	対称（二人称）	他称（三人称）近称	他称（三人称）中称	他称（三人称）遠称	不定称
あ　あれ わ　われ おのれ それがし	な　なれ　ぬし なんぢ　きんぢ 御身　おのれ いまし　みまし	こ これ	そ それ	か かれ あ あれ	た　たれ なにがし それがし

学習のポイント

- 各品詞の働きと種類を理解する。
- 主な呼応の副詞を覚える。

▼名詞への転成

名詞には、他の品詞から転成した語もある。

1 動詞　遊び　教へ　霞（かすみ）　光（ひかり）
2 形容詞　多く　近く
3 感動詞　あはれ

▼本数詞と助数詞

数詞は数を表す部分と数量や単位を表す部分とに分けることができる。このうち、「二」「三」など数を表す部分を本数詞、「丈」「つ」「日」「人」など数量や単位を表す部分を助数詞という。助数詞は数える対象物によってさまざまな種類があり、日本語の特色の一つともなっている。

チェック！

1 次の名詞の種類は何か。本文の解説中の記号1〜5から選びなさい。

1 なんぢ　2 流れ　3 宇治川　4 こと
5 二本　6 そ　7 清少納言　8 三里
9 ほど

1	2	3
4	5	6
7	8	9

2 指示代名詞

	近称	中称	遠称	不定称
事物	こ　これ	そ　それ	か　かれ　あ　あれ	いづれ　なに
場所	ここ	そこ	あそこ　かしこ	いづこ　いづく　いづら
方向	こち　こなた	そち　そなた	あち　あなた　かなた	いづち　いづかた　いづら

3 反照代名詞　人称に関係なく、その人自身やそのもの自体を指し示す。

❶おのれを知るを、もの知れる人と言ふべし。（徒然草・一三四段）

自分自身を知る人を、ものの道理をわかっている人と言うべきである。

〔例語〕おのれ　おの　みづから　身　など

❷連体詞

自立語で活用がなく、単独で連体修飾語となって、すぐ下にある体言を修飾する働きだけを持つ語を、**連体詞**という。

〔例語〕あらゆる（あらゆる）　ありける（以前の・あの）　ありし（昔の・あの）
ありつる（さっきの）　ある（ある）　いはゆる（いわゆる）
いんじ（去る）　来たる（来たる）　させる（さほどの）
さる（去る）　さんぬる（去る）　なでふ（何という）

連体詞「ある」は、動詞「あり」の連体形から転じて、連体修飾語としての用法のみを持つようになった語である。このように、連体詞はすべて他の品詞から転成したものである。

● ❶九月（ながつき）二十日のころ、ある人に誘はれ奉りて、（徒然草・三二段）

九月二十日のころ、（私は）ある人にお誘いをいただいて、

▼文語の代名詞

「この」「その」などは口語では一語の連体詞であるが、文語では指示代名詞「こ」「そ」に格助詞「の」が付いた二語として扱う。ただし、口語訳するときは「この」「その」と訳してよい。

● こは、なでふことのたまふぞ。（竹取物語・嘆き）

これは、なんということをおっしゃるのか。

● このほど三日、うちあげ遊ぶ。（竹取物語・おひたち）

このとき三日間、盛大に歌舞の宴を開く。

▼連体詞への転成

1 動詞＋助動詞

● いはゆる（「いふ」の未然形＋「ゆ」の連体形）

● いんじ〈いにし〉（「いぬ」の連用形＋「き」の連体形）

2 動詞

● ある（「あり」の連体形）

● さる（「さり」の連体形）

❸副詞

自立語で活用がなく、単独で連用修飾語となって、下にくる用言（動詞・形容詞・形容動詞）の意味を詳しく説明したり、限定したりする語を、**副詞**という。

1 副詞の種類

副詞は、次の三種類に分けることができる。

種類	説明・例
1状態の副詞（様態の副詞・情態の副詞）	動作・作用の状態・ありさまが**どのようか**、詳しく説明する。 ❶**ゆらりと飛び乗り給ひぬ。**（平家物語・能登殿最期） （舟に）ひらりと飛び乗りなさった。 〔例語〕うらうら(と・に)（うららかに）　かく（このように）　さ（そのように）　しか（そのように）　しばし（しばらく）　たちまち(に)（突然に）　つと（じっと）　ふと（さっと）
2程度の副詞	性質・状態・動作の程度が**どれくらいか**、詳しく説明する。 ❷**この獅子の立ちやう、いとめづらし。**（徒然草・二三六段） この獅子の立ち方は、たいへん珍しい。 〔例語〕あまた（たくさん）　いささか（少し）　いと（たいへん）　いとど（ますます）　げに（本当に）　ここら（たくさん）　すべて（すべて）　ちと（ちょっと）　よに（実に）
3呼応の副詞（陳述の副詞・叙述の副詞）	打消・仮定・禁止などを表す語句と呼応して、叙述のしかたを限定する。 ❸**日いまだ暮れず。**（奥の細道・立石寺） 日はまだ暮れない。 〔例語〕⬇次ページ参照。

▼指示の副詞

状態の副詞のうち、「かく」「かばかり」「さ」「さばかり」「しか」などは、前の言葉をさすことが多いので、**指示の副詞**ということがある。

▼副詞が用言以外を修飾する例

1他の副詞を修飾する。

●なほ　しばし試みよ。（源氏物語・桐壺）

もうしばらく様子をみよ。

2名詞(体言)を修飾する。

●飴を治して、ただ一人食ひけり。（沙石集・巻八ノ一一）

飴を作って、ただ一人食べていた。

▼「に」で終わる副詞

「に」の識別のために、語彙を増やしておくとよい。

いかに　うらうらに　げに　さらに
すでに　ただちに　たちまちに　つひに
ひとへに　まさに　もろともに　よに

参照 P.148 識別

▼副詞への転成

副詞には、他の品詞から転成してできた語が多い。

1名詞　つねづね　ときどき　いま
2動詞＋助詞　かさねて　たえて　かねて　あへて
3助詞　やは

2 呼応の副詞の種類

種類	例語	呼応する語句	口語訳
1 打消	例文 ❶ほととぎすは、なほさらに言ふべき方なし。（枕草子・鳥は） ほととぎすは、やはり全く言いようもない（ほどすぐれている）。 ❷え答へずなり侍りつ。（徒然草・二四三段） 答えることができなくなってしまいました。		
	あへて　おほかた　さらに　たえて　つゆ　よに	ず　で なし じ　まじ	全く…ない
	をさをさ		ほとんど…ない
	いまだ		まだ…ない
	あへて		進んでは…ない
	必ず		必ずしも…ない
	え	ず　で　じ　まじ	…できない
	よも	じ　まじ	まさか…ないだろう
	いさ	知らず	さあ知らない
2 疑問	例文 ❸などか久しく見えざりつる。（和泉式部日記・四月） どうして長い間姿を見せなかったのですか。 ❹いかが問答すべき。（大鏡・伊尹（これまさ）伝） どのように問答するのがよいか。		
	いかが　いかで　いかに　なぞ　など　などか　なに　なんぞ	や　か む　べき　らむ　けむ 連体形（⇩P.100）	どうして…か
	いかが　いかに		どのように…か
3 反語	例文 ❺多くの中には、誤りもなどかなからむ。（玉勝間・四六段） 多くの説の中には、誤りもどうしてないことがあろうか、いや、あるにちがいない。		
	あに　いかが　いかで　いづくんぞ　なぞ　など　などか　なに　なんぞ	や　か む　べき　らむ　けむ 連体形（⇩P.100）	どうして…か、いや、…ない

▼名詞の副詞的用法

時や数量を表す名詞が用言を修飾することもある。これを名詞の副詞的用法という。

● 昔、男ありけり。　（伊勢物語・九段）
昔、男がいた。

チェック！

1 次の表の空欄にあてはまる語を後から選び、記号で答えなさい。（4、5及び6、7の解答は順不同とする）

（1）の副詞	主に動作・作用の状態を詳しく説明する。 例語 （4）（5）
（2）の副詞	主に性質や状態の程度を詳しく説明する。 例語 （6）（7）
（3）の副詞	下の語と呼応して、叙述のしかたを限定する。陳述の副詞・叙述の副詞ともいう。

ア呼応　イ状態　ウ程度　エはるばる　オはなはだ　カ少し　キたちまち

1	2	3
4	5	6
7		

種類	例文	副詞	呼応する語	訳
4 禁止	❻な起こし奉りそ。（宇治拾遺物語・一二） お起こし申し上げるな。 ❼かかること、ゆめ人に言ふな。（和泉式部日記・四月） こんなことは、決して人に言うな。	な	そ（⇩P.103）	…な
		ゆめ　ゆめゆめ	な　べからず	決して…な
5 仮定	❽もし命ありて帰り上りたらば、そのとき返し得させ給へ。（宇治拾遺物語・九六） もし寿命があって京に帰り上ったなら、そのときお返しください。	もし	ば	もし…たら
		たとひ	と　とも	たとえ…ても
		よし		仮に…ても
6 推量	❾さだめてならひあることに侍らむ。（徒然草・二三六段） きっといわれのあることでございましょう。	いかばかり	む　べし	どれほど…だろう
		さだめて	らむ　けむ	きっと…だろう
		むべ	じ　まじ	なるほど…のだろう
7 願望	❿いかでこのかぐや姫を得てしがな、見てしがなと、（竹取物語・おひたち） なんとかしてこのかぐや姫を手に入れたいものだ、妻にしたいものだと、	いかで　なにとぞ	む　じ　まじ　ばや	なんとかして…たい・てほしい
		願はくは	てしがな　にしがな	願うことには…たい・てほしい
		いつしか	もがな　がな　命令形	早く…たい・てほしい
8 比況	⓫今はさながら天人も、羽なき鳥のごとくにて、（謡曲・羽衣） 今はまるで天人も、羽のない鳥のようであって、	あたかも　さながら	ごとし　ごとくなり　やうなり	まるで…ようだ
9 当然	⓬なんぢ、まさに知るべし。（今昔物語集・巻三ノ六） おまえは、当然知っているはずだ。	すべからく　まさに	べし	当然…はずだ

2 次の傍線部の副詞の呼応に注意して、空欄にあてはまるように口語訳しなさい。

1 唐歌（からうた）はこれにえ書かず。（土佐日記・十二月二十六日）
漢詩はここには書くことが［　　］。

2 たとひ広く作れりとも、誰（たれ）を宿し、誰をか据ゑむ。（方丈記・閑居の気味）
［　　］（家が）広く作ってあっても、誰を泊まらせ、誰を住まわせようか、いや、誰もいないだろう。

3 その男、尼が細工によもまさり侍らじ。（徒然草・一八四段）
その男は、私の手仕事より［　　］すぐれてはいないでしょう。

4 懸けのしづくならでは、つゆおとなふものなし。（徒然草・一一段）
懸け樋から落ちるしずくのほかには、［　　］音を立てるものもない。

5 いかでさやかに御かたちを見てしがな、（源氏物語・澪標（みおつくし））
［　　］はっきりとお顔立ちを見たい、

❹接続詞

自立語で活用がなく、単独で接続語となって、前の文章や文・文節・語の内容を受けて後につなぐ働きを持つ語を、**接続詞**という。

接続詞は、次のように分けることができる。

分類		例
1条件接続〔主に文頭に置く〕	**1順接**	❶よごとに黄金(こがね)ある竹を見つくること重なりぬ。かくて、翁やうやう豊かになりゆく。（竹取物語・おひたち） 節の一つ一つに黄金が入った竹を見つけることがたび重なった。こうして、翁は次第に裕福になっていく。 ❷我を知らずしてほかを知るといふ理(ことわり)あるべからず。されば、おのれを知るを、もの知れる人と言ふべし。（徒然草・一三四段） 自分を知らないで他人のことがわかるという道理があるはずがない。だから、自分自身を知る人を、ものの道理をわかっている人と言うべきである。 〔例語〕かかれば（こうだから）　かくて・かくして（こうして）　さらば（それならば）　されば（そうだから）　しかして（そうして）　しからば（もしそうなら）
	2逆接	❸船出ださずなりぬ。しかれども、ひねもすに波風立たず。（土佐日記・二月四日） （その日は）船を出さずじまいになった。それなのに、一日中波風が立たない。 〔例語〕かかれども・さりながら・されど・されども・さるを・しかるに・しかれども（しかし）
	1並列・添加	❹ゆく川の流れは絶えずして、しかも、もとの水にあらず。（方丈記・ゆく川の流れ） 流れてゆく川の流れは絶えることがないが、それでいて、もとの水ではない。

▼**接続詞への転成**

接続詞は、他の品詞から転成してできたものが多い。

1副詞　かつ　また　すなはち　さて　なほ　はた
2動詞＋助詞　ならびに　したがつて
3副詞＋助詞　かくて
4名詞＋助詞　ゆゑに　ために

識別　また

1位置を移動できる　⇩副詞
●今日　また　山を　越え行く。
●また　今日　山を　越え行く。
2位置を移動できない⇩接続詞
●山　また　山を　越え行く。

▼**複数の品詞にまたがって用いられる語**

「また」以外にも、一つの語が複数の品詞にまたがって用いられる場合がある。その語がどのように用いられているかに注意して、見分ける必要がある。

●**さて**　副詞　そのまま・そのほか
　接続詞　さて・そこで
●**すなはち**　名詞　そのとき・即座
　副詞　すぐに・たちまち
　接続詞　つまり

		〔例語〕および（および）　ならびに（ならびに）　また（また）　かつ（かつ）　しかも（それでいて）
		❺つれづれなる夕暮れ、もしは、ものあはれなるあけぼののなどやうに、（源氏物語・明石） しんみりとしてものさびしい夕暮れ、もしくは、しみじみとした夜明けなどのように、
2対等接続〔主に文中に置く〕	**2 選択・対比**	❻枝の長さ七尺、あるいは六尺。（徒然草・二〇二段） 枝の長さは七尺、あるいは六尺。 〔例語〕あるいは・あるは（あるいは）　または（または）　もしは・もしくは（もしくは）
	3 同格・言い換え	❼狂人のまねとて大路（おほち）を走らば、すなはち狂人なり。（徒然草・八五段） 狂人のまねだといって大通りを走ったなら、とりもなおさず狂人なのである。 〔例語〕すなはち（つまり）　たとへば（たとえば）
3その他の接続〔主に文頭に置く〕	**1 補足**	❽十月、諸社（しょしゃ）の行幸（ぎゃうかう）、その例も多し。ただし、多くは不吉の例なり。（徒然草・二〇二段） 十月、各地の神社への行幸は、その先例も多い。ただし、多くは不吉な例である。 〔例語〕ただし（ただし）　また（また）
	2 話題転換	❾いとはつらく見ゆれど、こころざしはせむとす。さて、池めいてくぼまり、水つける所あり。（土佐日記・二月十六日） なんとも薄情だとは思われるけれども、お礼はしようと思う。さて、池みたいにくぼんで、水のたまっている所がある。 〔例語〕さて（さて）　そも・そもそも（それにしても）

チェック！

	意味	例語
条件接続	順接	さらば〔4〕
	〔1〕	しかるに〔5〕
対等接続	並列・添加	および〔6〕
	選択・〔2〕	または〔7〕
	同格・言い換え	たとへば〔8〕
その他の接続	補足	ただし　また
	〔3〕	さて〔9〕

1 表の空欄1〜3にあてはまる適当な語を答えなさい。

1 ［　　］　2 ［　　］　3 ［　　］

2 表の空欄4〜9にあてはまる語を後から選び、記号で答えなさい。

ア かつ　イ そもそも　ウ すなはち
エ あるは　オ されば　カ されど

4 ［　　］　5 ［　　］　6 ［　　］　7 ［　　］　8 ［　　］　9 ［　　］

❺感動詞

自立語で活用がなく、単独で独立語となって、感動や呼びかけ・応答などの意を表す語を、**感動詞**という。

感動詞は、次の三種類に分けることができる。

1 感動	❶みな荒れにたれば、「あはれ。」とぞ人々言ふ。（土佐日記・二月十六日） みな荒れてしまっているので、「ああ（ひどい）。」と人々が言う。 ❷いで、あなをさなや。（源氏物語・若紫） なんと、まあ子供っぽいこと。 〔例語〕ああ・あつぱれ・あな・あなや・あはれ・あはれや・あはや・あら・はれ（ああ）　いで・いでや（いやまあ） すは・すはや・や（あっ）
2 呼びかけ	❸いかに、殿ばら、殊勝のことは御覧じとがめずや。（徒然草・二三六段） もしもし、みなさん、すばらしいこととは見てお気づきになりませんか。 ❹や、な起こし奉りそ。（宇治拾遺物語・一二） これ、お起こし申し上げるな。 〔例語〕いかに・これ・なう・や（もし・もしもし・これ・これこれ） いざ・いざや・いで（いざ・さあ）
3 応答	❺無期（むご）ののちに、「えい。」といらへたりければ、（宇治拾遺物語・一二） ずっとあとになって、「はい。」と返事をしてしまったので、 ❻しかしか、さ侍りしことなり。（大鏡・序） そうそう、そういうことでした。 〔例語〕いさ（さあ）　いさや（さあねえ） いな・いなや・いや（いや・いいえ） えい・おう（はい）　しかしか（そうそう・そのとおり）

練習問題　名詞・連体詞・副詞・接続詞・感動詞

1 次の文から1名詞と2連体詞をすべて抜き出しなさい。

1 ありける女童なむ、この歌をよめる。（土佐日記・一月十一日）
あのいつかの女の子が、この歌をよんだ。

2 いはゆる折り琴・継ぎ琵琶これなり。（方丈記・方丈の庵）
いわゆる折り琴・継ぎ琵琶というのがこれである。

1
2

2 次の傍線部の副詞の種類を、後から選びなさい。

1 すべていみじう侍り。（枕草子・中納言参り給ひて）
（この扇は）すべてすばらしゅうございます。

2 かねて耳驚かしたる二堂開帳す。（奥の細道・平泉）
以前から評判を聞いて驚いていた二堂が開かれている。

3 いかで過ぐすらむと、いと心苦し。（徒然草・一〇四段）
どうやって過ごしているのだろうと、とても気の毒に思われる。

4 この児さめほろと泣く。（沙石集・巻八ノ一二）
この児はさめざめと涙を流して泣く。

ア状態の副詞　イ程度の副詞　ウ呼応の副詞

3 次の傍線部の副詞と呼応している語（語句）を抜き出しなさい。

1 つゆたがはざりけり。（大鏡・道長伝）
少しも違わなかった。

2 若き者どもは、え見知らじ。（大鏡・雑々物語）
若い者たちは、（木のよしあしを）弁別できまい。

3 さらにこと欠くまじ。（発心集・巻四）
決して事欠くまい。

4 願はくは花のもとにて春死なむ（山家集・七七）
願うことには、桜の花の下で春に死にたい。

5 ゆめゆめ人に語るべからず。（宇治拾遺物語・九二）
決して他人に語ってはならない。

6 いかばかり心のうちすずしかりけむ。（徒然草・一八段）
どれほど心の中はすがすがしかっただろう。

7 いかに思ふらむと、わびし。（枕草子・二月つごもりごろに）
今ごろはどのように評価しているだろうかと思うと、つらい。

4 次の傍線部の接続詞の意味を、後から選びなさい。

1 いと興あることなり。さらば、行け。（大鏡・道長伝）
たいへんおもしろいことだ。それでは、行け。

2 川中へ落ち入りぬ。されどもちつとも水におぼれず、（平家物語・咸陽宮）
川の中へ落ち込んでしまった。しかし少しも水におぼれることもなく、

3 金銀珠玉等の宝、ならびに一国等を給ぶべし。（宇治拾遺物語・九二）
金銀珠玉などの宝、ならびに一国などを、（褒美として）お与えになろうぞ。

ア順接　イ逆接　ウ並列・添加　エ選択・対比
オ同格・言い換え　カ補足　キ話題転換

5 次の傍線部の感動詞の種類を、後から選びなさい。

1 あはれ、しつるせうとくかな。（宇治拾遺物語・三八）
ああ、大変なもうけもの（をしたこと）よ。

2 初めよりいなと言ひてやみぬ。（徒然草・一四一段）
初めからいやだと言ってすんでしまう。

3 人の起きぬさきに、いざ給へ。（堤中納言物語・貝合）
人が起きないうちに、さあいらっしゃい。

ア感動　イ呼びかけ　ウ応答

第五章　敬語

❶ 敬語表現法

話し手(書き手)が、話題の中の人物や聞き手(読み手)に対して、敬う気持ち(**敬意**)を表すために用いる、特別な表現がある。この表現を**敬語表現**といい、用いられる語を**敬語**という。

●❶私が彼に言う。　　対等な存在である「彼」に　「私」が「言う」
●❷先生が彼におっしゃる。　目上の存在である「先生」が「彼」に「言う」
●❸私が先生に申し上げる。　目上の存在である「先生」に「私」が「言う」

「言う」という動作を表す場合に、誰が誰に「言う」のか、つまり、「言う」動作をする人と「言う」動作を受ける人との関係によって、❶「言う」、❷「おっしゃる」、❸「申し上げる」と、表現のしかたを変えている。❷は「言う」動作をする「先生」に対する敬意を表して「おっしゃる」と表現し、❸は「言う」動作を受ける「先生」に対する敬意を表して「申し上げる」と表現している。

●❹私が彼に言います。

❹は「ます」を用いて丁寧な言い方をしている。❺「先生が私におっしゃいます。」、❻「私が先生に申し上げます。」と言うこともでき、話題の内容とは関係がない。

このような表現のしかたは、口語だけでなく、文語にも存在する。古文の舞台は身分社会なので、敬語は非常に発達していたが、考え方は口語と同じである。

●❼かぐや姫、(天人ニ)「しばし待て。」と言ふ。　(竹取物語・昇天)
かぐや姫は、(天人に)「ちょっと待って。」と言う。

●❽(源氏ガ夕顔ニ)「ならひ給へりや。」とのたまふ。　(源氏物語・夕顔)
(源氏が夕顔に)「経験はおありか。」とおっしゃる。

●❾「さもあること。」と、みな人(源氏ニ)申す。　(源氏物語・若紫)
「もっともなこと。」と、(お供の)人はみな(源氏に)申し上げる。

学習のポイント

● 敬語表現の種類(尊敬語・謙譲語・丁寧語)を理解する。
● 敬意の方向(誰から誰に対する敬意か)を判断する。
● 敬語の語彙を覚える。

▼「**話し手**」「**書き手**」「**読み手**」

敬語は、言葉を使う人の敬意の表れであるから、会話文の中で敬語が使われていれば、それは「**話し手**」からの敬意ということになる。会話以外の**地の文**であれば、「**書き手**」からの敬意を表す。「**書き手**」とは作者であり、「**読み手**」とは「**読者**」である。

●⑩（式部丞ガ一座ノ人ニ）「（女ガ私ニ）むべむべしく言ひ侍り。」　（源氏物語・帚木）

（式部丞が一座の人に）「（女が私に）もっともらしく言います。」

⑦が「言ふ」を用いた普通の表現であり、⑧⑨⑩が敬語を用いた表現である。⑧は「言ふ」という動作をする源氏に対する敬意を表して「のたまふ」（オッシャル）と表現している。⑨は「言ふ」という動作を受ける源氏に敬意を表して「申す」（申シ上ゲル）と表現している。⑩は話題の内容とは関係なく、話し手から聞き手に対する敬意を表して、「侍り」（…マス）を用いて丁寧な言い方をしている。

❷ 敬語表現の種類

敬語表現は、次の三種類に分けることができる。

1 尊敬表現	話し手（書き手）が、話題の中の人物のうち**動作をする人を敬う**表現であり、そのために用いる語を**尊敬語**という。為手（して）尊敬ともいう。
2 謙譲表現	話し手（書き手）が、話題の中の人物のうち**動作を受ける人を敬う**表現であり、そのために用いる語を**謙譲語**という。受け手尊敬ともいう。
3 丁寧表現	話し手（書き手）が、**聞き手**（**読み手***）**に対して敬意を表す**表現であり、そのために用いる語を**丁寧語**という。聞き手尊敬ともいう。

*読み手＝読者

詳解

敬意の方向　誰から誰に対する敬意かの判別は、文の種類と敬語の種類で行う。

文の種類	敬意の主体〔誰から〕
地の文	書き手（作者）
会話文	話し手

から

敬語の種類	敬意の対象〔誰に対する〕
尊敬語	話題の中の動作をする人
謙譲語	話題の中の動作を受ける人
丁寧語	聞き手・読み手（読者）

に対する敬意

▼敬語表現の図解

尊敬表現

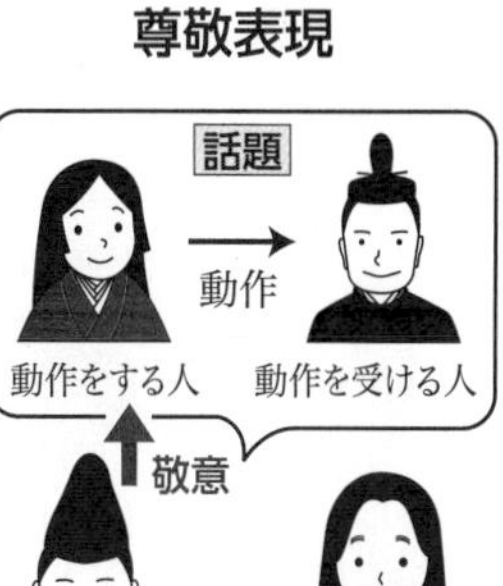

話題の中の動作をする人に対する敬意を表す。

謙譲表現

話題の中の動作を受ける人に対する敬意を表す。

丁寧表現

話題の内容に関係なく、話し手の聞き手に対する敬意を表す。

❸ 主要敬語一覧

品詞	基本の語	尊敬語	訳語	謙譲語	訳語	丁寧語	訳語
動詞	あり をり	おはす おはします います ます まします いまそかり いでます	いらっしゃる おいでになる	侍り 候ふ	おそばにお控えする	侍り 候ふ	あります おります ございます
	仕(つか)ふ			つかうまつる つかまつる 侍り 候ふ	お仕えする		
	聞く	聞こす 聞こしめす	お聞きになる	承(うけたまは)る	お聞きする 伺う		
	言ふ	のたまふ のたまはす 仰(おほ)す	おっしゃる	奏す 啓す 聞こえさす 申す 聞こゆ	申し上げる		
	見る	ごらんず みそなはす	御覧になる				
	思ふ	おぼす おぼしめす おもほす おもほしめす	お思いになる	存ず	存じ上げる		
	来(く) 行く	おはす おはします います いでます ます	いらっしゃる おいでになる	参る まうづ まかづ まかる	伺う 参る 参上する		
	出(い)づ			まかづ まかる	退出する		
	与ふ	給(たま)(賜)ふ(四段) 給(賜)はす 給(た)(賜)ぶ くださる	お与えになる	参る 参らす 奉る 奉らす まつる	差し上げる 献上する		
	受(う)く			給(たま)(賜)はる 給(たま)(賜)ふ(下二段) 承る	いただく		

着る	召(め)す　奉る　食(を)す	お召しになる				
食ふ　飲む	きこしめす　召す　参る　奉る　食(を)す	召し上がる	給ふ(下二段)	いただく		
乗る	召す　奉る	お乗りになる				
治む	しろしめす　しらしめす　をす	お治めになる				
呼ぶ	召す	お呼びになる				
知る	しろしめす	お知りになる	存ず	存じ上げる		
寝(ぬ)　寝(い)ぬ	大殿籠(おほとのごも)る	お休みになる				
す	あそばす　参る	なさる	つかうまつる　つかまつる　参る	してさしあげる　いたす		
補助動詞	おはす　おはします　います　ます　まします　給ふ(四段)	…ていらっしゃる　…でいらっしゃる　お…になる　…なさる　…てくださる	聞こゆ　聞こえさす　参らす　つかうまつる　申す　奉る　給ふ(下二段)	お…申し上げる　…てさしあげる　…させていただく	侍り　候ふ	…です　…ます　…でございます
助動詞	る　らる　す　さす　しむ	お…になる				
名詞	殿　上　君　御身(おんみ)　宮　行幸		それがし　なにがし			
接頭語	御-　大(おほ)-　高(たか)-　貴-　尊-　芳-		拙-　愚-　拝-　しや-			
接尾語	-君　-殿　-上　-達		-め　-ら　-ども			

❹ 尊敬表現

● ❶「中村先生が、彼に、そんなことをおっしゃるはずがないよ。」

❶は、話し手が、聞き手に、「中村先生が、彼に、そんなことを言うはずがないよ。」ということを伝える一文である。「おっしゃる」は「言う」の尊敬語で、会話文に用いられているので、話し手が、話題の中の「言う」という動作をする人〈中村先生〉を敬った表現である。

このように、話し手（書き手）が、話題の中の動作をする人を敬う表現を**尊敬表現**といい、そのために用いられる語を**尊敬語**という。一般に、地の文では書き手〈作者〉が、また、会話文ではその会話の話し手が、それぞれの話題の中の動作をする人を敬っている。

● ❷かぐや姫、（中納言ノコトヲ）少しあはれとおぼしけり。（竹取物語・燕の子安貝）

かぐや姫は、（中納言のことを）少し気の毒にお思いになった。

❷は、石上(いそのかみ)の中納言が死んでしまったという話を聞いて、かぐや姫が心を動かしたことを述べた一文である。「おぼし」は「思ふ」の尊敬語で、地の文に用いられているので、書き手〈作者〉が、話題の中の「思ふ」という動作をする人〈かぐや姫〉を敬った表現である。

● ❸かぐや姫いといたく泣き給ふ。（竹取物語・嘆き）

かぐや姫はとてもひどくお泣きになる。

❸は、いよいよ昇天しなくてはならない時が近づき、かぐや姫がひどく泣く場面である。「給ふ」は「泣き」という動詞の下に付いた尊敬の補助動詞で、地の文に用いられているので、書き手〈作者〉が、話題の中の「泣く」という動作をする人〈かぐや姫〉を敬った表現である。

▼❶「おっしゃる」の図解

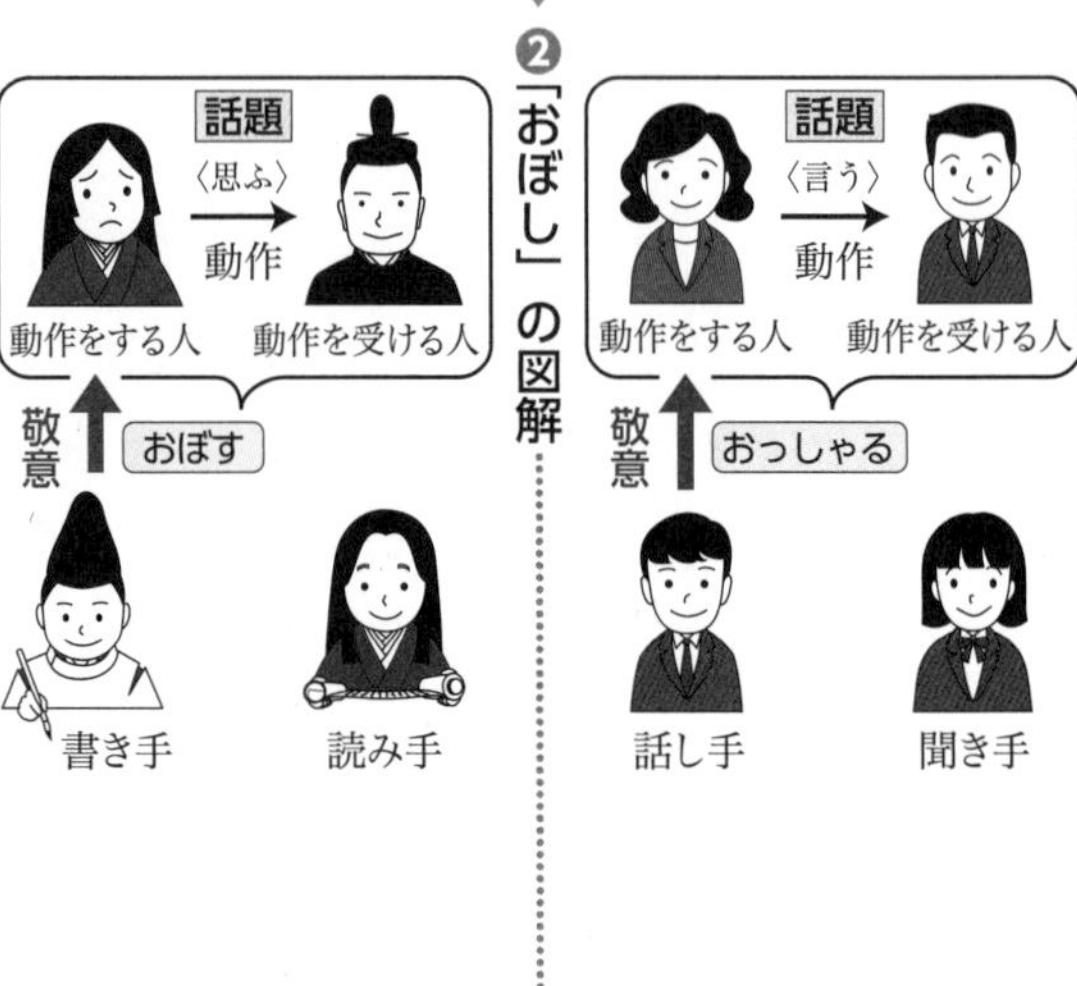

▼❷「おぼし」の図解

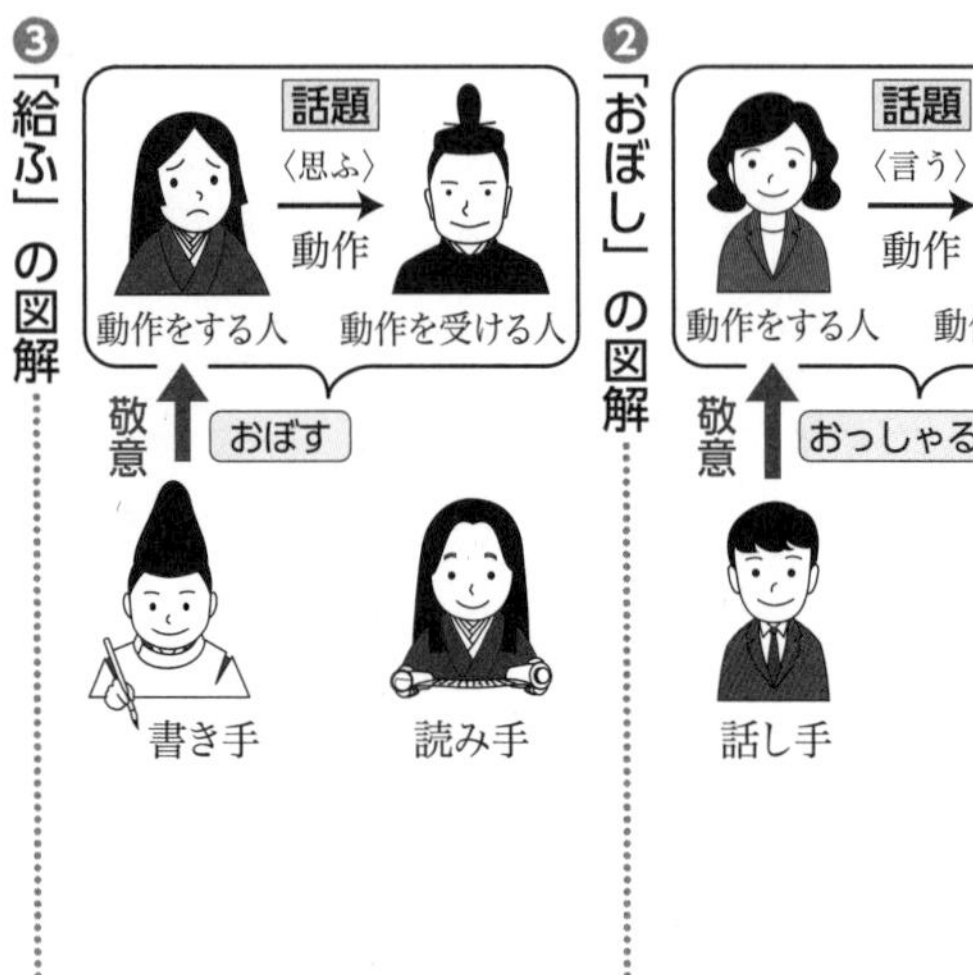

▼❸「給ふ」の図解

話題
〈泣く〉
動作
動作をする人
敬意
給ふ
書き手
読み手

5 主な尊敬語

おはす　います　おはします
1「あり」「をり」の尊敬語（イラッシャル・オイデニナル）
2「来」「行く」の尊敬語（オ出カケニナル・オイデニナル・イラッシャル）
3尊敬の補助動詞（…テイラッシャル）

1 ④（翁がかぐや姫ニ）「朝ごと夕ごとに見る竹の中におはする（翁→かぐや姫）にて、知りぬ。」（竹取物語・おひたち）
（翁がかぐや姫に）「毎朝毎晩見る竹の中にいらっしゃるので、わかった。」

2 ⑤大将はうち見るままに、立ちて鬼の間の方（かた）におはしぬ（語り手→大将）。（大鏡・兼通伝）
大将は（兼通殿を）ちらりと見て、そのまま立って鬼の間のほうへ行っておしまいになった。

3 ⑥左兵衛督（さひやうゑのかみ）の、中将におはせし（作者→左兵衛督）、語り給ひし。（枕草子・二月つごもりごろに）
左兵衛督で、（当時）中将でいらっしゃった方が、お話しになった。

のたまふ　のたまはす　おほす（仰す）
1「言ふ」の尊敬語（オッシャル）

1 ⑦（翁ガかぐや姫ニ）「こは、なでふことのたまふ（翁→かぐや姫）ぞ。」（竹取物語・嘆き）
（翁がかぐや姫に）「これは、なんということをおっしゃるのだ。」

⑧（頼清ガ永秀ニ）「たよりあらむことは、憚らずのたまはせよ（頼清→永秀）。」（発心集・巻六ノ七）
（頼清が永秀に）「（私を）頼りにできるようなことがあったら、遠慮なくおっしゃい。」

⑨「影をば踏まで、面をや踏まぬ。」（道長殿ハ）とこそ仰せられけれ（語り手→道長）。（大鏡・道長伝）
「影など踏まないで、顔を踏まずにおくものか。」と（道長殿は）おっしゃった。

ごらんず（御覧ず）
1「見る」の尊敬語（御覧ニナル）

1 ⑩（源氏ハ）ここかしこのありさまなど御覧ず（作者→源氏）。（源氏物語・明石）
（源氏は明石の君の住まいの）あちらこちらの様子を御覧になる。

きこしめす（聞こし召す）
1「聞く」の尊敬語（オ聞キニナル）
2「食ふ」「飲む」の尊敬語（召シ上ガル）

1 ⑪（顕宗ガ）「さは、帝の聞こしめし（顕宗→帝）けるよ。」（十訓抄・第一）
（顕宗が）「さては、帝がお聞きになっていたのだよ。」

2 ⑫（後鳥羽院ハ）御かはらけ、たびたび聞こしめす（語り手→後鳥羽院）。（増鏡・おどろの下）
（後鳥羽院は）お杯（さかずき）（のお酒）を、何杯も召し上がる。

▼「います」「おはします」の用例

1「あり」「をり」の尊敬語
●（世間ノ人ガ）「（右大臣ハ）ここにやいます（世間の人→右大臣）。」（竹取物語・火鼠の皮衣）
（世間ノ人が）「（右大臣は）ここにいらっしゃるか。」

●（僧都ガ尼君タチニ）「今日しも、端におはしましける（僧都→尼君たち）かな。」（源氏物語・若紫）
（僧都が尼君たちに）「今日は、とくに端近くにいらっしゃったことですね。」

2「来」「行く」の尊敬語
●（修行者ガ一行ニ）「かかる道は、いかでかいまする（修行者→一行）。」（伊勢物語・九段）
（修行者が一行に）「こんな（寂しい）道を、どうしていらっしゃるのか。」

●法皇御覧じにおはしましたり（作者→法皇）。（古今集・九二〇詞書）
法皇が（親王邸に管弦の遊びを）御覧になりにいらっしゃった。

3尊敬の補助動詞
●（明石ノ入道ハ）鼻すすりうちして、行ひいましたり（作者→明石の入道）。（源氏物語・松風）
（明石の入道は）鼻をすすりすすり、勤行していらっしゃる。

●（帝ハ）ともし火をかかげ尽くして、起きおはします（作者→帝）。（源氏物語・桐壺）
（帝は）灯火をかきたて燃え尽きてしまうまで、起きていらっしゃる。

敬語　尊敬表現　主な尊敬語

おぼす（思す） おぼしめす（思し召す）

1「思ふ」の尊敬語（オ思イニナル）

1 ❶祖父殿(おほぢどの)もうれしとおぼしたりけり。〔語り手→祖父殿〕（大鏡・道兼伝）

祖父殿もうれしくお思いになっていた。

❷（兼平ガ木曽殿ニ）「兼平(かねひらいちにん)一人候ふとも、余の武者千騎(せんぎ)とおぼしめせ。」〔兼平→木曽殿〕（平家物語・木曽最期）

（兼平が木曽殿に）「兼平は（ただ）一人おりましても、他の武者千騎（と同じ）とお思いなさい。」

しろしめす（知ろしめす） しらしめす（知らしめす）

1「知る」の尊敬語（オ知リニナル）

2「治む」の尊敬語（オ治メニナル）

◆「しろしめす」のみの用法。

1 ❸（兼平ガ敵ニ）「さる者ありとは、鎌倉殿までもしろしめされたるらむぞ。」〔兼平→鎌倉殿〕（平家物語・木曽最期）

（兼平が敵に）「このような者がいるとは、頼朝殿までもご存じでいらっしゃるであろうよ。」

2 ❹今、天皇(すべらぎ)の天(あめ)の下(した)しろしめすこと、〔作者→天皇〕四つのとき、九(ここ)のかへりになむなりぬる。（古今集・仮名序）

今、天皇が天下をお治めになってから、四季のめぐることは、九度になった。

たまふ（給ふ・賜ふ） たぶ（給ぶ・賜ぶ）

〔四段〕

1「与ふ」の尊敬語（オ与エニナル・クダサル）

2尊敬の補助動詞（…ナサル・オ…ニナル）

参照 P.131

1 ❺（親王ガ右馬頭ニ）大御酒給ひ、〔作者→親王〕禄(ろく)給はむとて、〔作者→親王〕つかはさざりけり。（伊勢物語・八三段）

（親王が右馬頭に）お酒をお与えになり、褒美をくださろうとして、お帰しにならなかった。

2 ❻天人、「遅し。」と心もとながり給ふ。〔作者→天人〕（竹取物語・昇天）

天人は、「遅い。」とじれったがりなさる。

あそばす（遊ばす）

1「す」の尊敬語（ナサル）

1 ❼帥殿(そちどの)の、南の院にて、人々集めて弓遊ばししに、〔語り手→帥殿〕（大鏡・道長伝）

帥殿が、南院で、人々を集めて弓の競技をなさったときに、

おほとのごもる（大殿籠る）

1「寝(ぬ)」「寝(い)ぬ」の尊敬語（オ休ミニナル）

1 ❽上のおはしまして大殿籠りたり。〔作者→上〕（枕草子・二月つごもりごろに）

帝がいらっしゃってお休みになっている。

▼「しらしめす（知らしめす）」の用例

2「治む」の尊敬語

●樛(つが)の木の　いやつぎつぎに　天の下　しらしめししを〔作者→歴代天皇〕（万葉集・二九）

（歴代天皇ガ）

（歴代天皇が）次々に天下をお治めになったが、

▼「たぶ（給ぶ・賜ぶ）」の用例

1「与ふ」の尊敬語

●（道長ガ帝ニ）「『昭慶門まで送れ。』と仰せごと給べ。」〔道長→帝〕（大鏡・道長伝）

（道長が帝に）「『昭慶門まで送れ。』とご命令をお与えください。」

●（船頭ガ乗客ニ）「（神ガ）うれしと思ひ給ぶべきもの奉(たいまつ)り給べ。」〔船頭→神〕〔船頭→乗客〕（土佐日記・二月五日）

（船頭が乗客に）「（神が）うれしいとお思いになるはずのものを差し上げなさい。」

▼「大殿籠る」の意味

「大殿」は宮殿、邸宅、寝殿の意味であり、その奥に「籠る」ことで、貴人が「寝る」ことを暗示する。身分の高い人の行為を直接表現することなく敬意を表した尊敬語である。

めす（召す）

1「呼ぶ」の尊敬語（オ呼ビニナル）
2「食ふ」「飲む」の尊敬語（召シ上ガル）
3「乗る」の尊敬語（オ乗リニナル）
4「着る」の尊敬語（オ召シニナル）

1 ⑨ (中将ハ)今日も、例の、人々多く召して【作者→中将】、文(ふみ)など作らせ給ふ。（源氏物語・賢木(さかき)）
（中将は）今日も、いつものように、人々をたくさんお呼びになって、漢詩などを作らせなさる。

2 ⑩「(アナタガ)朝な朝な召しつる【土大根→聞き手】土大根(つちおほね)らに候ふ。」（徒然草・六八段）
「（あなたが）毎朝召し上がっていた大根らでございます。」

3 ⑪ (上皇ハ)それより御輿(みこし)に召して【作者→上皇】、福原へ入らせおはします。（平家物語・還御）
（上皇は）そこから御輿にお乗りになって、福原へお入りになる。

4 ⑫ (女院ハ)青色の御唐衣(からぎぬ)、蝶をいろいろに織りたりし、召したりし【作者→女院】。（建礼門院右京大夫集・三詞書）
（女院は）青色の御唐衣に、蝶を色とりどりに織ってあるのを、お召しになっていた。

まゐる（参る）

1「食ふ」「飲む」の尊敬語（召シ上ガル）

参照 P.131

1 ⑬ (内大臣ハ源氏ニ)御かはらけなど勧め、(ゴ自分モ)参り給ふ【作者→内大臣】。（源氏物語・行幸）
（内大臣は源氏に）お杯などを勧め、（ご自分も）召し上がりなさる。

たてまつる（奉る）

1「食ふ」「飲む」の尊敬語（召シ上ガル）
2「乗る」の尊敬語（オ乗リニナル）
3「着る」の尊敬語（オ召シニナル）

参照 P.131

1 ⑭ (天人ガかぐや姫ニ)「壺なる御薬奉れ【天人→かぐや姫】。」（竹取物語・昇天）
（天人がかぐや姫に）「壺に入っている御薬を召し上がれ。」

2 ⑮ 御輦車(てぐるま)に四ところ奉りたりし【語り手→四ところ】ぞかし。（大鏡・藤原氏物語）
御輦車に四人お乗りになっていたのだったよ。

3 ⑯ (源氏ハ)白き綾のなよよかなる、紫苑色(しをん)など奉りて【作者→源氏】、（源氏物語・須磨）
（源氏は）白い綾(あや)織りで柔らかな下着に、紫苑色の指貫などをお召しになって、

▼尊敬表現の敬意の度合い

尊敬表現は、敬意の度合いによって次のような順で用いられる。

1 最高敬語の動詞
例 おはします　おぼしめす　のたまはす
動詞＋尊敬の助動詞（す・さす・しむ）＋給ふ

＜

2 尊敬の動詞
例 おはす　おぼす　のたまふ
動詞＋給ふ

＜

3 動詞＋尊敬の助動詞（る・らる）

❻ 謙譲表現

●❶「私が、中村先生に、そんなことを申し上げるはずがないよ。」

❶は、話し手が、聞き手に、「自分が、中村先生に、そんなことを言うはずがないよ。」ということを伝える一文である。「申し上げる」は「言う」の謙譲語で、会話文に用いられているので、話し手が、話題の中の「言う」という動作を受ける人〈中村先生〉を敬った表現である。

このように、話し手（書き手）が、話題の中の動作を受ける人を敬う表現を**謙譲表現**といい、そのために用いられる語を**謙譲語**という。一般に、地の文では書き手〈作者〉が、また、会話文ではその会話の話し手が、それぞれの話題の中の動作を受ける人を敬っている。

●❷惟喬(これたか)の親王(みこ)、例の狩りしにおはします供(とも)に、右馬頭(うまのかみ)なる翁**つかうまつれ**り。（伊勢物語・八三段）

惟喬親王が、いつもの狩りにおいでになるお供として、右馬頭である翁がお仕えした。

❷は、惟喬親王が水無瀬に狩りに行くときのことを述べた一文である。「つかうまつれ」は「仕ふ」の謙譲語で、地の文に用いられているので、書き手〈作者〉が、話題の中の「仕ふ」という動作を受ける人〈惟喬の親王〉を敬った表現である。

❼ 主な謙譲語

まうす（申す）
1「言ふ」の謙譲語（申シ上ゲル）
2 謙譲の補助動詞（オ…申シ上ゲル）

参照 P.127「申す」の特別な用法

1 ❸（世継ガ繁樹ニ）「まめやかに世継が（アナタニ）**申さ**むと思ふことは、ことごとかは。」（大鏡・序）　世継→繁樹

（世継が繁樹に）「真剣に（私）世継が（あなたに）**申し上げ**ようと思うことは、ほかでもありません。」

2 ❹（世継ガ繁樹ニ）「あはれにうれしくも（アナタニ）会ひ**申し**たるかな。」（大鏡・序）　世継→繁樹

（世継が繁樹に）「本当にまあうれしくも（あなたに）お会い**申し上げ**たことですねえ。」

▼「謙譲」の捉え方

本書では、敬語表現を尊敬・謙譲・丁寧に三分類する立場をとっている。謙譲はへり下るという意味なので、「話題の中の動作をする人を低めることによって、動作を受ける人を敬う」と定義することもできるが、古文ではこれにあてはまらない例も多いため、話し手が誰を敬うかに着目して、「話題の中の動作を受ける人を敬う」とした。

▼❶「申し上げる」の図解

▼❷「つかうまつれ」の図解

きこゆ(聞こゆ)／きこえさす(聞こえさす)

1「言ふ」の謙譲語(申シ上ゲル)
2謙譲の補助動詞(オ…申シ上ゲル)

1 ⑤「(尼君ガ少女ニ)罪得ることぞと、常に聞こゆる[尼君→少女]を、心憂く。」(源氏物語・若紫)
(尼君が少女に)「罪作りなことですよと、いつも申し上げているのに、情けないこと。」

2 ⑥「(明石の君ガ)(自分ガ紫の上ト)立ち並び聞こゆる[明石の君→紫の上]契り、おろかなりやは。」と思ふ(源氏物語・藤裏葉)
(明石の君が)「(自分が紫の上と)肩をお並べ申し上げるという宿縁は、並々のことではないのだ。」と思う。

そうす(奏す)

1天皇・上皇に「言ふ」の謙譲語(申シ上ゲル・奏上スル)

1 ⑦かぐや姫をえ戦ひ止めずなりぬること、(頭中将ガ帝ニ)こまごまと奏す[作者→帝]。(竹取物語・ふじの山)
戦ってかぐや姫をとどめることができなくなってしまったことを、(頭中将が帝に)こまごまと申し上げる。

けいす(啓す)

1皇后・皇太子などに「言ふ」の謙譲語(申シ上ゲル)

1 ⑧(女房ハ)わづらはしうて、宮には、さなむと啓せ[作者→宮]ず。(源氏物語・賢木)
(女房は)厄介なので、宮(弘徽殿の大后)には、これこれで(ございます)と申し上げない。

まゐる(参る)

1「来」「行く」の謙譲語(伺ウ・参上スル) 参照 P.127「申す」の特別な用法
2「与ふ」の謙譲語(差シ上ゲル)
3「す」の謙譲語(シテサシアゲル) 参照 P.131

1 ⑨(永秀ガ頼清ニ)「すみやかに参り[永秀→頼清]て申し侍るべし。」(発心集・巻六ノ七)
(永秀が頼清に)「すぐに参上して申し上げるつもりです。」

2 ⑩親王に、右馬頭、大御酒参る[作者→親王]。(伊勢物語・八二段)
親王に、右馬頭が、お酒を差し上げる。

3 ⑪(聖ガ源氏ニ)加持など参る[作者→源氏]ほど、日高くさし上がりぬ。(源氏物語・若紫)
(聖が源氏に)加持などしてさしあげるうちに、日が高く上った。

まうづ(詣づ)

1「行く」「来」の謙譲語(伺ウ・参上スル)

1 ⑫強ひて(右馬頭ガ親王ノ)御室にまうで[作者→親王]て拝み奉るに、(伊勢物語・八三段)
無理に(右馬頭が親王の)ご庵室に参上してお姿を拝み申し上げると、

▼「申す」の特別な用法

口語で「私は中村と申します。」というときの「申す」は、聞き手に敬意を払った表現である。これと同じように、古語の「申す」にも、動作を受ける対象ではなく、聞き手に敬意を払った丁寧の用法がある。「参る」「まかる・まかづ」「つか(う)まつる」などにも同様の用法がある。

●(随身ガ源氏ニ)「かの白く咲けるをなむ夕顔と申し[随身→源氏]侍る。」(源氏物語・夕顔)
(随身が源氏に)「あの白く咲いている花を夕顔と申します。」

▼「きこえさす(聞こえさす)」の用例

1「言ふ」の謙譲語
●(源氏ガ葵の上ニ)「少しけ近きほどにて聞こえさせ[源氏→葵の上]ばや。」(源氏物語・葵)
(源氏が葵の上に)「少しおそば近くで申し上げたい。」

2謙譲の補助動詞
●(女御ハ帝ノ試験ニ)「つひに負け聞こえさせ[話し手→帝]給はずなりにけり。」(枕草子・清涼殿の丑寅の隅の)
「(女御は帝の試験に)最後までお負け申し上げなさらずじまいでした。」

▼「言ふ」の謙譲表現の敬意の度合い

「言ふ」の謙譲語の「聞こえさす」「申す」「聞こゆ」の中では、「聞こえさす」が最も相手に対する敬意が高く、次いで「申す」「聞こゆ」の順になる。

まかる（罷る）
まかづ（罷づ）

1「出づ」の謙譲語（退出スル）
2「行く」の謙譲語（参ル）

参照 P.127「申す」の特別な用法

1 ❶ 憶良(おくら)らは今は（宴席ヲ）まからむ　〔憶良→宴席の人々〕
（私）憶良めは今はもう退出しましょう。

（万葉集・三三七）

2 ❷（かぐや姫ガ翁ニ）「文を置きてまからむ。」　〔かぐや姫→翁〕
（かぐや姫が翁に）「手紙を置いて参りましょう。」

（竹取物語・昇天）

まゐらす（参らす）

1「与ふ」の謙譲語（差シ上ゲル）
2 謙譲の補助動詞（オ…申シ上ゲル）

1 ❸（中将ガ帝ニ）薬の壺に御文(ふみ)添へて、参らす。　〔作者→帝〕
（中将が帝に）薬の壺にお手紙を添えて、差し上げる。

（竹取物語・ふじの山）

2 ❹（女院ガ法皇ニ）「かかる御ありさまを見え参らせむずらむ恥づかしさよ。」　〔女院→法皇〕
（女院が法皇に）「このようなありさまを（法皇に）お見せ申し上げるにちがいないということの恥ずかしさよ。」

（平家物語・大原御幸）

たてまつる（奉る）
たてまつらす（奉らす）

1「与ふ」の謙譲語（差シ上ゲル）
2 謙譲の補助動詞（オ…申シ上ゲル）

参照 P.131

◆「奉る」のみの用法。

1 ❺（女房ガ）簾(すだれ)少し上げて、花奉るめり。　〔作者→仏〕
（女房が）簾を少し上げて、（仏に）花を差し上げているようだ。

（源氏物語・若紫）

2 ❻（僧ガ別ノ僧ニ）「（児ヲ）な起こし奉りそ。」　〔僧→児〕
（僧が別の僧に）「（児を）お起こし申し上げるな。」

（宇治拾遺物語・一二）

〔下二段〕
たまふ（給ふ・賜ふ）

1「受く」の謙譲語（イタダク）
2 謙譲の補助動詞（…サセテイタダク・…テオリマス）

参照 P.131

1 ❼（アナタノ）魂は朝夕に給ふれどわが胸痛し恋のしげきに　〔作者→あなた（相手）〕
（あなたの）お気持ちはいつもいただいていますが、私の胸は痛いのです。恋の思いが絶えないので。

（万葉集・三七六七）

2 ❽（俊成ガ俊恵ニ）「これをなむ、身にとりてはおもて歌と思ひ給ふる。」　〔俊成→俊恵〕
（俊成が俊恵に）「この歌をこそ、自分にとっては代表歌と思っております。」

（無名抄・俊成自賛歌事）

▼「まかづ（罷づ）」の用例

1「出づ」の謙譲語
●（内親王家ニ）三日候ひてまかでぬ。　〔作者→内親王〕
（内親王家に）三日間お仕えして退出した。

（更級日記・宮仕へ）

2「行く」の謙譲語
●（僧都ガ源氏ニ）「わづらふこと侍るにより、かく京にもまかでねば、」　〔僧都→源氏〕
（僧都が源氏に）「（私が）病みわずらうことがありますため、このとおり京にも参りませんので、」

（源氏物語・若紫）

▼「たてまつらす（奉らす）」の用例

1「与ふ」の謙譲語
● 中納言参り給ひて、（中宮ニ）御扇奉らせ給ふに、　〔作者→中宮〕
（枕草子・中納言参り給ひて）

中納言が参上なさって、（中宮に）御扇を差し上げなさるときに、

▼「たまふ」の活用

意味	未然形	連用形	終止形	連体形	已然形	命令形	活用の種類
尊敬	は	ひ	ふ	ふ	へ	へ	四段
謙譲	へ	へ	（ふ）	ふる	ふれ	○	下二段

たまはる（給はる・賜る）

1「受く」の謙譲語（イタダク）

1 ❾ 内侍(ないし)の尼(あま)参りつつ、(女院カラ)花がたみをば給はり［作者↓女院］けり。（平家物語・大原御幸）

内侍の尼が参って、(女院から)花籠をお受けした。

うけたまはる（承る）

1「受く」の謙譲語（イタダク）
2「聞く」の謙譲語（オ聞キスル・伺ウ）

1 ❿ (帝カラ)宣旨承り［作者↓帝］てぞ、大臣(おとど)は帰り給ひける。（宇治拾遺物語・一一四）

宣旨を(帝から)いただいて、大臣はお帰りになった。

2 ⓫ (聖海上人ガ神官ニ)「ちと承らばや。」［聖海上人↓神官］（徒然草・二三六段）

(聖海上人が神官に)「少々お伺いしたい。」

つかまつる（仕まつる）
つかうまつる（仕うまつる）

1「仕ふ」の謙譲語（オ仕エスル）
2「す」の謙譲語（イタス・シテサシアゲル）
3 謙譲の補助動詞（オ…申シ上ゲル）

◆「つかうまつる」のみ。 参照 P.127

1 ⓬ 昔、二条の后につかうまつる［作者↓二条の后］男ありけり。（伊勢物語・九五段）

昔、二条の后にお仕えする男がいた。

2 ⓭「千枝(ちえだ)、常則(つねのり)などを召して、(源氏ノ絵ニ)作り絵つかうまつらせ［話し手↓源氏］ばや。」（源氏物語・須磨）

「千枝、常則などをお呼びよせになって、(源氏の絵に)彩色させ申し上げたいものだ。」

3 ⓮ (源氏ガ女房タチニ)(斎宮ニ関シテ)「心にまかせたること、引き出だしつかうまつる［源氏↓斎宮］な。」（源氏物語・澪標）

(源氏が女房たちに)「(斎宮に関して)自分勝手なことを、お引き起こし申し上げるな。」

はべり（侍り）
さぶらふ・さうらふ（候ふ）

1「あり」「をり」の謙譲語（オソバニオ控エスル）
2「仕ふ」の謙譲語（オ仕エスル）

参照 P.131

1 ⓯ (役人ガ)「たれたれか侍る。」［役人↓帝］と問ふこそをかしけれ。（枕草子・殿上の名対面(なだいめん)こそ）

(役人が)「誰々がおそばにお控えしているか。」と尋ねるのもおもしろい。

2 ⓰ (かぐや姫ガ翁夫婦ニ)「この国に生まれぬるとならば、嘆かせ奉らぬほどまで侍らむ。」［かぐや姫↓翁夫婦］（竹取物語・昇天）

(かぐや姫が翁夫婦に)「もしも(私が)この国に生まれたというのでしたら、お嘆かせ申し上げないときまでお仕えしましょう。」

▼「たまはる」の尊敬の用法

中世以降、「与ふ」の尊敬語（クダサル）の用法と、尊敬の補助動詞（…テクダサル）の用法が生まれた。

▼「つかまつる（仕まつる）」の用例

1「仕ふ」の謙譲語

● 宮司(みやづかさ)などだにも、(東宮御所へ)参りつかまつる［語り手↓東宮］こともかたくなりゆけば、（大鏡・師尹伝）

東宮坊の役人などさえも、(東宮御所へ)参上してお仕えすることも困難になっていくので、

2「す」の謙譲語

● (兼平ガ木曽殿ニ)「しばらく防き矢つかまつらむ。」［兼平↓木曽殿］（平家物語・木曽最期）

(兼平が木曽殿に)「しばらく防ぎ矢をいたしましょう。」

▼「さぶらふ・さうらふ（候ふ）」の用例

1「あり」「をり」の謙譲語

● 入道殿は(女院ノ)上(うへ)の御局(みつぼね)に候はせ給ふ。［語り手↓女院］（大鏡・道長伝）

入道殿は上の御局にお控えしていらっしゃる。

2「仕ふ」の謙譲語

● 女御・更衣あまた(帝ニ)候ひ給ひける［作者↓帝］中に、（源氏物語・桐壺）

女御や更衣が大勢(帝に)お仕えしていらっしゃった中に、

▼「候ふ」の読み

「候ふ」は、平安時代には「さぶらふ」であったが、鎌倉時代以降は「さうらふ」となった。

❽丁寧表現

●❶「私が、彼に、そのことを言います。」

❶は、話し手が、聞き手に、「自分が、彼に、そのことを言う。」ということを伝える一文である。「ます」は丁寧の補助動詞で、会話文に用いられているので、話し手が、話題の内容とは関係なく、聞き手を敬った表現である。

このように、話し手（書き手）が聞き手（読み手）を敬う表現を**丁寧表現**といい、そのために用いられる語を**丁寧語**という。

●❷「いかなる所にか、この木は候ひけむ。」（竹取物語・蓬萊の玉の枝）

「どんな所に、この木はございましたのでしょうか。」

❷は、くらもちの皇子が、かぐや姫の課した「蓬萊の玉の枝」を持ってきた場面である。「候ひ」は「あり」の丁寧語で、会話文に用いられているので、話し手が聞き手（この場合、翁がくらもちの皇子）を敬った表現である。

丁寧語は、「侍り」と「候ふ」の二語だけである。どちらも会話文や手紙文に用いられることが多いが、鎌倉時代以降の擬古文では、地の文にも用いられる。

❾丁寧語

はべり（侍り）
さぶらふ・さうらふ（候ふ）

1「あり」「をり」の丁寧語（アリマス・オリマス・ゴザイマス）
2 丁寧の補助動詞（…デス・…マス・…デゴザイマス）

1 ❸左衛門の内侍といふ人侍り。〔作者→読者〕（紫式部日記・日本紀の御局）

左衛門の内侍という人がいます。

❹（作者ガ仏ニ）「物語の多く候ふなる、ある限り見せ給へ。」〔作者→仏〕（更級日記・門出）

（作者が仏に）「物語がたくさんあるそうですが、ある限りすべてお見せください。」

2 ❺（僧都ガ尼君ニ）「ただ今なむ聞きつけ侍る。」〔僧都→尼君〕（源氏物語・若紫）

（僧都が尼君に）「たった今聞きつけました。」

❻（兼平ガ木曽殿ニ）「御馬も弱り候はず。」〔兼平→木曽殿〕（平家物語・木曽最期）

（兼平が木曽殿に）「御馬も弱っていません。」

▼❶「ます」の図解

▼❷「候ひ」の図解

■二種類の用法を持つ敬語の見分け方

給ふ(補助動詞) 参照 P.124・128

1 四段活用は、**尊敬語**。
2 下二段活用は、**謙譲語**。
①「思ふ」「見る」「聞く」「知る」などの知覚動詞に付くことが多い。
②会話文・手紙文の中で使われる。
③話し手(書き手)自身の動作に付き、聞き手(読み手)を敬う。
④「思ひ出づ」+「給ふ」➡「思ひ給へ出づ」のように、複合動詞の間に入る。
⑤命令形はなく、終止形の用例もほとんどない。

1●「をさなき人は、寝入り給ひにけり。」(宇治拾遺物語・一二)
「幼い人は、寝込んでしまわれたよ。」

2●「思ひ給へおきて候ふ。」(源氏物語・乙女)
「計画をいたしております。」

参る 参照 P.125・127

1 身分の高い人が周囲から「差し上げる」ものを「食ふ・飲む」の意味は、**尊敬語**。
2 1以外の意味の動詞はすべて、**謙譲語**。

1●(大い君ハ)ものもつゆばかり参らず。(源氏物語・総角(あげまき))
(大い君は)食べ物をわずかばかりも召し上がらない。

2●「かくと案内(あない)申して、必ず参り侍らむ。」(大鏡・花山院)
「こういう事情とご報告申し上げて、必ずここへ参りましょう。」

奉る 参照 P.125・128

1 身分の高い人が周囲から「差し上げる」ものを「食ふ・飲む・着る・乗る」の意味は、**尊敬語**。
2 1以外の意味の動詞と、すべての補助動詞は、**謙譲語**。

1●宮は、白き御衣(おんぞ)どもに、紅(くれなゐ)の唐綾(からあや)をぞ上に奉りたる。(枕草子・宮に初めて参りたるころ)
中宮様は、白い御衣を重ねた上に、紅の唐綾の表着(うわぎ)をお召しになっている。

2●「上には我見せ奉らむ。」(源氏物語・初音)
「紫の上には私(源氏)が(鏡餅を)お見せ申し上げよう。」

侍り 候ふ 参照 P.129・130

1 動詞で、身分の高い人に「お仕えする・おそばに控える」の意味は、**謙譲語**。
2 動詞で、「あります・おります・ございます」の意味は、**丁寧語**。
3 補助動詞はすべて、**丁寧語**。

1●故宮(こみや)に候ひし小舎人童(こどねりわらは)なり。(和泉式部日記・四月)
(誰かと思えば、)亡くなった親王にお仕えしていた小舎人童である。

2●いみじき御賭物(かけもの)どもこそ侍りけれ。(大鏡・道隆伝)
すばらしい(双六の勝負の)賭け物がありました。

3●「年ごろ思ひつること、果たし侍りぬ。」(徒然草・五二段)
「長年念願していたことを、成し遂げました。」

練習問題　敬語（語彙）

1 次の口語動詞を、例にならって、①尊敬表現、②謙譲表現、③丁寧表現に改めなさい。

	①	②	③
例 言う	おっしゃる	申し上げる	言います
1 見る			
2 知る			
3 行く			
4 聞く			
5 食べる			
6 与える			

2 次の口語文について、傍線部の敬語の種類を答えなさい。

1 日曜の三時にいらっしゃい。

2 ご注文は何になさいますか。

3 お名前は存じ上げております。

4 おじさんにおみやげをいただきました。

5 今日はいい天気ですね。

6 風邪のため欠席します。

3 次の文語の敬語動詞について、①あとのどの語の敬語かを選び、②敬語の種類、③意味を答えなさい。

	①	②	③
例 います	あり	尊敬語	いらっしゃる
1 おぼす			
2 聞こす			
3 給ふ			
4 まかづ			
5 申す			
6 召す			

あり　与ふ　言ふ　出づ　思ふ　聞く　呼ぶ

4 次の傍線部の敬語について、口語訳の［　］に合わせて意味を答え、敬語の種類を答えなさい。

1 惟喬（これたか）の親王（みこ）と申す（例）親王おはしましけり。（伊勢物語・八二段）

惟喬親王と［ 例 ］親王が［　　］た。

例 申し上げる・謙譲語　　　　・

2 庭のなでしこつくろはせて御覧ず。（とりかへばや物語・巻三）

（尚侍（ないしのかみ）は）庭のなでしこを手入れさせて［　　］。

・

3 世の人、光る君と聞こゆ。（源氏物語・桐壺）

世間の人は、（美しい皇子を）光る君と［　　］。

・

4「身の候[1]はばこそ、仰せごとも承ら[2]め。」（大鏡・道長伝）
（道隆・道兼が帝に）「この身が（無事で）［　　］たらこそ、ご命令も［　　］ましょう。」

【1　・　】【2　・　】

5「久しく双六(すぐろく)つかまつら[1]で、いとさうざうしきに、今日あそばせ[2]。」（大鏡・道隆伝）
（道長が伊周(これちか)に）「長い間双六(すごろく)（のお相手）を［　　］なくて、まことにもの足りないので、今日は（双六遊びを）［　　］。」

【1　・　】【2　・　】

5 次の傍線部の二種類の用法を持つ敬語について、口語訳の［　］に合わせて意味を答え、敬語の種類を答えなさい。

1 こなたにて御果物参りなどし給へ[例]ど、（源氏物語・薄雲）
（姫君は）こちらの部屋でお菓子を［　　］などし［例］が、

【例 なさる　・　尊敬語】【　・　】

2「東宮に参りたりつるか。」（大鏡・師尹伝）
（道長が能信(よしのぶ)に）「東宮御所へ［　　］ていたのか。」

【　・　】

3 常にはまうでて、もの奉りなどしけり。（宇治拾遺物語・一〇四）
（猟師は僧のもとに）常日ごろ参上して、生活の物資を［　　］たりしていた。

【　・　】

4 やつして、無紋(むもん)を奉れり。（源氏物語・幻）
（源氏は）地味にして、無地の着物を［　　］ている。

【　・　】

5「御供(とも)に人も候はざりけり。」（源氏物語・夕顔）
（管理人が）「（源氏様の）お供に（きちんとした）人も［　　］ていないよ。」

【　・　】

【　・　】

6「笑ひ侮(あなづ)る人も、よも侍ら[1]じと思う給ふる[2]。」（源氏物語・乙女）
（源氏が大宮に）「（夕霧を）嘲笑し軽蔑する人も、まさか［　　］まいと思っ［　　］。」

【1　・　】【2　・　】

6 次の傍線部を口語訳しなさい。

1 帝も大将も、いとあさましくおぼしめす。（大鏡・兼通伝）
帝も大将も、たいそう［　　］。

【　】

2「いまだ世[1]にやおはすると、消息(せうそこ)奉らむ[2]。」（増鏡・草枕）
（時頼が家主に）「（私の主人は）まだ［　　］と、手紙を［　　］。」

【1】【2】

3「常に参り[1]寄ることも候はず[2]。」（平家物語・忠度都落）
（忠度が俊成に）「常に（あなたのもとへ）［　　］も［　　］（でした）。」

【1】【2】

4 かくいづれの道も抜け出で給ひけむ[1]は、いにしへも侍らぬ[2]ことなり。（大鏡・頼忠伝）
この（公任殿(きんとう)の）ように諸道に［　　］ことは、昔にも［　　］。

【1】【2】

⑩ 注意すべき敬語表現

1 二方面に対する敬語

一つの動作について、話し手（書き手）が、動作をする人と動作を受ける人との両方に同時に敬意を表現することがある。これをとくに**二方面に対する敬語**という。普通、**謙譲語＋尊敬語**の語順で表現する。

●❶かぐや姫、…いみじく静かに、おほやけに御文（ふみ）奉り[1]給ふ[2]。（竹取物語・昇天）

かぐや姫は、…たいそう静かに、帝にお手紙を差し上げなさる。

1「奉り」は、「与ふ」の謙譲語で、地の文に用いられているので、書き手〈作者〉から、「（文ヲ）与ふ」という動作を受ける人〈おほやけ〉（帝）に対する敬意を表す。

2「給ふ」は、尊敬の補助動詞で、地の文に用いられているので、書き手〈作者〉から、「（文ヲ）与ふ」という動作をする人〈かぐや姫〉に対する敬意を表す。

2 最高敬語

地の文にあって、主として動作をする人が最高階級の人（天皇・皇后・上皇・皇太子・皇子・皇女などの皇族、および高位の貴族）の場合にのみ用いられる敬語を、**最高敬語**という。最高敬語は尊敬語を重ねて用いたもので、**二重敬語**ともいう。次の二つの表現のしかたがある。

1 最高敬語の敬語動詞	おはし-ます　おぼし-めす　きこし-めす　しろし-めす　賜は-す　のたまは-す　など
2 尊敬語＋尊敬語	せ＋給ふ　させ＋給ふ　しめ＋給ふ　仰せ＋らる　など

●❷上も聞こしめし[1]、めでさせ給ふ[2]。（枕草子・清涼殿の丑寅の隅の）

帝もお聞きになり、ご称嘆なさる。

1「聞こしめし」は、「聞く」の尊敬語で、地の文に用いられているので、書き手〈作者〉

▼二方面に対する敬語の図解❶

▼敬語の重なり方

敬語が複数重なる場合、「謙譲＋尊敬＋丁寧」の順となる。

から、「聞く」という動作をする人〈上〉(帝)に対する高い敬意を表す。

2 「させ給ふ」は、尊敬の助動詞「さす」に尊敬の補助動詞「給ふ」が付いたもの。地の文に用いられているので、書き手〈作者〉から、「めづ」という動作をする人〈上〉(帝)に対する敬意を表す。

会話文・手紙文では、最高階級以外の人にも最高敬語を用いることがある。

● ❸(兼平ガ木曽殿ニ)「君はあの松原へ入らせ給へ。[兼平→木曽殿]」 (平家物語・木曽最期)

(兼平が木曽殿に)「殿はあの松原へお入りになりなさい。」

3 絶対敬語

参照 P.127「奏す」「啓す」

最高階級の人に対してのみ用いられる特定の敬語を、**絶対敬語**という。絶対敬語の動詞に、「言ふ」の謙譲語の「奏す」「啓す」がある。

● **奏す**　天皇・上皇・法皇に申し上げる

● **啓す**　皇后・中宮・皇太子などに申し上げる

● ❹(命婦ハ)あはれなりつること、忍びやかに**奏す**。[作者→帝] (源氏物語・桐壺)

(命婦は)しみじみと身にしみて感じたことを、ひそやかに帝に**申し上げる**。

● ❺御前(おまへ)にさへぞ、あしざまに**啓する**。[作者→中宮] (枕草子・職の御曹司の西面の)

中宮様にまでも、(その人のことを)悪く**申し上げる**。

4 自敬表現

帝など身分の高い人が、自分の動作に尊敬語を用いたり、相手の動作に謙譲語を用いたりして、自分に対する敬意を表すことがある。これを**自敬表現**(自尊敬語)という。

● ❻(帝ガ翁ニ)「この女、もし**奉り**[帝→帝]たるものならば、翁に冠(かうぶり)をなどか**給はせ**[帝→帝]ざらむ。」 (竹取物語・帝の求婚)

(帝が翁に)「この女を、もし(宮中に)**差し出し**たなら、翁に位階をどうして**お与えになら**ないことがあろうか、いや、与えるつもりだ。」

▼絶対敬語の名詞

行幸(ぎやうかう)*	天皇がお出かけになること。
御幸(ごかう)*	上皇・法皇・女院(にょうゐん)がお出かけになること。
行啓(ぎやうけい)	皇后・皇太子・皇太子妃がお出かけになること。
叡覧(えいらん)	天皇・上皇が御覧になること。
天気(てんき)**(天機)**	天皇のご機嫌。
崩御(ほうぎよ)	天皇・上皇・法皇・皇后・皇太后などが亡くなること。

*「みゆき」ともいう。

▼自敬表現の考え方

自敬表現は、高貴な人が実際に用いた表現とも、作者(書き手)から高貴な話し手への敬意が表れたものとも考えられる。前者の立場から尊大語と呼ばれることもある。口語訳する際は、敬意を省いたほうが話し手の発言らしくなることが多い。

敬意の主体と対象の整理

種類		用例	書き手・話し手	話題：動作をする人	話題：動作	話題：動作を受ける人	読み手・聞き手
尊敬語	地の文	天人、「遅し。」と心もとながり給ふ。（竹取物語・昇天） 天人は、「遅い。」とじれったがりなさる。	作者	天人	心もとながり給ふ		読者
尊敬語	会話文	（翁ガかぐや姫ニ）「こは、なでふことのたまふぞ。」（竹取物語・嘆き） （翁がかぐや姫に）「これは、なんということをおっしゃるのだ。」	翁	かぐや姫	のたまふ	翁	かぐや姫
謙譲語	地の文	昔、二条の后につかうまつる男ありけり。（伊勢物語・九五段） 昔、二条の后にお仕えする男がいた。	作者	男	つかうまつる	二条の后	読者
謙譲語	会話文	（僧ガ別ノ僧ニ）「（児ヲ）な起こし奉りそ。」（宇治拾遺物語・一二） （僧が別の僧に）「（児を）お起こし申し上げるな。」	僧	別の僧	起こし奉り	児	別の僧
丁寧語	地の文	左衛門の内侍といふ人侍り。（紫式部日記・日本紀の御局） 左衛門の内侍という人がいます。	作者	左衛門の内侍	侍り		読者
丁寧語	会話文	（僧都ガ尼君ニ）「ただ今なむ聞きつけ侍る。」（源氏物語・若紫） （僧都が尼君に）「たった今聞きつけました。」	僧都	僧都	聞きつけ侍る		尼君
二方面に対する敬語	地の文	女御・更衣あまた（帝ニ）候ひ[1]給ひ[2]ける中に、（源氏物語・桐壺） 女御や更衣が大勢（帝に）お仕えして[1]いらっしゃった[2]中に、	作者	女御・更衣	候ひ[1] 給ひ[2]	帝	読者
二方面に対する敬語	会話文	（船頭ガ乗客ニ）「（神ガ）うれしと思ひ給ぶべきものを奉り[1]給べ[2]。」（土佐日記・二月五日） （船頭が乗客に）「（神が）うれしいとお思いになるはずのものを差し上[1]げ[2]なさい。」	船頭	乗客	奉り[1] 給べ[2]	神	乗客

＊**太字**が敬意の主体、**赤字**が敬意の対象。

練習問題　敬語（実践）

1 次の例文について、後の問いに答えなさい。

・帝は、院の御遺言を、思ひ聞こえ[1]給ふ[2]。（源氏物語・澪標）

1 傍線部の敬語の意味を終止形で答えなさい。

1 [　　　]　2 [　　　]

2 次の空欄に入る語を後から選びなさい。

1は［　　］に用いられているので、［　　］からの敬意を表す。

2は［　　］に用いられているので、［　　］からの敬意を表す。

ア　地の文　イ　会話文　ウ　手紙文

エ　帝　オ　院　カ　作者

1 [　・　]　2 [　・　]

3 次の空欄に入る語を後から選びなさい。

1［　　］なので、［　　］人への敬意を表す。

2［　　］なので、［　　］人への敬意を表す。

ア　尊敬語　イ　謙譲語　ウ　丁寧語

エ　動作をする　オ　動作を受ける　カ　物語を読む

1 [　・　]　2 [　・　]

4 例にならって、**1**〜**3**を整理しなさい。

例　天人、「遅し。」と心もとながり給ふ。（竹取物語・昇天）

給ふ…作者から天人への敬意を表す尊敬語。

1 [　　　]

2 [　　　]

5 一文を口語訳しなさい。

[　　　]

---

2 次の傍線部の敬語の種類と、誰から（→）誰への敬意を表しているかを答えなさい。

1 上は（内裏ヲ）まかで[1]させ給ふ[2]。（源氏物語・藤裏葉）

紫の上は（内裏を）ご退出になる。

1 [　　] [　→　]

2 [　　] [　→　]

2 （尼君ガ若紫ニ）「おのれ見捨て奉ら[1]ば、いかで世におはせ[2]むとすらむ。」とて、いみじく泣くを見給ふ[3]も、すずろに悲し。（源氏物語・若紫）

（尼君が若紫に）「私が（あなたを）お見捨て申し上げて死んだなら、どうやって暮らしていこうとなさるのだろう。」と言って、ひどく泣くのを（源氏は）御覧になるにつけても、わけもなく悲しい。

1 [　　] [　→　]

2 [　　] [　→　]

3 [　　] [　→　]

3 （大納言ガ）内裏に参り[1]て、御鷹（たか）の失せたるよしを奏し[2]給ふ[3]ときに、帝、ものものたまはせ[4]ず。（大和物語・一五二段）

（大納言が）宮中に参内して、御鷹がいなくなったことを申し上げなさるときに、帝は、何もおっしゃらない。

1 [　　] [　→　]

2 [　　] [　→　]

3 [　　] [　→　]

4 [　　] [　→　]

第六章　修辞法

言葉を巧みに用いて、豊かで味わい深い表現を生み出す文章上の技法を、**修辞法**という。主な修辞法には、**枕詞**（まくらことば）・**序詞**（じょことば）・**掛詞**（かけことば）・**縁語**（えんご）・**体言止め**などがある。

1 枕詞

下の特定の語にかかる、習慣的、固定的な修飾の言葉を、**枕詞**という。大部分の枕詞は**五音節**からなり、声調を整えたり、荘重さを醸（かも）し出したり、余韻を与えたりする。枕詞はふつう口語訳しない。

❶ **あかねさす**（枕詞）→**紫**野行き標野（しめの）行き野守（のもり）は見ずや君が袖（そで）振る　（万葉集・二〇）

紫草の生える野、御領地の野を行き来して、野の番人は見ないでしょうか、あなたが袖を振（って合図す）るのを。

「あかねさす」は、東の空をあかね色に染めて照り輝く朝日の様子から、太陽や美しいものを連想して、「紫」「日」「昼」「照る」などの語を導き出す。

2 序詞（じょことば（じょし））

下にある語句を導き出すための前置きの語句を**序詞**という。枕詞が固定化しているのに対し、序詞は自由で、即興的、個性的に創作される。ふつう七音節以上からなり、表現内容に具体的なイメージを与える。序詞は口語訳する。

序詞による修飾のしかた（下の語句の導き方）には、次のような種類がある。

1 比喩による方法

❷ **あしびきの山鳥の尾のしだり尾の**（序詞）→**ながながし**夜をひとりかも寝む　（拾遺集・七七八）

山鳥の垂れた尾のように長い長い夜を、ただ一人で寝ることだろうか。

「あしびきの山鳥の尾のしだり尾の」は、「山鳥のしだり尾（垂れた尾）」のように「ながながし」という比喩によって、「ながながし」を導き出している。なお、「あしびきの」は「山」を導き出す枕詞である。

学習のポイント

● 主な和歌の修辞法の種類とその働きについて理解する。

▼ **主な枕詞とかかる語**

枕詞	かかる語
あかねさす（茜さす）	➡紫　日　昼
あしびきの（足引きの）	➡山　峰（を）　尾の上（をのへ）
あづさゆみ（梓弓）	➡引く　張る　末
あまざかる（天離る）	➡日　鄙（ひな）　向かふ
あらがねの（粗金の）	➡土　地
あらたまの（新玉の）	➡年　月　日　春
あをによし（青丹よし）	➡奈良
いさなとり（鯨取り）	➡海　浜　灘（なだ）　湖
いそのかみ（石の上）	➡古（ふる）　降る　振る
いはばしる（岩走る）	➡垂水（たるみ）　滝
うつせみの（空蝉の）	➡命　世　人　身　空し（むなし）　殻（から）
からころも（唐衣・韓衣）	➡着る　袖（そで）　裾（すそ）
くさまくら（草枕）	➡旅　結ふ（ゆふ）　結ぶ
くれたけの（呉竹の）	➡節（よ）　ふし　世　仮
ささなみの（細波の）	➡近江　志賀
しきしまの（敷島の）	➡大和
しろたへの（白妙の）	➡衣　袖　雪　袂　雲
たたみこも（畳薦）	➡へ　隔て　平群（へぐり）
たまきはる（魂きはる）	➡命　うち　吾（わ）
たまくしげ（玉匣）	➡ふた　箱　開く
たまづさの（玉梓の）	➡使ひ　妹　言　通ふ
たらちねの（垂乳根の）	➡母　親

2 掛詞による方法

❸ **風吹けば沖つ白波**(序詞) **たつ**(立つ・竜) た山夜半(よは)にや君がひとり越ゆらむ　（伊勢物語・二三段）

風が吹くと沖の白波が立つ、その竜田山を、夜中にあなたが一人で今ごろは越えているのでしょうか。

「風吹けば沖つ白波」は、「白波」が「立つ」と「竜田山」の「竜」との掛詞によって、「たつ」を導き出している。

3 同音反復による方法

❹ **ほととぎす鳴くや五月のあやめぐさ**(序詞) **あやめ** も知らぬ恋もするかな　（古今集・四六九）

ほととぎすが（来て）鳴く五月の（節句に飾る）菖蒲(あやめぐさ)、そのあやめという言葉のように、物事のあやめ――筋目もわからないような無我夢中の恋をすることだなあ。

「ほととぎす鳴くや五月(さつき)のあやめ草」は、「あやめ草」（菖蒲(しょうぶ)）の「あやめ」が「あやめ」（ものの道理・筋道）と同音であることによって、「あやめ」を導き出している。

詳解

■**和歌の句切れ**

和歌の結句以外の句に終止があることを、**句切れ**という。初句切れ・三句切れは**七五調**、二句切れ・四句切れは**五七調**のリズムになる。『万葉集』の歌には五七調が多く、『古今集』以降は七五調が中心となる。

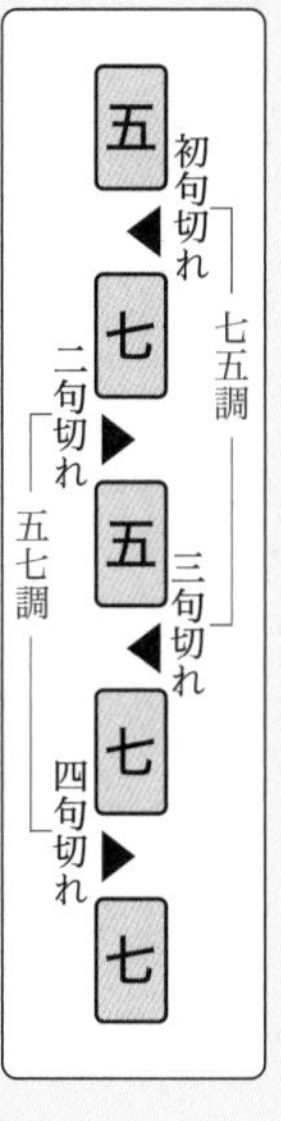

● 苦しくも降りくる雨か／神(みわ)の崎狭野(さきさの)の渡りに家もあらなくに　（万葉集・二六五）　⇒**二句切れ　五七調**

苦しくも降ってくる雨だなあ。神の崎の佐野の渡し場に家もないのに。

● 駒(こま)止めて袖打ちはらふかげもなし／佐野の渡りの雪の夕暮れ　（新古今集・六七一）　⇒**三句切れ　七五調**

馬を止めて、袖（の雪）を打ち払う物陰もない。佐野の渡し場の雪の夕暮れよ。

つゆじもの（露霜の）⇒置く　消ゆ
ちはやぶる（千早振る）⇒神　社　宇治
ぬばたまの（射干玉の）⇒黒　夜　闇　夢
ひさかたの（久方の）⇒天　光　月　雲
もののふの（武士の）⇒八十氏川(やそうぢがは)　矢田　宇治川　氏
ももしきの（百敷の）⇒宮　大宮
やくもたつ（八雲立つ）⇒出雲(いづも)
わかくさの（若草の）⇒夫　妻　新　若

チェック！

1 **枕詞と序詞について、それぞれに関連があるものを後の言葉からすべて選び、二つの技法の性質やはたらきを整理しなさい。**

ア　下の語にかかる、習慣的・固定的な修飾の言葉。声調を整えたり、余韻を与えたりする効果がある。
イ　下の語を導き出し、具体的なイメージを与えるための言葉。即興的・個性的に創作される。
ウ　下にかかる語は決まっていない。
エ　下にかかる語は特定の語である。
オ　大部分は五音節からなる。
カ　大部分は七音節以上からなる。
キ　ふつう口語訳する。
ク　ふつう口語訳しない。

枕詞［　　　］

序詞［　　　］

3 掛詞

同音を利用して、一つの言葉で複数の意味を言い表す技法を、**掛詞**という。表現内容を豊かにする効果がある。

❶山里は冬ぞさびしさまさりける**人めも** **草も** **かれ**ぬと思へば　（古今集・三一五）

（かれ→離れ・枯れ）

山里は冬がとくにさびしさがまさっているよ。人目も離れてなくなるし、草もまた枯れてしまうと思うと。

「かれ」は、人目も「離れ」と、草も「枯れ」との掛詞。人の訪れが絶えるさびしさと冬枯れの野のさびしいイメージとが重ねられている。

4 縁語

一首のうちのある語と、語意の上で関係の深い語を、**縁語**という。連想によって、豊かなイメージを持たせる効果がある。

❷玉の**緒**よ**絶え**なば**絶え**ね**ながらへ**ば忍ぶることの**弱り**もぞする　（新古今集・一〇三四）

私の命よ。絶えてしまうというなら、絶えてしまえ。このまま生き長らえていると、（この恋を）忍び秘めている力が弱くなってしまうといけないから。

「緒」はひも・糸の意（「玉の緒」とは、「魂」をつなぎとめる緒、命のことである）。「絶え」「ながらへ」「弱り」は「緒」の縁語。

5 本歌取り

本歌（古歌）の一節を巧みに取り入れる技法を、**本歌取り**という。本歌の内容世界が重なって、余情・余韻を深める効果がある。

❸かきやりしその黒髪の筋ごとにうち伏すほどは面影ぞ立つ　（新古今集・一三二九）

（私が）かき上げたあの人の黒髪の一筋一筋が見えるほどに、一人寝ているときは、面影が浮かぶことだ。

❹（本歌）黒髪の乱れも知らずうち伏せばまづかきやりし人ぞ恋しき　（後拾遺集・七五五）

黒髪の乱れるのも構わず泣き伏すと、すぐに髪をかき撫でてくれたあの人が恋しく思われるよ。

❸の歌は、本歌の「黒髪の」「うち伏（す）」「かきやりし」などの語句を取り入れなが

▼掛詞の例

- あき ➡秋—飽き
- あふ ➡逢ふ—逢坂—葵—扇
- いく ➡行く—生く—生野
- いなば ➡往なば—因幡
- おく ➡置く—起く
- おもひ ➡思ひ—火
- かひ ➡貝—甲斐—峡
- かる ➡枯る—離る
- きく ➡菊—聞く
- こひ ➡こひ（恋）—火
- しのぶ ➡忍草（忍摺り）—偲ぶ
- たつ ➡立つ—裁つ—竜田山
- ながめ ➡眺め—長雨
- はる ➡春—張る—遙々
- ふみ ➡踏み—文
- ふる ➡降る—古る—経る
- まつ ➡松—待つ
- みをつくし ➡澪標—身を尽くし
- よ ➡夜—世—節
- よる ➡夜—寄る

▼縁語の例（太字の語を基準に、下の語がよみこまれる。）

- **葦** ➡刈り根　節　節
- **泉** ➡涌く　汲む
- **糸** ➡縒る　乱る　張る　貫く　綻ぶ
- **霞** ➡立つ
- **川** ➡流る　早し　瀬　淵

ら、女性の立場でよんだ歌を、女性の面影をしのぶ男性の歌に変えている。「その黒髪の筋ごとに（あの人の黒髪の一筋一筋に）」という印象鮮明な表現によって、妖艶美を増した歌になっている。

6 体言止め

最後の句（結句・第五句）を体言で止めて余情・余韻を深める技法を、**体言止め**という。『新古今集』の時代に最も盛んに用いられた。

⑤人住まぬ不破の関屋の板びさし荒れにしのちはただ秋の風　（新古今集・一五九九）

関守の住まない不破の関屋の板ぶきのひさしがすっかり荒れてしまった後には、ただ秋風（が寂しく吹き過ぎていくだけであること）よ。

7 その他の修辞

1 物の名　歌の中に物の名前を隠してよみこむ技法を、**物の名（隠し題）**という。

⑥来べきほど時過ぎぬれや待ちわびて鳴くなる声の人をとよむる　（古今集・四二三）

ほととぎすが来て鳴くはずの時期が過ぎてしまったからだろうか、待ちわびてやっと鳴くのが聞こえた声が、人に驚きの声をあげさせるよ。

一句から二句にかけての「ほど時過」に「ほととぎす」をよみこんでいる。

2 折句　隠し題の技法の一つで、物の名前を一音ずつに分けて、各句の頭に置いてよむ技法を、**折句**という。

⑦唐衣着つつなれにしつましあればはるばる来ぬる旅をしぞ思ふ　（伊勢物語・九段）

（都には長年）慣れ親んだ妻がいるので、はるばるやって来た旅をしみじみと悲しく思うよ。

各句の頭の「唐・着・つ・は・旅」に「かきつばた」をよみこんでいる。

3 見立て　物事を他の事物になぞらえる技法を、**見立て**という。

⑧雪降れば木ごとに花ぞ咲きにけるいづれを梅とわきて折らまし　（古今集・三三七）

雪が降ると、木という木に花が見事に咲いたことだよ。どれを梅と区別して折ったらよかろうか。

木の枝に雪が積もったのを花になぞらえている。

煙 → 火　消ゆ　なびく
衣（ころも） → 着る　張る　馴る　裁つ　袖
袖（そで） → 結ぶ　解く　干す　裁つ　張る
竹 → 節（ふし）　節（よ）　葉　さらさら
露 → 秋　置く　葉　命　結ぶ　消ゆ
波 → 立つ　返る　寄る　浦　音
橋 → 踏む　跡絶ゆ　渡す　渡る
火 → 燃ゆ　消ゆ　焦がる
雪 → 解く　降る　跡
弓 → 張る　引く　寄る　射る
緒（を） → 絶ゆ　ながらふ　弱る

チェック!

1 次の空欄にあてはまる適当な語を答えなさい。

掛詞	（ 1 ）を利用して、一つの言葉で二つの意味を表す技法。
（ 2 ）	ある語と意味上関係の深い語をことさら用いる技法。
本歌取り	（ 3 ）（古歌）の一節を取り入れる技法。
体言止め	第（ 4 ）句（結句）を体言で止める技法。

1	2
3	4

練習問題　修辞法

1 次の空欄に入る枕詞として適当なものを、後から選びなさい。

1 家にあれば笥に盛る飯を[　　]旅にしあれば椎の葉に盛る　（万葉集・一四二）

家にいるといつも食器に盛る飯を、(こうして心にまかせぬ)旅にいるので、椎の葉に盛ることだよ。

2 [　　]鄙の長道ゆ恋ひ来れば明石の門より大和島見ゆ　（万葉集・二五五）

田舎からの長い道のりを経て、都を恋しく思って来たところ、明石海峡から大和の山々が見える。

3 [　　]夜の更けゆけば久木生ふる清き川原に千鳥しば鳴く　（万葉集・九二五）

夜が更けていくと、久木が生える清らかな川原に千鳥がしきりに鳴くことだ。

4 [　　]光のどけき春の日にしづ心なく花の散るらむ　（古今集・八四）

日の光がのどかな春の日に、どうして落ち着いた心もなく桜の花が散っているのだろう。

5 [　　]神代も聞かず竜田川からくれなゐに水くくるとは　（古今集・二九四）

神代の昔にも聞いたことがない。竜田川が(一面に散った紅葉で)水を真紅にくくり染めするとは。

6 [　　]引けど引かねど昔より心は君に寄りにしものを　（伊勢物語・二四段）

(あなたが私の心を)引こうと引くまいと、昔からあなた一人を頼りにしてきましたのに。

ア あづさゆみ　イ くさまくら　ウ ちはやぶる
エ ひさかたの　オ ぬばたまの　カ あまざかる

1	2	3
4	5	6

2 次の和歌から、序詞とその導き出す語句を抜き出しなさい。

1 多摩川にさらす手作りさらさらに何そこの児のここだ愛しき　（万葉集・三三七三）

多摩川の水でさらして白くした手織りの布のように、今さらながらどうしてあの娘がこんなにもいとしいのだろうか。

2 みちのくのしのぶもぢずりたれゆゑに乱れそめにし我ならなくに　（伊勢物語・一段）

陸奥の国のしのぶずりの乱れ模様のように、あなた以外の誰かのせいで心が乱れ始めた私ではないのに(このように乱れた恋心はあなたのせいなのです)。

3 駿河なる宇津の山べのうつつにも夢にも人にあはぬなりけり　（伊勢物語・九段）

駿河の国にある宇津の山辺の「うつ」という名のように、うつつ(現実)にも夢の中でもあなたに逢わないことだよ。

3 次の和歌の傍線部は、何と何との掛詞か。空欄部を埋める形で答えなさい。

1 名残なく燃ゆと知りせば皮衣思ひのほかにおきて見ましを　（竹取物語・火鼠の皮衣）

跡形もなく燃えると知っていたならば、この皮衣を、(本物ではないかと)心配しないでおいて、火にくべたりしないでおいて、見ていたでしょうに。

「思ひ」と「　　」との掛詞。

2 花の色はうつりにけりないたづらにわが身世に[1]ふる[2]ながめせしまに　（古今集・一一三）

花の色はあせてしまったなあ、長雨が降り続く間に。私の容色も衰えてしまったなあ、むなしくこの世で月日を過ごして、もの思いにふけっていた間に。

1「経る」と「　」との掛詞。

2「眺め」と「　」との掛詞。

3 大江山いく野の道の遠ければまだふみも見ず天の橋立（古今著聞集・一八三）

大江山、生野という所を通って行く、丹後への道が遠いので、まだ天の橋立を訪れたことはありません。そのように、母のいる丹後の国は遠いので、まだ便りもありません。

1「生野」と「　」との掛詞。

2「踏み」と「　」との掛詞。

4 次の傍線部の語の縁語を、〔　〕に示した数だけ抜き出しなさい。

1 都をば霞とともに立ちしかど秋風ぞ吹く白河の関〔一〕（後拾遺集・五一八）

都を、霞が立つのとともに出立したが、もう秋風が吹くよ、白河の関は。

2 袖ひちてむすびし水のこほれるをはる立つ今日の風やとくらむ〔四〕（古今集・二）

暑い夏の日に、袖が濡れるままに手ですくって飲んだ水が、冬の間は凍っていたのを、立春となった今日の風が、今ごろは吹き解かしていることだろうか。

3 鈴鹿山うき世をよそにふり捨てていかになりゆくわが身なるらむ〔二〕（新古今集・一六一二）

鈴鹿山を、つらいこの世を自分には縁のないものとふりきって（越えて行くが）、この先どうなってゆくわが身なのだろうか。

5 和歌の修辞について説明した次の各文の空欄に適当な言葉を入れて、説明を完成させなさい。

1 み熊野の浦の浜木綿百重なす心は思へど直にあはぬかも（万葉集・四九一）

熊野の浦の浜木綿が幾重にも重なり合っているように、（あなたのことを）幾重にも心に思っても、直接逢うことができないことだよ。

「み熊野の浦の浜木綿」は〔　1　〕で、「み熊野の浦の浜木綿のように」という〔　2　〕によるつながりによって、下の「〔　3　〕」を導き出している。

1

2

3

2 世の中は何か常なるあすか川昨日の淵ぞ今日は瀬になる（古今集・九三三）

世の中は何が不変であろうか、いや、すべて無常である。飛鳥川の昨日の淵も今日は瀬になっている。

「あすか川」は、「飛鳥川」と「〔　1　〕」との掛詞で、「昨日」「今日」はこの語の〔　2　〕である。

1

2

3 志賀の浦や遠ざかりゆく波間より凍りて出づる有明の月（新古今集・六三九）

志賀の浦よ。夜が更けるにつれて岸から凍ってゆくので、寄せる波も沖のほうに遠ざかってゆくが、その波間から凍ったように冷たい光を放って昇ってきた有明の月よ。

〔　1　〕句切れの歌で、七五調のリズムがある。「さ夜更くるままに汀や凍るらむ遠ざかりゆく志賀の浦波」（後撰集・四一九）を下敷きにして、もとの歌にはない視覚的な要素を取り入れた、〔　2　〕の歌である。また、結びに〔　3　〕の技法を用いて、余情をかもし出している。

1

2

3

語形	種類 ●識別法	用例（太字・□・傍線は、上の識別法に対応）
が 参照 1 P.80 2 P.90	**1** 格助詞 ● **体言**＋が ● **連体形**＋が ┐体言や体言の代用の「の」を補うことができる。 **2** 接続助詞 ● **連体形**＋が ┐体言や体言の代用の「の」を補うことができない。 ● 平安時代後期以降に発生した。⇒それ以前の「が」は格助詞。	**1** わが宿に小松のあるを見るが悲しさ（土佐日記・二月十六日） 私の家の庭に小松が生えているのを見るのが、悲しいことだ。 **2** 今井四郎、いくさしけるが、これを聞き、（平家物語・木曽最期） 今井四郎は、戦っていたが、これを聞き、
けれ 参照 1 P.44 2 P.34 3 P.21 P.48	**1** 過去の助動詞「けり」の已然形 ● **連用形**＋けれ **2** 形容詞の已然形活用語尾（シク活用は語尾の一部） 形容詞型活用語の已然形の一部 ● 〈形容詞〉な‐けれ（切り離せない） ● 〈助動詞〉{た・べ・まほし・まじ}‐けれ（切り離せない） ● 助動詞「けり」は語幹や終止形には接続しない。 **3** カ行四段動詞已然形活用語尾＋完了の助動詞「り」の已然形・命令形 ● 〈動詞〉咲‐け（切り離せない）＋れ ● 助動詞「けり」は語幹には接続しない。	**1** さてこそ粟津（あはづ）のいくさはなかりけれ。（平家物語・木曽最期） こうして粟津の戦いは終わったのだった。 **2** かねて思ひつるままの顔したる人こそなけれ。（徒然草・七一段） 前に想像していたとおりの顔をしている人はいない。 飽かず向かはまほしけれ。（徒然草・一段） 飽きることなく対座していたい。 **3** 咲かざりし花も咲けれど（万葉集・一六） 咲いていなかった花も咲いたけれど、
し 参照 1 P.27 2 P.44 3 P.95	**1** サ変動詞の連用形 ● 「**する**」の意味を持つ。 **2** 過去の助動詞「き」の連体形 ● **連用形**（カ変・サ変には**未然形にも**）＋し ● 下に体言が付くか、「ぞ・なむ・や・か」の結びであることが多い。 **3** 副助詞 ● 種々の語に付き、取り除いても文意が通じる。	**1** 食ふ音のしければ、（宇治拾遺物語・一二） 食べる音がしたので、 **2** あはれなりしものかな。（大鏡・雑々物語） 感慨深いものだったよ。 **3** はるばるきぬる旅をしぞ思ふ（伊勢物語・九段） はるばるやって来た旅をしみじみと思うことだよ。

しか

参照 1 P.44　2 P.44　P.98　P.104　3 P.104

1 過去の助動詞「き」の已然形
● **連用形(カ変・サ変には未然形にも)**＋しか
● 下に「ば・ど・ども」が付くか、「こそ」の結びであることが多い。

2 過去の助動詞「き」の連体形＋係助詞または終助詞「か」
● **連用形**＋し＋か
● 「か」が疑問・反語か詠嘆を表す。

3 願望の終助詞「しか」と「てしか」「にしか」の一部
● 連用形＋**〈終助詞〉て・に－しか**〈切り離せない〉
● 文末にあり、「…たい」の意味を表す。

1 かくこそ**言ひ**しか。（無名抄・俊成自賛歌事）
このように言った。

2 官爵(つかさかうぶり)の、心もとなく**おぼえ**しか。（栄花物語・巻一〇）
官職や位階（の上がり方）が、じれったく思われたか。

3 上がる雲雀(ひばり)になり**てしか**（万葉集・四四三三）
（空へ）上がる雲雀になりたい。

して

参照 1 P.27　P.90　2 P.21　P.90　3 P.85　4 P.90

1 サ変動詞の連用形＋接続助詞「て」
● 「する」の意味を持つ。

2 サ行四段動詞の連用形活用語尾＋接続助詞「て」
● **〈動詞〉指－し**〈切り離せない〉＋て

3 格助詞
● **体言・連体形**＋して
● 手段・方法・材料・使役の対象などを表す。

4 接続助詞
● **連用形**＋して
● 「くして・にして・として・ずして」の形が多い。

1 御送りして、とくいなむ。（伊勢物語・八三段）
（親王を）お送りして、早く退出しよう。

2 浦戸(うらど)を**指し**て漕ぎ出づ。（土佐日記・十二月二十七日）
浦戸をめざして漕ぎ出す。

3 **米**して返り事す。（土佐日記・二月八日）
（魚をもらったので、）米で返礼する。

4 力をも入れ**ず**して天地(あめつち)を動かし、（古今集・仮名序）
力をも入れないのに天地（の神々の心）を動かし、

せ

参照 1 P.27　2 P.66　3 P.44　P.60

1 サ変動詞の未然形
● 「する」の意味を持つ。

2 使役（尊敬）の助動詞「す」の未然形・連用形
● **未然形**＋せ

3 過去の助動詞「き」の未然形
● **連用形**＋せ＋ば…まし〈反実仮想の助動詞〉

1 いざ、かいもちひせむ。（宇治拾遺物語・一二）
さあ、ぼたもちを作ろう。

2 **おどろか**せ給へ。（宇治拾遺物語・一二）
お目覚めなさいませ。

3 一つ松人に**あり**せば太刀(たち)佩(は)けましを（古事記・景行天皇）
この一本松が人であったなら、太刀を帯びさせただろうに。

語形	種類 ●識別法	用例（太字・□・傍線は、上の識別法に対応）
たり 参照 1 P.48 2 P.62 3 P.36	1完了（存続）の助動詞「たり」の連用形・終止形 ●連用形＋たり 2断定の助動詞「たり」の連用形・終止形 ●体　言＋たり　●「…である」の意味を持つ。 3タリ活用形容動詞の連用形・終止形活用語尾 ●〈形容動詞〉漢語の語幹-たり〈切り離せない〉 ●上に連用修飾句を付けることができる。　○いと＋冥々たり。 ●「たり」の上は語幹なので（＝体言ではないので）、主語にならない。　×冥々は…する。	1簾（すだれ）かけ、幕など引きたり。（更級日記・門出） 簾をかけ、幕などを引き回している。 2諸国の受領たりしかども、（平家物語・祇園精舎） 諸国の国司という身分であったけれども、 3生死流転のちまた、冥々（めいめい）たり。（平家物語・勧進帳） 生死流転してさまようこの世は、真っ暗闇である。
て 参照 1 P.46 2 P.90	1完了の助動詞「つ」の未然形・連用形 ●連用形＋て＋助動詞（き・けり・む　など） 2接続助詞 ●連用形＋て＋…↑「そうして」などの意味で下の文節に続く。	1この男、垣間見（かいまみ）てけり。（伊勢物語・一段） この男は、（美しい姉妹を）のぞき見してしまった。 2春過ぎて夏来たるらし（万葉集・二八） 春が過ぎて夏がやって来るらしい。
と 参照 1 P.62 2 P.36 3 P.84 4 P.111	1断定の助動詞「たり」の連用形 ●体　言＋と　●「…で・…であって」の意味を持つ。 2タリ活用形容動詞の連用形活用語尾 ●〈形容動詞〉漢語の語幹-と〈切り離せない〉 ●上に連用修飾句を付けることができる。　○いと＋蒼々と、 ●「と」の上は語幹なので（＝体言ではないので）、主語にならない。　×蒼々は…する。 3格助詞 ●体言・引用句＋と 4副詞の一部 ●〈副詞〉ほのぼの-と〈切り離せない〉 ●活用がない。	1神社の司（つかさ）とあるによりて、（今昔物語集・巻一七ノ一一） 神社の宮司であることによって、 2天心は蒼々（さうさう）として、はかりがたし。（平家物語・法印問答） 天の心は青々として（果てがなく）、推測しがたい。 3童（わらは）べと腹立ち給へるか。（源氏物語・若紫） 子供たちとけんかをなさったのか。 親どもも「何事ぞ。」と問ひさわぐ。（竹取物語・嘆き） 親（である翁）たちも「どうしたのですか。」と尋ねて騒ぐ。 4ほのぼのと春こそ空に来にけらし（新古今集・二） ほんのりと春は空に来たらしい。
な	1完了（確述・強意）の助動詞「ぬ」の未然形 ●連用形＋な	1そのこと果てなば、とく帰るべし。（徒然草・一七〇段） 用事が終わったなら、早く帰るのがよい。

参照 1 P.46 2 P.103 3 P.104 4 P.113 P.103

2 禁止の終助詞
● **終止形(ラ変型には連体形)**+な

2 さらに心よりほかに**もらす**な。（源氏物語・夕顔）
おまえの心に収めて決して他の者に漏らすな。

3 詠嘆の終助詞
● **終止した文**+な

3 **この影を見れば、いみじう悲し**な。（更級日記・鏡のかげ）
この姿を見ると、本当に悲しいですね。

4 禁止の副詞
● な+…+そ〈終助詞〉

4 涙な添へそ山ほととぎす（新古今集・二〇一）
涙の雨を添えてくれるな、山ほととぎすよ。

なむ

参照 1 P.46 P.50 2 P.98 3 P.103 4 P.28 P.50

1 確述・強意の助動詞「ぬ」の未然形＋推量の助動詞「む」の終止形・連体形
● **連用形**+な+む

1 髪もいみじく長く**なり**なむ、（更級日記・物語）
髪もきっととても長くなるだろう、

2 強意の係助詞
● 種々の語に付き、取り除いても文意が通じる。
● 係り結びで、結びが連体形になる。

2 もと光る竹なむ一筋ありける。（竹取物語・おひたち）
根元が光る竹が一本あった。

3 他に対する願望の終助詞
● **未然形**+なむ

3 いつしか梅**咲か**なむ。（更級日記・梅の立ち枝）
早く梅が咲いてほしい。

4 ナ変動詞の未然形活用語尾＋推量の助動詞「む」の終止形・連体形
● **死な・往(去)な**〈切り離せない〉+む

4 さあらむ所に一人**いな**むや。（大鏡・道長伝）
そのような所に一人で行けるだろうか。

なり

参照 1 P.62 2 P.59 3 P.36 4 P.21

1 断定の助動詞「なり」の連用形・終止形
● **体言・連体形**+なり

1 この春より思ひ嘆き**侍る**なり。（竹取物語・嘆き）
この春以来思い嘆いているのです。

2 推定・伝聞の助動詞「なり」の連用形・終止形
● **終止形(ラ変型活用語には連体形)**+なり
→ラ変型活用語は**撥音便無表記**になることが多い。
● 音・声によって推定する意味を持つ。

2 秋の野に人まつ虫の声**す**なり（古今集・二〇二）
秋の野に、人を待つという松虫の声がするようだ。
人の国にかかる習ひ**あ**なり。（徒然草・一七五段）
外国にこのような習慣があるそうだ。

3 ナリ活用形容動詞の連用形・終止形活用語尾
● **〈形容動詞〉堪へがたげ-なり**〈切り離せない〉
● 上に連用修飾句を付けることができる。　○いと堪へがたげなり。
● 「なり」の上は語幹なので(＝体言ではないので)、主語にならない。　×堪へがたげは…する。

3 泣きののしること、いと**堪へがたげなり**。（竹取物語・嘆き）
泣き騒ぐさまは、全くこらえかねる様子である。

4 ラ行四段動詞「なる」(成る)の連用形
● 述語になり、「**成る**」の意味を持つ。
● 「になり・となり・くなり・ずなり」の形が多い。

4 関白殿、色青くなりぬ。（大鏡・道長伝）
関白殿は、顔色が真っ青になってしまった。

語形	種類 ●識別法	用例（太字・□・傍線は、上の識別法に対応）
に 参照 1 P.62 2 P.46 3 P.36 4 P.82 5 P.90 6 P.111	**1** 断定の助動詞「なり」の連用形 ●**体言・連体形**＋に ●**「…で・…であって」**の意味を持つ。	**1** 学びて知るは、まことの智にあらず。（徒然草・三八段） 学んで知るのは、真の知恵ではない。
	2 完了の助動詞「ぬ」の連用形 ●**連用形**＋に ●下に助動詞が付いて、「にき・にけり・にたり」となることが多い。	**2** 勢ひ猛の者になりにけり。（竹取物語・おひたち） 勢力のある富豪になってしまった。
	3 ナリ活用形容動詞の連用形活用語尾 ●**〈形容動詞〉豊か-に〈切り離せない〉** ●上に連用修飾句を付けることができる。　○いと豊かになる。 ●「に」の上は語幹なので(＝体言ではないので)、主語にならない。　×豊かは…する。	**3** 翁やうやう豊かになりゆく。（竹取物語・おひたち） 翁は次第に裕福になっていく。
	4 格助詞 ●**体　言**＋に ●**連体形**＋に　体言や体言の代用の「の」を補うことができる。	**4** 勢ひ猛の者になりにけり。（竹取物語・おひたち） 勢力のある富豪になってしまった。 いと暗きに来けり。（伊勢物語・六段） とても暗い夜に逃げて来た。
	5 接続助詞 ●**連体形**＋に　体言や体言の代用の「の」を補うことができない。	**5** 憎きに、その法師をばまづ斬れ。（平家物語・倶利伽羅落） 憎いので、その法師を真っ先に斬れ。
	6 副詞の一部 ●**〈副詞〉すで-に〈切り離せない〉** ●活用がない。	**6** 君すでに都を出でさせ給ひぬ。（平家物語・忠度都落） 主上はすでに都をお出になってしまった。
にて 参照 1 P.62 P.90 2 P.36	**1** 断定の助動詞「なり」の連用形「に」＋接続助詞「て」 ●**体言・連体形**＋に＋て ●**「…で・…であって」**の意味を持つ。	**1** 長き疵にて候ふなり。（平家物語・木曽最期） 末代までの不名誉でございます。
	2 ナリ活用形容動詞の連用形活用語尾「に」＋接続助詞「て」 ●**〈形容動詞〉清ら-に〈切り離せない〉**＋て ●上に連用修飾句を付けることができる。　○いと清らにて、 ●「なり」の上は語幹なので(＝体言ではないので)、主語にならない。　×清らは…する。	**2** 清らにてゐたる人あり。（竹取物語・帝の求婚） 美しい姿で座っている人がいた。
	3 格助詞	**3** やがてかしこにて失せにけり。（十訓抄・第八） そのままその地で亡くなってしまった。

（前ページより続く）

参照 3 P.85 P.90

● 体言・連体形＋にて
● 場所・手段・原因などを表す。

ぬ

参照 1 P.46　2 P.49　3 P.28

1 完了の助動詞「ぬ」の終止形
● 連用形＋ぬ
● 言い切るか、助動詞「べし・らむ」などが付く。

2 打消の助動詞「ず」の連体形
● 未然形＋ぬ
● 下に体言が付くか、「ぞ・なむ・や・か」の結びであることが多い。

3 ナ変動詞の終止形活用語尾
● 死ぬ と 往（去）ぬ のみ。〔切り離せない〕

1 翁、竹を取ること久しく **なり** ぬ。（竹取物語・おひたち）
翁は、竹を取ることが長く続いた。

2 春や昔の春 **なら** ぬ（伊勢物語・四段）
春は昔と同じ春ではないのか。

3 必ず先立ちて **死ぬ**。（方丈記・養和の飢渇）
必ず先に死ぬ。

ね

参照 1 P.46　2 P.49　3 P.28

1 完了（確述・強意）の助動詞「ぬ」の命令形
● 連用形＋ね
● 「…てしまえ」の意味を表す。

2 打消の助動詞「ず」の已然形
● 未然形＋ね
● 下に「ば・ど・ども」が付くか、「こそ」の結びであることが多い。

3 ナ変動詞の命令形活用語尾
● 死ね と 往（去）ね のみ。〔切り離せない〕

1 はや舟出（ふなで）してこの浦を **去り** ね。（源氏物語・明石）
早く舟を出してこの浜を去ってしまえ。

2 あき間を **射** ねば手も負はず。（平家物語・木曽最期）
（鎧（よろい）の）すきまを射ないので、傷を負うこともない。

3 なほ「**いね**。」と言ひければ、（大和物語・一四九段）
やはり「行きなさい。」と言ったので、

ばや

参照 1 P.88　P.98　2 P.88　P.98　3 P.103

1 仮定条件の接続助詞「ば」＋疑問・反語の係助詞「や」
● 未然形＋ば＋や…
● 「もし～たら（なら）…か」の意味を表す。

2 確定条件の接続助詞「ば」＋疑問・反語の係助詞「や」
● 已然形＋ば＋や…
● 「～から（ので）…か」の意味を表す。

3 願望の終助詞
● 未然形＋ばや
● 文末にあり、「…たい」の意味を表す。

1 心あてに **折ら** ばや折らむ（古今集・二七七）
もし当て推量に折るなら折ってみようか。

2 思ひつつ **寝（ぬ）れ** ばや人の見えつらむ（古今集・五五二）
思いながら寝たのであの人が夢に姿を見せたのだろうか。

3 消えも **失せ** ばや。（平家物語・大原御幸）
消え入りたい。

語形	種類 ●識別法	用例（太字・□・傍線は、上の識別法に対応）
らむ 参照 1 P.56 2 P.21 P.50 3 P.48 P.50	**1** 現在推量の助動詞「らむ」の終止形・連体形 ● **終止形（ラ変には連体形）〈u段〉**＋らむ **2** ラ行四段（ラ変）動詞の未然形活用語尾＋推量（意志）の助動詞「む」の終止形・連体形 ● **〈動詞〉罷-ら〈a段〉（切り離せない）**＋む ● 助動詞「らむ」は語幹には接続しない。 **3** 完了（存続）の助動詞「り」の未然形＋推量（婉曲）の助動詞「む」の終止形・連体形 ● **サ変動詞の未然形・四段動詞の已然形〈e段〉**＋ら＋む	**1** 子**泣く**らむ（万葉集・三三七） 今ごろは（家で）子供が泣いているでしょう。 **2** 憶良（おくら）らは今は**罷（まか）ら**む（万葉集・三三七） （私）憶良めは今はもう退出しましょう。 **3** あはれ**知れ**らむ人に見せばや（後撰集・一〇三） 情趣を解しているような人に見せたい。
る 参照 1 P.64 2 P.48 3 P.21	**1** 自発・可能・受身・尊敬の助動詞「る」の終止形 ● **四段・ナ変・ラ変動詞の未然形〈a段〉**＋る **2** 完了（存続）の助動詞「り」の連体形 ● **サ変動詞の未然形・四段動詞の已然形〈e段〉**＋る ● 下に体言が付くか、「ぞ・なむ・や・か」の結びであることが多い。 **3** ラ行四段動詞の終止形・連体形の活用語尾 ● **〈動詞〉ののし-る（切り離せない）**	**1** 心もそらに**ながめ暮らさ**る。（更級日記・宮仕へ） 気もそぞろでついもの思いがちに日を暮らす。 **2** ただ木ぞ三つ**立て**る。（更級日記・門出） ただ木が三本立っている。 **3** 子たかりて**ののしる**。（土佐日記・二月十六日） 子供がよってたかって騒ぐ。
を 参照 1 P.82 2 P.90 3 P.106	**1** 格助詞 ● **体言**＋を ● **連体形**＋を　体言や体言の代用の「の」を補うことができる。 **2** 接続助詞 ● **連体形**＋を　体言や体言の代用の「の」を補うことができない。 **3** 詠嘆・整調の間投助詞 ● 種々の語に付き、取り除いても文意が通じる。	**1** 雪の降り**ける**をよみける。（古今集・三三七詞書） 雪が降ったのを見てよんだ（歌）。 **2** 八重桜は奈良の都にのみあり**ける**を、このごろぞ世に多くなり侍るなる。（徒然草・一三九段） 八重桜は奈良の都にだけあったのに、最近は世間に多くなっているそうです。 **3** まづとくを聞こえむ。（蜻蛉日記・天禄二年六月） 何をおいても早速申し上げよう。

練習問題　紛らわしい語の識別

1 次の傍線部の「けれ」から、過去の助動詞を一つ選びなさい。

1 人ども来とぶらひけれ[1]ど、さわがず。（宇治拾遺物語・三八）
人々が見舞いに来たが、（良秀は少しも）慌てない。

2 世は定めなきこそ、いみじけれ[2]。（徒然草・七段）
この世は無常であるからこそ、たいへんすばらしいのだ。

3 忘れ貝　寄せ来て置けれ[3]　沖つ白波（万葉集・三六二九）
忘れ貝を、打ち寄せて置いてくれ、沖の白波よ。

2 次の傍線部の「し」「しか」「して」「せ」から、サ変動詞を含むものをすべて選びなさい。

1 いみじき高名し[1]たりとなむ、心ばかりはおぼえ侍りし[2]。（無名抄・頼政俊恵撰事）
たいそうな手柄を立てたと、心の内では思われました。

2 人知れずこそ思ひそめしか[3]（沙石集・巻五ノ一）
誰にも知られないように（あの人を）思い始めたのに。

3 暁に船を出だして[4]、室津(むろつ)を追ふ。（土佐日記・一月十一日）
明け方に船を出して、室津に向かう。

4 日々旅にして[5]、旅を栖(すみか)とす。（奥の細道・旅立ち）
毎日が旅であって、旅を自分の住む家にしている。

5 声高(こわだか)にものも言はせ[6]ず。（土佐日記・一月十六日）
（従者たちに苦情を）大声で言わせることはさせない。

6 恋しきときの思ひ出にせ[7]む（古今集・四八）
恋しいときの思い出にしよう。

3 次の傍線部の「たり」「たる」「て」から助動詞を各文一つ番号で選び、その意味を答えなさい。

1 山岳の峨々(がが)たる[1]より、百尺(はくせき)の瀧水(りうすい)みなぎり落ちたり[2]。（平家物語・康頼祝言(やすよりのつと)）
そびえたった山から、百尺の滝の水がみなぎり落ちている。

2 鷺(さぎ)の中の王たる[3]べし。」といふ札を遊ばいて[4]、（平家物語・朝敵揃）
「（おまえは）鷺の中の王であれ。」という札をお書きになって、

3 比叡(ひえ)の山に登りて[5]、かしらおろしてけり[6]。（古今集・八四七詞書）
比叡山に登って、出家してしまった。

4 次の傍線部の「と」の文法的説明として適当なものを後から選びなさい。

1 忽然(こつぜん)と[1]して隠れ給ひぬ。（古今著聞集・三七）
（薬師如来は）たちまちに姿を消してしまった。

2 帝と[2]御心合はせさせ給へりけるとぞ。（大鏡・時平伝）
（時平公が）帝とお心をお合わせになったということだ。

3 よっぴいて、ひやうふつと[3]射る。（平家物語・木曽最期）
弓をぐっと引きしぼって、矢をひょうふっと射る。

ア 断定の助動詞　イ 形容動詞活用語尾　ウ 格助詞　エ 副詞の一部

5 次の傍線部の「な」「なむ」から、完了（確述）の助動詞を含むものをすべて選びなさい。

1 にくしとこそ思ひたれな[1]。（源氏物語・夕顔）
（私のことを）憎らしいと思っているのだな。

2 来(き)な[2]ば帰さじ（俊頼髄脳・沓冠折句(くつかぶりをりく)）
（あなたが）来たなら、帰さないよ。

3 恨むることもありなむ[3]。（大和物語・一四九段）
きっと（私を）恨むこともあるだろう。

4 今なむ[4]ことわり知られ侍りぬる。（源氏物語・御法）
今になって理由が自然に納得されました。

6 次の傍線部の「なり」「なる」「に」から断定の助動詞をすべて選びなさい。

1 めづらかなる[1]ちごの御かたちなり[2]。（源氏物語・桐壺）

世にもすぐれた幼児のお顔立ちである。

2 みな人は花の衣に[3]なり[4]ぬなり[5]（古今集・八四七）

（喪が明けて）人々はみな華やかな着物に着替えたそうだ。

3 あてに[6]もいやしうもなる[7]は、いかなる[8]に[9]かあらむ。（枕草子・ふと心劣りとかするものは）

（言葉遣い一つで）上品にも下品にもなるのは、どういうわけなのだろうか。

□

7 次の傍線部の「にて」の文法的説明として適当なものを後から選びなさい。

1 その削り跡は、いとけざやかにて侍めり。（大鏡・道長伝）

その削り跡は、とても鮮明であるようです。

□

2 ゆゆしき心おくれの人にてぞありける。（十訓抄・第一）

（顕宗は）ひどい気おくれをしてしまう人であった。

□

3 わななき声にてうち出だす。（宇治拾遺物語・一一二）

震え声で（歌を）よみあげる。

□

ア 断定の助動詞「に」＋接続助詞「て」
イ 形容動詞活用語尾「に」＋接続助詞「て」
ウ 格助詞

8 次の傍線部の「ぬ」「ね」は、ア 完了（確述）の助動詞、イ 打消の助動詞のどちらか、記号で答えなさい。

1 強ひて背かせ給ふべき御道心にもあらね[1]ば、おぼしとまりぬ[2]。（増鏡・草枕）

無理にご出家なさらなければならない仏道のご信心でもないので、（ご出家を）思いとどまりなさった。

1 □　2 □

2 思ひ寄らぬ[3]道ばかりはかなひぬ[4]。（徒然草・一八九段）

思いも寄らない方面のことだけは実現してしまう。

3 玉の緒よ絶えなば絶えね[5]（新古今集・一〇三四）

私の命よ、絶えてしまうというなら絶えてしまえ。

3 □　4 □　5 □

9 次の傍線部の「ばや」の文法的説明として適当なものを後から選びなさい。

1 やはら、これを売りてばや。（宇治拾遺物語・九六）

そろそろ、この馬を売ってしまいたい。

□

2 八千夜（やちよ）し寝（ね）ばや飽くときのあらむ（伊勢物語・二二段）

もし八千夜も共寝したら、満足するときがあるだろうか。

□

3 ひさかたの月の桂も秋はなほ紅葉（もみぢ）すればや照りまさるらむ（古今集・一九四）

月に生えている（という）桂も、秋はやはり紅葉するから、（このように月の光が）いちだんと明るく照るのだろうか。

□

ア 仮定条件＋係助詞　イ 確定条件＋係助詞　ウ 終助詞

□

10 次の傍線部の「らむ」「る」から、完了（存続）の助動詞「り」を含むものをすべて選びなさい。

1 こよなくまさり給へらむ[1]かし。（大鏡・序）

ずっと（年齢が）上でいらっしゃるだろうよ。

2 そらにいかでかおぼえ語らむ[2]。（更級日記・門出）

暗記して話すことがどうしてできようか、いや、できない。

3 南ははるかに野の方見やらる[3]。（更級日記・門出）

南ははるか遠く野原のほうがおのずから眺められる。

4 こなたに映れる[4]かげを見よ。（更級日記・鏡のかげ）

こちらのほうに映っている姿を見なさい。

□

漢文句形編

❶漢文を読むために

漢文とは、古代中国語の書き言葉による文章である。文字がなかった日本に一世紀前半に漢字が伝来し、三世紀末に漢文が伝来したとされる。

漢文は、当然ながら漢字だけで書かれている。この原文を白文（はくぶん）という。日本人はこの白文を、渡来系のバイリンガルの指導を受けて日本語に翻訳したと考えられる。これが訓読（くんどく）で、送り仮名や返り点、句読点（くとう）(これらを訓点という)を付けて表記される。さらに、送り仮名や返り点に従って漢字仮名交じりの文に書き改めたものを書き下し文という。

訓読　＜　書き下し

❶転 禍 為 福　**白文**

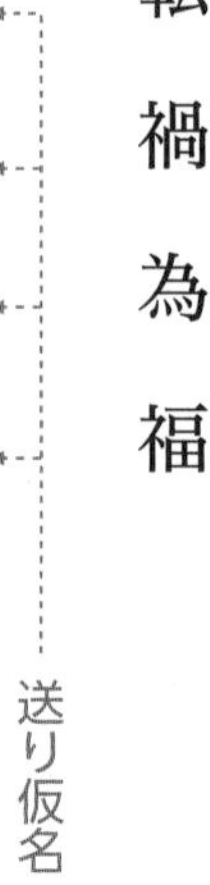

❸禍ひを転じて、福と為す。　**書き下し文**

中国語である漢文は、日本語とはおのずから構造や性質が異なる。そのため、学習に際しては、「漢文が**外国語**であること」をまず意識しなければならない。さらに、訓読や書き下しに用いられる言葉遣いは、奈良から平安時代初期のものを中心としているため、「日本の**古典文法**＊にも習熟する」必要がある。

漢文は書き下し文を介して、日本の言語や文化に大きな影響を与えてきた。漢文の学習は、中国の思想・文学を学ぶだけではなく、漢文とともに発達した、日本の伝統的な言語や思想・文学を学ぶ行為でもあるのである。

＊以下、古典文法に関わる内容には「古典文法編」の参照ページを付している。

学習のポイント

- 漢文学習における基本的な用語を理解する。
- 書き下し文のきまりと置き字のはたらきについて理解する。
- 返り点の種類と用法を理解し、原文を日本語の語順に合わせて読めるようにする。
- 日本語とは異なる漢文の構造を理解する。

▼送り仮名

漢文を日本語として読むために補う助詞や助動詞、活用語尾。次のようなきまりがある。

1 本文には漢字の右下に小さいカタカナで書く。書き下し文ではひらがなを用いる。

2 古典文法に従い、歴史的仮名遣いを用いる。

▼返り点

漢文を日本語の語順で読めるように付けた符号。漢字の左下に小さく書く。参照 P.156～158

▼句読点

文の切れ目を表す句点（。）と、文中の意味の切れ目を表す読点（、）。

▼その他の符号

返り点や句読点の他に、並列を表す中黒（・）、会話や引用を表す「」『』を用いることもある。また、同じ読みを繰り返すおどり字（〻）が使われることもある。

❷ 書き下し文のきまり・置き字

漢文を書き下し文に直す際は、次のようなきまりに従う。

1 送り仮名のカタカナはひらがなに直す。
2 日本語の助詞や助動詞にあたる漢字はひらがなに直す。
例　父母之年ハ、不ル可カラ不ラ知ル也。
読　父母（ふぼ）の年（とし）は、知（し）らざるべからざるなり。
訳　父母の年齢は、知っておくべきである。
3 再読文字は、初めに読むときは漢字で書き、二度めに読むときはひらがなで書く。
4 置き字は書かない。
5 会話や引用の終わりを示す「〜ト。」は「〜。」と。と書く（「〜」と。でもよい）。
例　王曰ハク、「善シ。」ト
読　王（わう）曰（い）はく、「善（よ）し。」と。
訳　王が言うには、「よしわかった。」と。

右の欄内4の置き字とは、**訓読の際に声に出して読まず、書き下すときにも書かない文字の総称である。**しかし、中国語として読まない・意味がない文字をわざわざ表記するはずはない。実際は、接続や対象・比較・強意などを表したり、語調を整えたりするはたらきをしている。それが書き下し文にする際に、適当な日本語がないので、直接読まない・書かないという扱いになっただけなのである。その字そのものは読まないが、その字の文章上でのはたらきは、**上または下の字の送り仮名**で示されることが多い。

例　青ハ取リテ之ヲ於藍ヨリ、而青シ於藍ヨリ。
読　青（あを）は之（これ）を藍（あゐ）より取りて、藍より青（あを）し。
訳　青の染料は藍の草から取るが、もとの藍の草より青い。

◆「置き字」という呼称でうやむやにせず、文字の**はたらきを認識する**ことが重要である。

▼ **ひらがなに直す助詞（上段2）**　参照 P.79
自（より）・由（より）・従（より）　与（と）　乎（か／や）・耶（か／や）・邪（か／や）・哉（か／や）
而已（のみ）・已（のみ）・耳（のみ）　之（の）　哉（かな）・乎（かな）・矣（かな）・夫（かな）

▼ **ひらがなに直す助動詞（上段2）**　参照 P.43
不（ず）・弗（ず）　使（しム）・令（しム）　也（なり）　為（たり）
如（ごとシ）・若（ごとシ）　見（る／らル）・被（る／らル）　可（ベシ）

▼ **再読文字（上段3）**
一字を二度訓読する文字。参照 P.168〜169

▼ **置き字の種類とはたらき（上段4）**　参照 P.212
①於（を）・于（う）・乎（こ）
補語の前に置き、対象・場所・時間・起点・受身・比較などを表す前置詞。
②而（じ）
多く文中に置かれる順接・逆接の接続詞。
③矣（い）・焉（えん）
句末・文末に置き、主に強意を表す助詞。
④兮（けい）
文中・文末に置き、強意を表したり、文のリズムを整えたりする助詞。
●右のような前置詞・接続詞・助詞に助動詞を加えたものを、助字と総称することがある。

❸ 返り点

外国語である漢文は、当然のことながら日本語とは語順が異なる場合がある。そのため日本人は、**返り点**という符号を使って、漢文を日本語の語順で読めるように工夫した。返り点には、次のような種類がある。

❶ レ点——すぐ上の一字に返って読む。

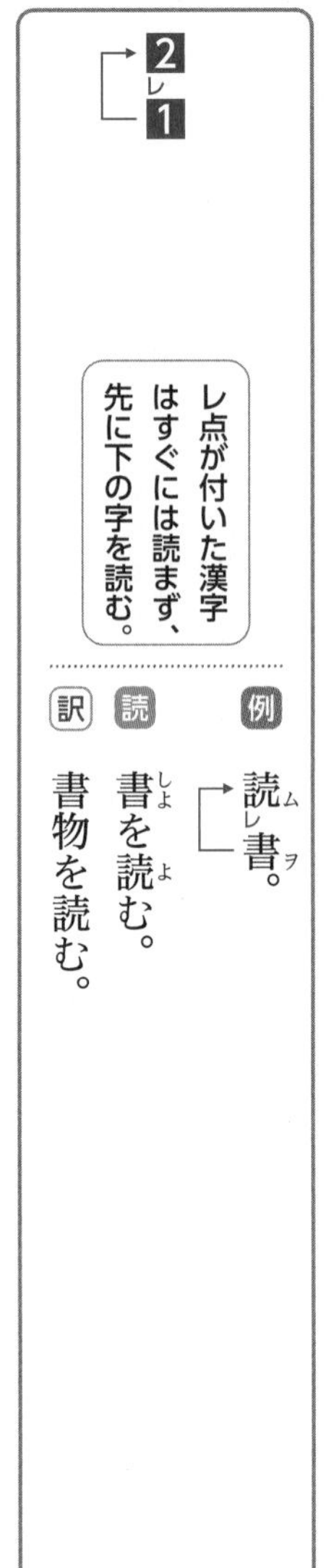

❷ 一・二（・三・四…）点——二字以上を隔てて、下から上に返って読む。

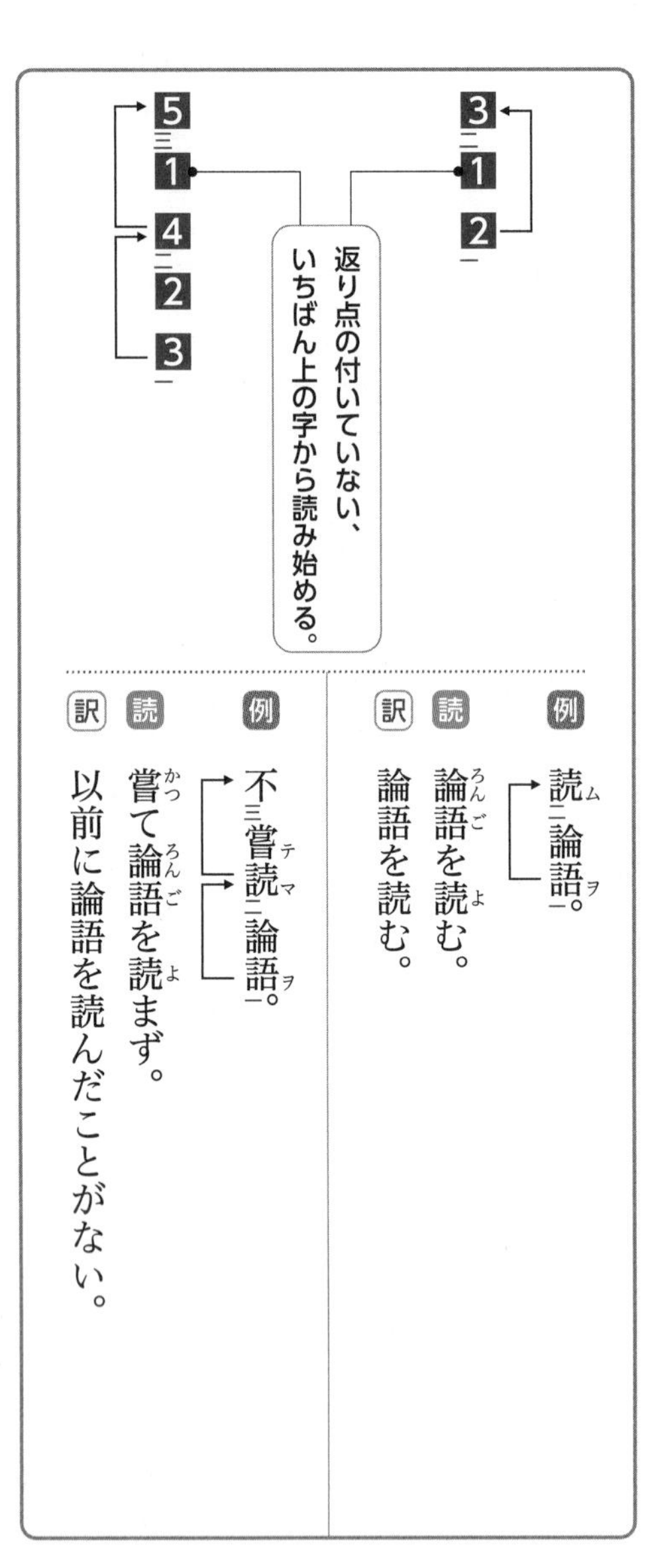

レ点が連続する形

レ点が連続しているときは、下から上に順番に読んでいく。

例 不レ読マレ書ヲ。
読 書を読まず。
訳 書物を読まない。

一・二点の間にレ点を挟む形

一・二点の間にレ点が挟まっている場合は、まずレ点を読み、それから一・二点を読む。

例 有リ二読ムレ書ヲ者一。
読 書を読む者有り。
訳 書物を読んでいる人がいる。

一・二点にレ点が続く形

一・二点にレ点が続いている場合は、まず一・二点を読み、それからレ点を読む。

例 不レ読マ二論語ヲ一。
読 論語を読まず。
訳 論語を読まない。

●「不」と「論」の間が一字しか隔たっていないので、レ点の代わりに三点は使えない。

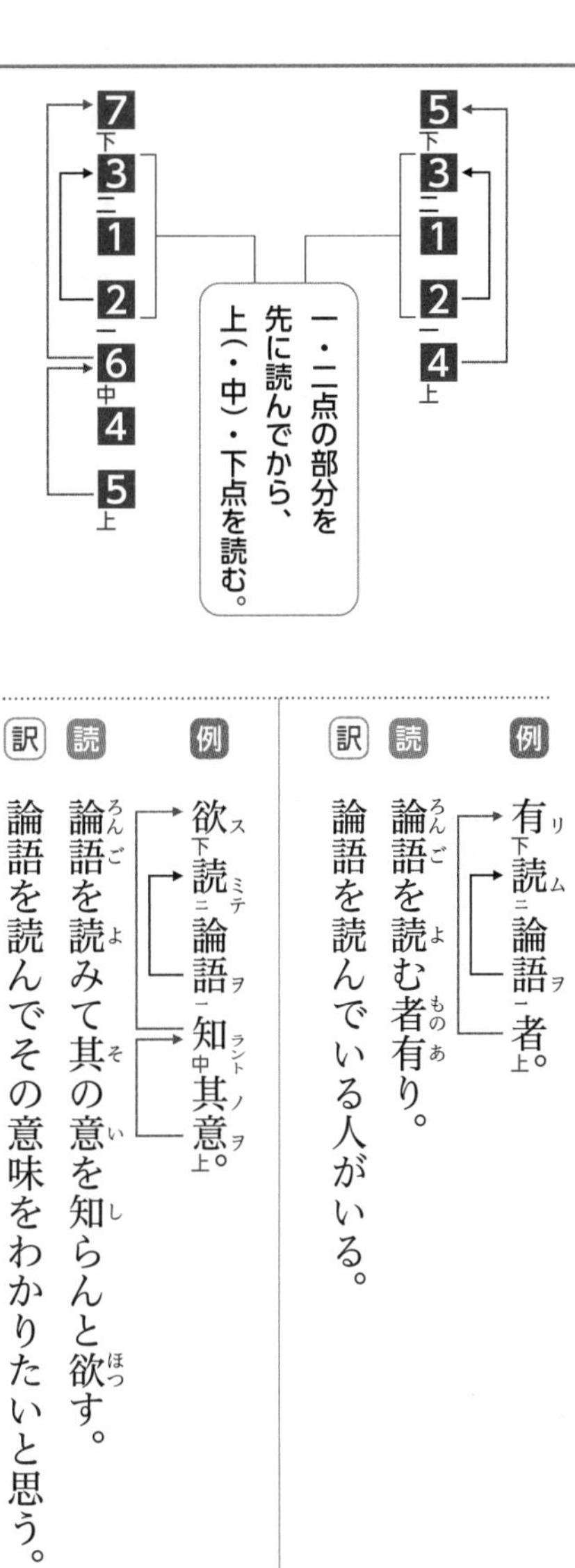

❸ 上(・中)・下点――一・二点の付いた句を間に挟んで、下から上に返って読む。

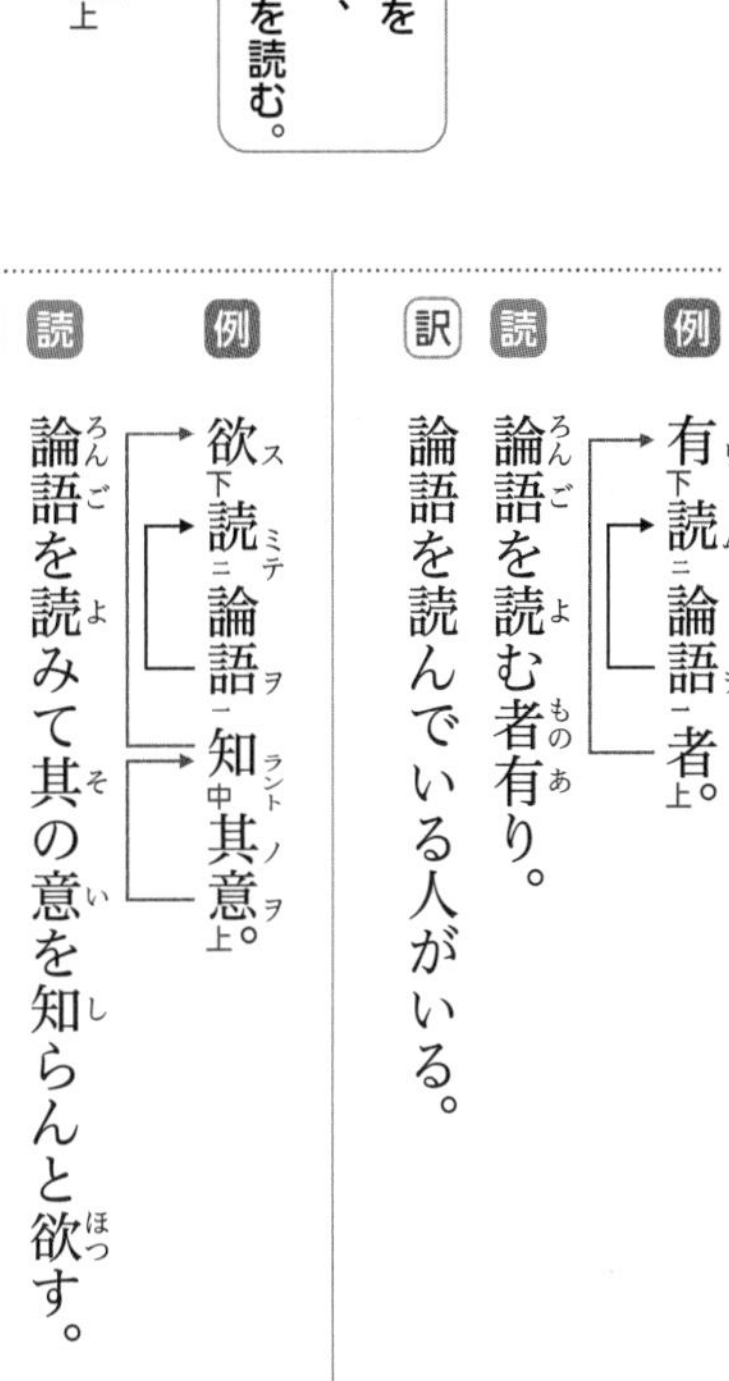

例 有(リ)下読(ム)二論語(ヲ)一者上。
読 論語(ろんご)を読(よ)む者(もの)有(あ)り。
訳 論語を読んでいる人がいる。

例 欲(ス)下読(ミテ)二論語(ヲ)一知(ラント)中其(ノ)意(ヲ)上。
読 論語(ろんご)を読(よ)みて其(そ)の意(い)を知(し)らんと欲(ほっ)す。
訳 論語を読んでその意味をわかりたいと思う。

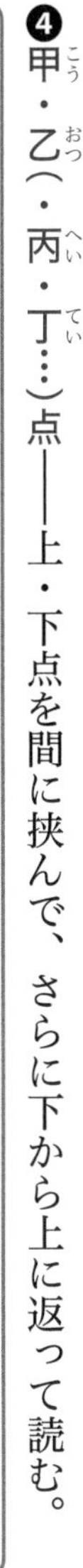

❹ 甲(こう)・乙(おつ)(・丙(へい)・丁(てい)…)点――上・下点を間に挟んで、さらに下から上に返って読む。

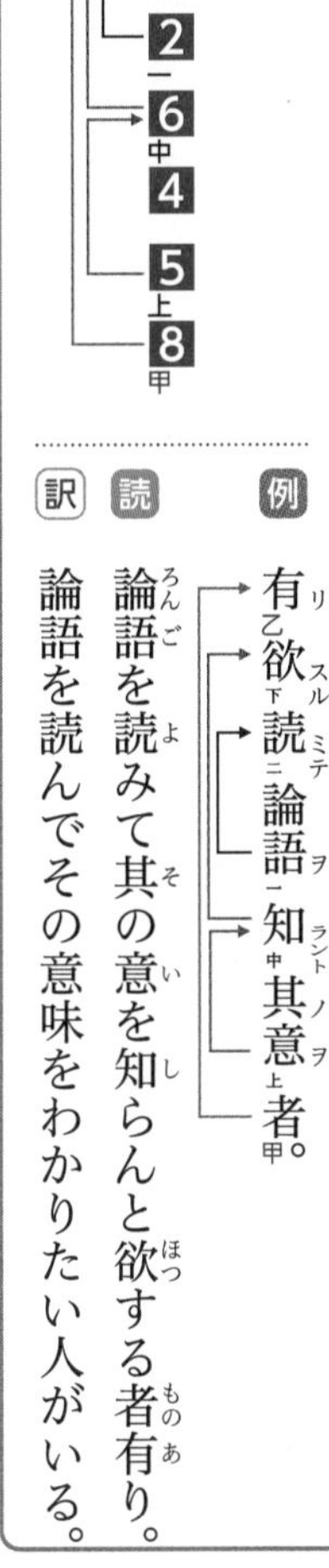

例 有(リ)乙欲(スル)下読(ミテ)二論語(ヲ)一知(ラント)中其(ノ)意(ヲ)上者甲。
読 論語(ろんご)を読(よ)みて其(そ)の意(い)を知(し)らんと欲(ほっ)する者(もの)有(あ)り。
訳 論語を読んでその意味をわかりたい人がいる。

詳解

■ 返り点による文の構造把握

複雑に上下に返って読む文章は、返り点をてがかりに語句をブロックに分けて把握するとよい。たとえば右の❹甲・乙(・丙・丁…)点の例文では、「読(ミテ)二論語(ヲ)一」「欲(スル)下～知(ラント)中其(ノ)意(ヲ)上」「有(リ)乙～者甲」に分割するとわかりやすい。

▼上(・中)・下点の役割

たとえば次の訓読文のように返り点を打ってしまうと、どの一点からどの二点に返るのかがわからなくなる。それを明確にするために、上(・中)・下点が必要なのである。

× 有(リ)二読(ム)二論語(ヲ)一者一。

▼「知(ラント)中其(ノ)意(ヲ)上」の上・中点

上の例文の「知其意」は、ここだけ取って見れば一・二点を用いるべきところだが、文全体で見ると、「欲～知」の間に一・二点を挟む形になっているので、上・中点となったのである。

▼上・下点の位置

白文に上(・中)・下点を打つとき、上点が下に、下点が上にくることに注意する。

▼甲・乙(・丙・丁…)点の順番

甲・乙(・丙・丁…)点は、中国の「十干(じっかん)」、「甲(こう)・乙(おつ)・丙(へい)・丁(てい)・戊(ぼ)・己(き)・庚(こう)・辛(しん)・壬(じん)・癸(き)」の順番で打たれる。

▼甲・乙(・丙・丁…)点が用いられる場合

甲・乙(・丙・丁…)点は、上・下点を間に挟む場合のほか、一・二点を挟んで三回以上返って読むときにも用いられる。上・中・下点では二回までしか返れないためである。

▼天(てん)・地(ち)・人(じん)点

甲・乙(・丙・丁…)点をさらに挟む場合は天・地・人点を用いるが、ほとんど用例がない。

その他の返り点・訓読符号

❺ 一レ点・上レ点――レ点と他の返り点との複合点。

4二 1 3一レ 2

まずレ点に従って下から返って読み、そのあと一・二点に従って読む。

例 見(ル)二子(ノ)読(ムヲ)一レ書(ヲ)。
読 子の書を読むを見る。
訳 子供が書物を読んでいるのを見る。

❻ タテ点（ハイフン・連読符号）――返る先が熟語であることを示す。

3二 4 1 2一

二文字の間を縦線で結び、縦線の中央部に二点や下点などを付す。

例 暗(ス)二記論‐語(ヲ)一。
読 論語を暗記す。
訳 論語を暗記する。

▼訓読の順序

1 文の上から漢字を見ていき、返り点の付いていない字をまず読む。
□下 □二 1 □レ □ □一 □上

2 レ点があれば読む（レ点の付いた字のすぐ下の字にも返り点がある場合は、そちらを先に読む）。
□下 □二 1 3レ 2 □一 □上

3 一・二点、上・下点、甲・乙点は、上記の順番に読んでいく。
7下 5二 1 3レ 2 4一 6上

4 また次の返り点の付いていない字を読む。

▼レ点と複合する返り点

レ点と組み合わさる返り点は、「一点・上点・甲点」である。AレBでAに返り、Aを起点としてさらに上に返って読む際に、Aに一点などのスタートを示す点が付き、複合点が生まれるわけである。したがって、二レ・下レ・乙レなどの返り点は存在しない。

▼5三 3二 4 1 2一の形

熟語からさらにすぐ上の一字に返るときには、続きの返り点（三点など）を用い、レ点では返さない。

例 不(セ)三暗二記論‐語(ヲ)一。
読 論語を暗記せず。
訳 論語を暗記しない。

❹漢文の基本構造

漢字のみで構成される漢文は、日本語のような活用語尾や助詞・助動詞がなく、**漢字と漢字との位置関係で文や語句の意味が決まっている。**したがって漢文を読むためには、その基本的な構造を理解しておくことが大切である。

構造	例文	書き下し文・訳文
❶主語（何は／何が）＋述語（どうする／どのようだ／何だ） 述語には、動詞（どうする）形容詞（どのようだ）名詞（何だ）などの場合がある。	例 我食ラフ。	読 我食らふ。 訳 わたしは食べる。
	例 我ハ学生ナリ。	読 我は学生なり。 訳 わたしは学生である。
❷主語（何は／何が）＋述語（どうする）＋目的語（何を）	例 我食ラフ二牛肉ヲ一。	読 我牛肉を食らふ。 訳 わたしは牛肉を食べる。
❸主語（何は／何が）＋述語（どうする／どうなる／どのようだ）＋補語（どこで／何に／何よりも） 補語の上には、置き字「於・于・乎」がある場合が多い。	例 我食ラフ二於家ニ一。	読 我家に食らふ。 訳 わたしは家で食べる。
	例 我為ル二大学生ト一。	読 我大学生と為る。 訳 わたしは大学生になった。
	例 志固シ二於金石ヨリモ一。	読 志金石よりも固し。 訳 志は金属や石よりも固い。

▼**述語が形容詞の例（上段❶）**

例 風清シ。
読 風清し。
訳 風がすがすがしい。

▼**目的語（上段❷）**

述語の行為の対象を示す語で、送り仮名「ヲ」を付ける。

▼**補語（上段❸）**

目的語以外で、述語の意味を下から補足する語。動作の行われる場所や変化の結果、比較の対象などを補う。送り仮名「ニ・ト・ヨリ（ヨリモ）」を付ける。

▼**置き字を含む文（上段❸）**

「食於家」のように置き字を含む文は、普通「食ラフ二於家ヲ一」（述語＋目的語）とは読まず、「食ラフ二於家ニ一」（述語＋補語）と読む。時に「愛ス二於子ヲ一」のような場合もあるが、まれである。

▼**鬼と会うより返れ！**

訓読で、送り仮名「ヲ・ニ・ト・ヨリ」が付く語（目的語・補語）があれば、そこから上の動詞に返って読む、という規則を示した言葉。

❹	❺	❻	
主語（何は・何が）＋述語（どうする）＋目的語（何を）＋補語（何に・どこで）	主語（何は・何が）＋述語（どうする）＋補語（何に・どこで）＋目的語（何を）	修飾語＋被修飾語	
例 我問フ二文法ヲ先生ニ一。	例 我教フ二弟ニ文法ヲ一。	例 高キ山	例 敢ヘテ問フ。
読 我文法を先生に問ふ。 訳 わたしは文法を先生に質問した。	読 我弟に文法を教ふ。 訳 わたしは弟に文法を教えた。	読 高き山 訳 高い山	読 敢へて問ふ。 訳 思い切って質問する。

以上の基本的な構造をおさえたうえで、次に示す形を見てみよう。実際の文章では、多くの要素を含んだこのような文がよく現れる。

主語＋□＋述語＋目的語＋置き字＋補語＋文末の助詞

- 副詞 → 嘗テ・何ゾ・豈ニ など ※「何」「豈」は疑問詞
- 助動詞 → 不ズ・可シ・使ム・見ル／らル など
- 再読文字 → 未ダレ～（セ）・将ニレ～（セント）・当ニレ～（ス）ベシ など 参照 P.168～169
- 前置詞・助詞を含む句 → 以テレ～ヲ・為ニレ～ノ・与レ～ト など

例 **我嘗テ読ム二論語ヲ於図書館ニ一焉。**
読 我嘗て論語を図書館に読む。
訳 わたしは以前に図書館で論語を読んだことがある。

補語の上の置き字（上段❹）
❸同様、補語の上に置き字がある場合が多い。
例 我食ラフ二牛肉ヲ於家ニ一。
読 我牛肉を家に食らふ。
訳 わたしは家で牛肉を食べる。

述語の種類（上段❺）
この場合の述語には、「教ふ・与ふ・贈る・授く・奪ふ」などの、特定の動詞が使われる。
例 我与フ二犬ニ肉ヲ一。
読 我犬に肉を与ふ。
訳 わたしは犬に肉をやった。

補語の上の置き字（上段❺）
この構造では、補語の上に置き字はこない。

修飾語（上段❻）
下の語の内容を詳しく説明する語。

その他の構造

1 主語＋述語＋補語（＋置き字）＋補語
例 我遇フ二先生ニ書店ニ一。
読 我先生に書店に遇ふ。
訳 わたしは本屋で先生に出会った。

2 複文
主語A＋述語B＋主語C＋述語D（述語Bの目的節）
例 我観ル二花ノ開クヲ一。
読 我花の開くを観る。
訳 わたしは花が咲いたのを見物する。
●主語C・述語Dの送り仮名「ノ」「ヲ」に注意する。

練習問題　書き下し文のきまり・置き字　返り点　基本構造

1 書き下し文を参考にして、次の文に返り点と送り仮名を付けなさい。

1 不為児孫買美田。
（児孫（じそん）の為（ため）に美田（びでん）を買（か）はず。）

2 有売矛与盾者。
（矛（ほこ）と盾（たて）とを売（う）る者（もの）有（あ）り。）

注 前置詞「与」…A与（ト）㆑（と）B

3 非不熟読論語也。
（論語（ろんご）を熟読（じゅくどく）せざるに非（あら）ざるなり。）

2 次の文を書き下し文にしなさい。

1 我自（より）㆓十五㆒志（ス）㆓於学（ニ）㆒。

2 我未（いまダ）（ず）㆑知（ラ）㆓聖人之（の）道（ヲ）㆒。

3 積（ミテ）㆑善（ヲ）而不㆑可（ベカラ）㆑為（なス）㆑悪（ヲ）。

3 傍線部の関係をあとから選び、記号で答えなさい。（設問の都合で送り仮名を省いたところがある）

1 先王教（フ）㆓民農耕㆒。

2 悪事伝（ハル）㆓千里㆒。

3 病（ハ）入（いル）㆓於口㆒。

4 孝（ハ）百行之本（もとナリ）。

5 朝令暮（レニ）改（ム）。

6 天知（ル）㆓王（ノ）愛㆒㆑民（ヲ）。

ア主語＋述語　イ述語＋目的語　ウ述語＋補語
エ目的語＋補語　オ補語＋目的語　カ修飾＋被修飾

4 次の文を、現代語訳を参考にしながら書き下し文に直しなさい。（設問の都合で送り仮名を省いたところがある）

1 樹欲㆑静（カナラント）而風不㆑止（やマ）。
（木が静かになろうとしても風がやまない。）

2 餓㆓死（ス）於山中㆒。
（山中で餓死した。）

3 莫（なシ）㆑白（キハ）㆓于雪㆒矣。
（雪より白いものはない。）

第二章 おもな句形

① 否定形(ひていけい)

否定形は、「～ない」と動作・状態・事物・存在・所有を打ち消す表現である。否定語の数や位置、他の語との組み合わせ方によってさまざまな意味を表す。

1 単純否定(否定の基本形)

❶ 不(セ)レ～　(不＝弗)

読 ～(せ)ず
意 ～しない／～でない

例 春眠不レ覚レ暁ヲ
読 春眠(しゅんみん)暁(あかつき)を覚(おぼ)えず
訳 春の眠りは(心地よくて)夜明けに気づかない

すぐ下の語を否定する。

「不」は打消の助動詞「ず」として訓読する。参照 P.49「ず」

❷ 非(ズ)レ～(ニ)　(非＝匪)

読 ～に非(あら)ず
意 ～ではない

例 富貴非(ハズ)ニ吾願(ガヒ)ニ一
読 富貴(ふうき)は吾(わ)が願(ねが)ひに非(あら)ず
訳 財産や地位はわたしの願うものではない

「非」が否定するのは主に名詞や名詞句。

❸ 無(シ)レ～　(無＝莫・勿・毋・亡)

読 ～無(な)し
意 ～がない／～がいない

例 蛇固(ヨリ)無(シ)レ足。
読 蛇固(へびもと)より足(あし)無(な)し。
訳 蛇にはもともと足がない。

「無」が否定するのは主に名詞や名詞句。

「無(シ)」の活用は形容詞「なし」と同じ。参照 P.34

学習のポイント

- 否定形の意味・用法を、種類ごとに理解する。
- 再読文字の種類と読み方を習得する。
- 共通する形の多い疑問形・反語形・感嘆形の違いを理解し、それぞれの意味・用法を習得する。

▼「不」が否定する語の品詞

「不」が否定する語には、動詞以外に形容詞や名詞がある。名詞の場合、「アラ」「ナラ」などの送り仮名を補う。

例 不(ナラ)ニ君子(くんし)一。
読 君子ならず。
訳 君子でない。

●「不」が否定する語が名詞の例。

▼「非」の他の用法

- 非(ひ)(名詞)…間違い
- 非(ヒトス)(動詞)…間違いだとする
- 非(ソシル)(動詞)…非難する

▼「非」「無」の否定する語が動詞の場合

「非」「無」の否定する語が動詞の場合には、その動詞は連体形あるいは「連体形＋コト(モノ)」の形にして名詞化する。

例 吾(われ)非(ズ)レ求(ムルニ)ニ富貴(ヲ)一。
読 吾(われ) 富貴(ふうき)を求(もと)むるに非(あら)ず。
訳 わたしは財産や地位を求めるのではない。

❹ 未〜（いまダ〜ず〔セ〕）

読 未だ〜〔せ〕ず

意 まだ〜しない／まだ〜でない

例 未レ知。

読 未だ知らず。

訳 まだわからない。

「未」は再読文字。

2 禁止（否定的な命令）

❶ 勿レ〜（なカレ〔スル〕〔コト〕）（勿＝無・莫・毋・亡）

読 〜〔する〕〔こと〕勿かれ

意 〜するな／〜してはいけない

例 勿レ施ニ於人一。（命令形）

読 人に施すこと勿かれ。

訳 他人にするな。

❷ 不レ可レ〜（べカラ〔ス〕）

読 〜〔す〕べからず

意 〜してはいけない

例 学不レ可ニ以已一。

読 学は以つて已むべからず。

訳 学問は途中でやめてはいけない。

3 否定の回答（相手の問いに対する否定の言葉）

❶ 否

読 否

意 いや／そうではない／ちがう

例 「否、非レ若レ是也。」

読 「否、是くのごときに非ざるなり。」

訳 「いや、このようなことではないのだ。」

▼「未」

まだそうしていない・そうなっていない状態を表す。また、「不」よりも軽い否定を表すだけの場合もある。

▼再読文字

一字を二度訓読する文字。否定の意味を表す再読文字は、「未」のほかに「盍レ〜」（なんゾ〜〔セ〕ざる）「蓋レ〜」（なんゾ〜〔セ〕ざる）がある。参照 P.169

▼「無・莫・勿・毋・亡」の意味

「無・莫・勿・毋・亡」は、単純否定の場合も禁止の場合も同じ形をとるため、どちらの意味を表すかは文脈で判断する。

▼「不レ可レ〜」（べカラ〔ス〕）

この形は、「〜できない」という不可能の意味を表す場合もある。参照 P.200「可能形」

＋プラス

未ダシ

読 未だし

意 まだである

例 対ヘテ曰ハク、「未ダシ也。」

読 対へて曰はく、「未だし。」と。

訳 お答えして言った、「まだです。」と。

4 部分否定（副詞の示す意味を部分的に否定する形）

部分否定は、［否定語＋副詞＋～］の語順で表される。

❶ 不二常ニハ～(セ)一

読 常には～(せ)ず
意 いつも～するとは限らない

例 不二常ニハ得一レ油ヲ。（不＝否定語／常＝副詞）

読 常には油を得ず。
訳 いつも灯油が手に入るとは限らない。
→手に入るときもあれば、手に入らないときもある。

5 全部否定（副詞の示す意味をすべて否定する形）

全部否定は、［副詞＋否定語＋～］の語順で表される。

❶ 常ニ不レ～(セ)

読 常に～(せ)ず
意 いつも～しない

例 常ニ不レ得レ油ヲ。（常＝副詞／不＝否定語）

読 常に油を得ず。
訳 いつも灯油が手に入らない。
→どんなときにも手に入らない。

ポイント

部分否定と全部否定の違いは、**否定語と副詞の順序**によって決まる。それは次に示すように、それぞれの位置によって**語の修飾関係**が変わるからである。

部分　不（～(わけ)ではない）　常得油（いつも灯油が手に入る）→「不」が「常得油」を修飾（否定）。

全部　常（いつも）　不得油（灯油が手に入らない）→「常」が「不得油」を修飾。

＋プラス

部分	全部	部分	全部	部分	全部	部分	全部	部分	全部
不二必ズシモ～(セ)一	必ズ不レ～(セ)	不二倶ニハ～(セ)一	倶ニ不レ～(セ)	不二尽クハ～(セ)一	尽ク不レ～(セ)	不二甚ダシクハ～(セ)一	甚ダ不レ～(セ)。	不二復タ～(セ)一	復タ不レ～(セ)
必ずしも～(せ)ず 必ずしも～するとは限らない	必ず～(せ)ず 必ず(絶対)～しない	倶には～(せ)ず 両方ともは～しない	倶に～(せ)ず 両方とも～しない	尽くは～(せ)ず 全部は～しない	尽く～(せ)ず 全部～しない	甚だしくは～(せ)ず それほどには～しない	甚だ～(せ)ず 全く～しない	復た～(せ)ず (一度して)二度とは～しない	復た～(せ)ず　※例は少ない (以前にせず)今度も～しない

●送り仮名による副詞の読み分けに注意する（「復」を除く）。否定語は、「未・非・無」が用いられることもある。

●「不二復タ～(セ)一」は「決して～しない」という否定の強調の意味で使われることが多い。

6 二重否定（否定語を二つ重ねて用いる形）

一つの否定語によって否定された内容を、別の否定語によってさらに否定する表現。結果として**強い肯定**を表すこともある。形により、**1単純二重否定**と**2特殊二重否定**の二つに分けることができる。

1 単純二重否定——二つの否定語が連続する形。

❶ **無シレ不ル（ハ）レ～（セ）**

読 ～（せ）ざる（は）無し

意 ～しないこと（もの・人）はない
＝必ず（すべて・皆）～する　※強い肯定。

例 無シレ不ルハレ学バ。

読 学（まな）ばざるは無（な）し。

訳 学ばないことはない（ものはない・人はいない）。
→必ず（すべて・皆）学ぶ。

❷ **非ズレ不ルニレ～（セ）**

読 ～（せ）ざるに非（あら）ず

意 ～しないのではない

例 非ザルレ不ルニレ悪マレ寒キヲ也。

読 寒（さむ）きを悪（にく）まざるに非（あら）ざるなり。

訳 寒さを嫌がらないのではない。

ポイント

強い肯定を表す二重否定は、次のように考えると理解がしやすい。

−（マイナス）×−（マイナス）＝＋（プラス）の原理
↓
強調表現

＋プラス

無シレ非ザル（ハ）レ～ニ

読 ～に非（あら）ざる（は）無（な）し

意 ～でないもの（人）はない
＝皆～だ　※強い肯定。

例 無シレ非ザルハ二大丈夫ニ一。

読 大丈夫（だいじょうぶ）に非（あら）ざるは無（な）し。

訳 立派な男子でない人はいない。
→皆立派な男子だ。

＋プラス

非ズレ無キニレ～

読 ～無（な）きに非（あら）ず

意 ～がないのではない

例 非ズレ無キニ二才子一。

読 才子（さいし）無（な）きに非（あら）ず。

訳 才能がある人物がいないのではない。

▼二重否定にならない場合

次の二つの場合は、形は似ているが二重否定ではないので注意が必要。

1 否定の並列
「不レA（セ）不レB（セ）」「無レA（ク）無レB（ク）」のように、否定の句を単に並べている場合。

例 無ク二長ト無ク一レ少ト愛スレ之ヲ。

読 長（ちやう）と無（な）く少（せう）と無（な）く之（これ）を愛（あい）す。

訳 年齢の上と下との区別なく皆愛する。

2 仮定形
「不レA（セ）不レB（セ）」のように、前半が後半の仮定条件となっている場合。参照 P.192「仮定形」

2 特殊二重否定――二つの否定語の間に名詞や副詞などが入る形。

❶ 無二A一不レB（無シAトシテ不ル(ハ)B(セ)）

読 AとしてB〔せ〕ざる〔は〕無し

意 どんなAでもBしないものはない
＝どんなAでも皆Bする
※強い肯定。

例 無二人一不レ死。（名詞）

読 人として死せざるは無し。

訳 どんな人でも死なない者はいない。
→どんな人でも皆死ぬ。

❶には、上の「無」を「不」にした変形パターンがある。意味は同じ。

不二A一不レB（AとしてB〔せ〕ずんばあらず）　送り仮名に注意。

❷ 未二嘗不一レ～

読 未だ嘗て～〔せ〕ずんばあらず

意 これまで～しなかったことはない
＝いつも必ず～する（してきた）
※強い肯定。

例 未二嘗不一レ勝。（副詞）

読 未だ嘗て勝たずんばあらず。

訳 これまで勝たなかったことはない。
→いつも必ず勝ってきた。

❸ 不二敢不一レ～

読 敢へて～〔せ〕ずんばあらず

意 （情況などから）～しないわけにはいかない

例 不二敢不一レ告。（副詞）
※消極的な肯定。

読 敢へて告げずんばあらず。

訳 どうしても告げないわけにはいかない。

プラス

無二A一無レB

読 AとしてB無き〔は〕無し

意 どんなAでもBがないものはない
＝どんなAでも皆Bがある
※強い肯定。

例 無二人一無レ誠。

読 人として誠無きは無し。

訳 どんな人でも誠意がない人はいない。
→どんな人でも皆誠意がある。

▼**送り仮名「トシテ」**

「A」の「トシテ」は、「どんなAだとしても」という意味を表す。

▼**訓読「～ずンバアラず」**

「～ずンバ」は、「ずは」（「ず」＋係助詞「は」）の語調を整えたもの。「アラず」は、送り仮名「アラ」を補うことで、「ことはない」の意味を表す工夫を施したもの。

プラス

不二敢～一

読 敢へて～〔せ〕ず

意 進んで～しようとはしない

例 不二敢告一。

読 敢へて告げず。

訳 進んで告げようとはしない。

●「敢」と同じく「あへテ」と読む字に「肯」がある。「不二肯ヘテ～一(セ)」あるいは「不レ肯(がへんぜ)～(スル)(コト)ヲ」と読んで、「～することを承知しない」の意味を表す。

❹ 不ニ必ズシモ不ンバアラ（セ）～

読 必ずしも～（せ）ずんばあらず
意 必ずしも～しないわけではない

例 弟子不ニ必ズシモ不ンバアラ如レカ師ニ。（副詞）

読 弟子必ずしも師に如かずんばあらず。
訳 弟子が必ずしも先生に及ばないわけではない。
→及ばないときもあれば、及ぶときもある。

特殊二重否定には、次のように可能表現を用いたものもある。参照▶P.199～200「可能形」

❺ 不レ可レカラ不レル～（セ）

読 ～（せ）ざるべからず
意 ～しないべきではない
＝～しなくてはならない
※強い肯定。

例 父母之年、不レ可レカラ不レル知ラ。（可能表現）

読 父母の年は、知らざるべからず。
訳 父母の年齢は、知っておかなくてはならない。

7 その他の否定

❶ 不レ可ニカラ勝ゲテ～一（ス）

読 勝げて～（す）べからず
意 多すぎて～しきれない

例 不レ可ニカラ勝ゲテ数一フ。

読 勝げて数ふべからず。
訳 多すぎて数えきれない。

「勝ゲテ」は「全部取り上げて」の意味。そうすることに十分な力を持っていること。これを「不レ可レカラ～（ス）」と否定して、すべてしきれない気持ちを表している。

プラス 不レ能ハ～ / 不レル～（セ）

読 ～（せ）ざる能はず
意 ～しないことはできない
＝～しないわけにはいかない
※強い肯定。

例 人不レ能ハ不ニル呼吸一セ。

読 人は呼吸せざる能はず。
訳 人は呼吸しないわけにはいかない。

●「能」も可能表現。参照▶P.199～200「可能形」

プラス 不レ得 / 不レルヲ～（セ）

読 ～（せ）ざるを得ず
意 ～せざるをえない
＝～しないわけにはいかない
※強い肯定。

例 不レ得レ不ニルヲ攻撃一セ。

読 攻撃せざるを得ず。
訳 攻撃しないわけにはいかない。

●「得」も可能表現。参照▶P.199～200「可能形」

▼**「不可勝～」の読み方**

「不レ可レカラ勝レフ～（スルニ）」（～（する）に勝ふべからず）という別の読み方もある。意味は同じ。

❷ 再読文字（さいどくもじ）

前節「否定形」で取り上げた「未」（P.163）は、訓読で「いまダ〜ず」という読み方をした。これは、「未」一字のなかに、日本語の「まだ」と「〜ない」二つの意味が含まれているためである。このように**一字を二度読む文字**のことを、**再読文字**と呼ぶ。

▼再読文字を読むときの順序

1 漢字の右側に付けられたルビと送り仮名を、返り点を無視して副詞として読む。

2 漢字の左側に付けられたルビと送り仮名を、返り点に従って助動詞または動詞として読む。

※ルビはない場合がある。

❶ 例 未（いまダ／ず）レ知（ラ）。 読 未（いま）だ知らず。 訳 まだわからない。

1 漢字はそのまま用いる
2 ひらがなで書く

---

❷ 当（まさニ／ベシ）レ〜（ス） （当≒応）

読 当（まさ）に〜（す）べし
意 （当然）〜すべきだ／〜にちがいない

例 情当（まさニ／シ）レ学（ブ）ニ草木（ニ）一。
読 情（じやう） 当（まさ）に草木（さうもく）に学（まな）ぶべし。
訳 感情は当然草木（が自然に従う様子）に学ぶべきだ。

二度目に読むときの送り仮名は、漢字の左下に付ける。

---

❸ 将（まさニ／す）レ〜（セ）ント （将≒且）

読 将（まさ）に〜（せ）んとす
意 （今にも）〜しようとする／〜しそうだ

例 我将（ニ）ニ東（ノカタ）下（ラント）一。
読 我将（われまさ）に東（ひがし）のかた下（くだ）らんとす。
訳 私は今にも東に下ろうとする。

▼「当」と「応」

「当」と「応」は、どちらも「まさニ〜（す）ベシ」という同じ読み方をするが、「当」は「当然〜すべきだ」の意味で使われることが多いのに対し、「応」は「きっと〜だろう／〜にちがいない」の意味で用いられることが多い。

例 応（まさニ／シ）レ知（ル）ニ故郷（ノ）事（ヲ）一。
読 応（まさ）に故郷（こきやう）の事（こと）を知（し）るべし。
訳 故郷の事情を知っているにちがいない。

▼「将」と「且」

「将」と「且」は、どちらも「まさニ〜（セ）ントす」という同じ読み方をするが、「将」は「〜するつもりだ」という意志を、「且」は「（今にも）〜しようとする」という客観的な事実を表すことが多い。

例 高祖且（ニ）レ至（ラント）レ楚（ニ）。
読 高祖且（かうそまさ）に楚（そ）に至（いた）らんとす。
訳 高祖は今にも楚の国に到着しようとしていた（到着しそうであった）。

▼主語による訳の区別

1 一人称主語＋「当」「将」「且」＋動詞➡意志

2 二・三人称／無生物主語＋「応」「将」「且」＋動詞➡推量

▼「ントす」の文法的説明

推量・意志の助動詞「ん（む）」＋格助詞「と」＋サ変動詞「す」

参照 P.50「む」、P.84「と」、P.27「す」

❹ 宜（よろシク）〜（ス）ベシ

読 宜しく〜〔す〕べし
意 〜するのがよい／〜が適当だ

例 仁者宜レ在二高位一。
助動詞「べし」は活用語の終止形（ラ変には連体形）に接続。参照 P.52「べし」

読 仁者は宜しく高位に在るべし。
訳 仁徳のある人は高い位にいるのがよい。

❺ 須（すべかラク）〜（ス）ベシ

読 須らく〜〔す〕べし
意 ぜひ〜する必要がある

例 須レ慎レ始。
助動詞「べし」は活用語の終止形（ラ変には連体形）に接続。参照 P.52「べし」

読 須らく始めを慎むべし。
訳 ぜひ始めを慎重に行う必要がある。

❻ 猶（なホ）〜（スル）ガ／ノごとし（猶＝由）

読 猶ほ〜〔する〕がごとし／のごとし
意 まるで〜するようだ／のようだ

例 過猶不レ及。
A＋猶＋B ➡ AとBがほとんど同じであることを表す（A≒B）。

読 過ぎたるは猶ほ及ばざるがごとし。
訳 やり過ぎはまるで足らないのと同じようだ。

❼ 盍（なんゾ）〜（セ）ざル（盍＝蓋）

読 盍ぞ〜〔せ〕ざる
意 どうして〜しないのか、すればよい

例 盍レ言レ志。
「ざル」は、打消の助動詞「ず」の連体形。係助詞「ぞ」の係り結びによる。参照 P.100

読 盍ぞ志を言はざる。
訳 どうして志を言わないのか、言えばよい。

▼「宜」の他の用法

「宜」には、再読文字としての用法のほかに、「宜」（むべ（うべ）ナリ）（もっともである）や「宜」（よろシ）（ふさわしい）といった形容詞的な用法もある。

▼否定語＋「須」

「須」の上部に否定語がある場合は、「不レ須レ〜（スルヲ）」（〜〔する〕を須ゐず）と読む。意味は「〜する必要はない」。

▼「未」「当」「将」「宜」「須」の意味と熟語

・未…未来➡まだそうなっていない
・当…当然➡そうしなければならない
・将…将来➡これからそうなろうとする
・宜…適宜➡そうするのがふさわしい
・須…必須➡そうする必要がある

▼「猶」の再読部分直前の読み方

次の二つの場合がある。
1 活用語の連体形＋ガ
2 名詞＋ノ

▼「盍」の成り立ちと意味

「何」＋「不」➡「盍」というように、二つの字音が合わさることで成り立っている。一字で「何不レ〜」（何ぞ〜〔せ〕ざる＝どうして〜しないのか）の意味を持ち、「〜したらどうだ」「〜しなさい」という勧誘を表している。

❸ 疑問形・反語形

たとえば誰かが意外な話をしたのに対して、「それは本当か。」と言ったとする。その場合、この言葉はニュアンスによって、次の三つの意味に区別することができる。

1「それは本当か？」と、単純に相手に尋ねる。→疑問
2「それは本当か？（いや、嘘にちがいない）」と、否定的に問い返す。→反語
3「それは本当か！」と、驚きの感情を交えて言う。→感嘆

このように、疑問・反語・感嘆は、いずれもよく似た形をとりながら、それぞれ別々の意味を表す表現であり、漢文においてもそれは同じである。この節ではまず、とくに区別の難しい疑問形と反語形について説明することにする。参照 P.178〜179「感嘆形」

疑問形は、相手、もしくは自分に対して問いかける表現であり、反語形は、**言おうとする内容と反対のことを疑問形で示す、強調表現**である。疑問形と反語形には、次の三つの種類がある。

❶ 疑問の助詞を用いるもの
❷ 疑問詞を用いるもの
❸ 疑問詞と疑問の助詞を併用するもの

❸の文型は疑問詞の意味を助詞で強めているだけなので、意味は❷と同じ。

ポイント

疑問形と反語形は、基本的に次のように見分けることができる。

1 文末の送り仮名
疑問形：活用語の連体形＋（か）
反語形：活用語の未然形＋ン（や）

2 直後の内容
疑問形：基本的に返答がある。（他者との対話以外に、自問自答の形もある）
反語形：主張を言い切るため、基本的に返答はない。

▼反語形

反語形は非常に強い語調であるため、文章のテーマに関わる重要な内容を表す場合が多い。反語で何を主張しようとしているかは、問いかけている内容を否定文に置き替えると理解がしやすい。

例 此レ真ナラン乎。（此れ真ならんや。）
⬅
例 此レ不レ真ナラ。（此れ真ならず。）
訳 それは本当ではない。

▼文末の送り仮名（助詞）

上段に示した見分け方はあくまで原則であり、実際には、疑問形で送り仮名に「か」ではなく「や」が使われることもある（ラ変動詞「有り」「在り」や「非ず」に続く場合など）。

▼反語形の送り仮名「ン」

反語形の送り仮名で使われる「ン」は、推量・意志の助動詞「む」。参照 P.50

以下、右ページに示した疑問形と反語形の三つの種類のうち**1**と**2**について、その主な形を取り上げる（**3**については、**2**の用例中に一部を示すにとどめる）。

1 疑問の助詞を用いるもの

❶

【疑問】〜（スル）乎（か）
【反語】〜（セン）乎（や）
（乎＝耶・邪・哉・也・与・歟）

読
【疑問】〜〔する〕か
【反語】〜〔せ〕んや

意
【疑問】〜するのか
【反語】〜しようか、いや、〜しない

例
君愛レ我乎。【疑問】
君愛レ我乎。【反語】

読
君（きみ）我（われ）を愛（あい）するか。【疑問】
君（きみ）我（われ）を愛（あい）せんや。【反語】

訳
あなたはわたしを愛しているのか。【疑問】
あなたはわたしを愛していようか、いや、愛していない。【反語】

2 疑問詞を用いるもの

1 基本の疑問詞（一字）

❶

【疑問】何（ゾ）〜（スル）
【反語】何（ゾ）〜（セン）
（何＝胡・奚・曷・詎・何遽）

読
【疑問】何（なん）ぞ〜〔する〕
【反語】何（なん）ぞ〜〔せ〕ん

意
【疑問】どうして〜するのか
【反語】どうして〜しようか、いや、〜しない

例
何利レ之乎。【疑問】
何利レ之乎。【反語】

読
何（なん）ぞ之（これ）に利（り）するか。【疑問】
何（なん）ぞ之（これ）に利（り）せんや。【反語】

訳
どうして利益を与えるのか。【疑問】
どうして利益を与えようか、いや、与えない。【反語】

＋プラス　**1**・**2**・**3**以外の表現。

敢不（ヘテ）（ラン）〜（セ）

読
敢（あ）へて〜〔せ〕ざらん

意
どうして〜しないだろうか、いや、〜しないわけにはいかない　※反語の意味のみ。

例
敢不レ敬乎。

読
敢（あ）へて敬（けい）せざらんや。

訳
どうして尊敬しないだろうか、いや、必ず尊敬する。

●「豈敢不レ〜（セ）」「安敢不レ〜（セ）」の「豈」「安」が省略されて反語となったもの。なお、否定形「不敢〜（セ）」（＝進んで〜しようとはしない）と混同しやすいので注意する。参照 P.166

＋プラス

【疑問】何故（ノ ニ）〜（スル）
【反語】何故（ノ ニ）〜（セン）

読
【疑問】何（なん）の故（ゆゑ）に〜〔する〕
【反語】何の故に〜〔せ〕ん

意
【疑問】どうして〜するのか
【反語】どうして〜しようか、いや、〜しない

例
何故利レ之。【疑問】
何故利レ之。【反語】

読
何（なん）の故（ゆゑ）に之（これ）に利（り）する。【疑問】
何（なん）の故（ゆゑ）に之（これ）に利（り）せん。【反語】

訳
どうして利益を与えるのか。【疑問】
どうして利益を与えようか、いや、与えない。【反語】

❷

【疑問】何ヲカ〜（スル）

【反語】何ヲカ〜（セ）ン

（何＝胡・奚・曷・詎）

読
【疑問】何をか〜（する）
【反語】何をか〜（せ）ん

意
【疑問】何を〜するのか
【反語】何を〜しようか、いや、何も〜しない

例
何ヲカ求ムル。【疑問】
何ヲカ求メン。【反語】

読
何をか求むる。【疑問】
何をか求めん。【反語】

訳
何を求めるのか。【疑問】
何を求めようか、いや、何も求めない。【反語】

肯定文では、目的語や補語は述語のあとに置かれるが、それらが疑問詞の場合、倒置して述語の前に置かれる。❸の「何」についても同じ。参照 P.193「倒置形」

❸

【疑問】何クニカ〜（スル）

【反語】何クニカ〜（セ）ン

（何＝安・悪・焉）

読
【疑問】何くにか〜（する）
【反語】何くにか〜（せ）ん

意
【疑問】どこで（に）〜するのか
【反語】どこで（に）〜しようか、いや、どこでも（にも）〜しない

例
財何クニカ在ル。【疑問】
財何クニカ在ラン。【反語】

読
財何くにか在る。【疑問】
財何くにか在らん。【反語】

訳
財宝はどこにあるのか。【疑問】
財宝はどこにあろうか、いや、どこにもない。【反語】

係助詞「ぞ・か」と係り結びの法則

疑問詞のあとには、疑問・反語の係助詞「ぞ・か」を送り仮名として付ける場合が多い。そのため、下の動詞は係り結びの法則によって連体形に活用する。参照 P.98〜100

プラス

【疑問】何レノ処ニカ〜（スル）

【反語】何レノ処ニカ〜（セ）ン

読
【疑問】何れの処にか〜（する）
【反語】何れの処にか〜（せ）ん

意
【疑問】どこで（に）〜するのか
【反語】どこで（に）〜しようか、いや、どこでも（にも）〜しない

例
何レノ処ニカ財在ル。【疑問】
何レノ処ニカ財在ラン。【反語】

読
何れの処にか財在る。【疑問】
何れの処にか財在らん。【反語】

訳
どこに財宝はあるのか。【疑問】
どこに財宝があろうか、いや、どこにもない。【反語】

●他に、「何時」（＝いつ）、「何日」（＝いつの日）などの表現もある。意味はどれも、疑問と反語両方の場合がある。

❹

【疑問】安クンゾ〜（スル）

【反語】安クンゾ〜（セ）ン

（安＝悪・焉・烏・庸）

読
【疑問】安（いづ）くんぞ〜〔する〕
【反語】安（いづ）くんぞ〜〔せ〕ん

意
【疑問】どうして〜するのか
【反語】どうして〜しようか、いや、〜しない

例
安クンゾ有ル鬼。【疑問】
安クンゾ有ラン鬼。【反語】

読
安（いづ）くんぞ鬼（き）有（あ）る。【疑問】
安（いづ）くんぞ鬼（き）有（あ）らん。【反語】

訳
どうして幽霊がいるのか。【疑問】
どうして幽霊がいようか、いや、いない。【反語】

「安・悪・焉」は、反語で用いられる場合がとくに多い。

❺

【疑問】誰カ〜（スル）

【反語】誰カ〜（セ）ン　（誰＝孰）

読
【疑問】誰（たれ）か〜〔する〕
【反語】誰（たれ）か〜〔せ〕ん

意
【疑問】誰が〜するのか
【反語】誰が〜しようか、いや、誰も〜しない

例
誰カ来タル。【疑問】
誰カ来タラン。【反語】

読
誰（たれ）か来（き）たる。【疑問】
誰（たれ）か来（き）たらん。【反語】

訳
誰が来たのか。【疑問】
誰が来ようか、いや、誰も来ない。【反語】

疑問　反語

▼「誰」の読み方

「誰」は、訓読では「たれ」と、濁らずに読む。また、「誰の〜」という意味を表す場合には、「誰ガ〜」（誰（た）が〜）という読み方をする。

❻

【疑問】孰レカ～(スル)

【反語】孰レカ～(セ)ン

(孰＝何・奚)

読 【疑問】孰れか～(する)
【反語】孰れか～(せ)ん

意 【疑問】どれ(誰・どちら)が～するのか
【反語】どれ(誰・どちら)が～しようか、いや、どれ(誰・どちら)も～しない

例 孰レカ難解ナル。【疑問】
孰レカ難解ナラン。【反語】

読 孰れか難解なる。【疑問】
孰れか難解ならん。【反語】

訳 どれが難解なのか。【疑問】
どれが難解だろうか、いや、どれも難解ではない。【反語】

❻「孰」は、物ならば「どれが」、人ならば「誰が」と、場合によって訳し分ける(「誰が」の意味の場合は、「孰」と読んでもよい)。一方、❺「誰」は、一律に「誰が」の意味となる。

2 基本の疑問詞(二字)

❶

【疑問】何為レゾ～(スル)

【反語】何為レゾ～(セ)ン

(何為＝胡為・奚為・曷為)

読 【疑問】何為れぞ～(する)
【反語】何為れぞ～(せ)ん

意 【疑問】どうして～するのか
【反語】どうして～しようか、いや、～しない

例 何為レゾ別ルル。【疑問】
何為レゾ別レン。【反語】

読 何為れぞ別るる。【疑問】
何為れぞ別れん。【反語】

訳 どうして別れるのか。【疑問】
どうして別れようか、いや、別れない。【反語】

＋プラス 疑問詞一字を用いた他の表現。

何ノA ヲカ之レB(セ)ン

読 何のAをか之れB(せ)ん

意 どうして(どのような)AをBするだろうか、いや、Bしない
※反語の意味のみ。

例 何ノ書ヲカ之レ学バン。

読 何の書をか之れ学ばん。

訳 どうして書物を学ぶだろうか、いや、学ばない。

●「之」を用いた倒置と反語形の組み合わせ。「何」は習慣的に「なんノ」と読んでいるが、本来は「なんゾ」(＝どうして)の意味。 参照 P.193「倒置形」

▼**再読文字「盍(蓋)」**

この他、再読文字「盍(蓋)ゾ～(セ)ル」(どうして～しないのか、すればよい)も一字の疑問詞である。 参照 P.169

＋プラス

何為ゾ～ル

読 何為る～ぞ

意 どういう～か
※疑問の意味のみ。

例 客何為ル者ゾ。

読 客何為る者ぞ。

訳 おまえはどういう者か(おまえは何者か)。

❷

【疑問】如何〜（スル）
【反語】如何〜（セ）ン
（如何＝若何・奈何）

読
【疑問】如何ぞ〜（する）
【反語】如何ぞ〜（せ）ん

意
【疑問】どうして〜するのか
【反語】どうして〜しようか、いや、〜しない

例
如何哭。【疑問】
如何哭。【反語】

読
如何ぞ哭する。【疑問】
如何ぞ哭せん。【反語】

訳
どうして泣くのか。【疑問】
どうして泣こうか、いや、泣かない。【反語】

文頭に置かれたときの「如何」は、「何」（P.171）と同じ用法。

❸

【疑問】何以〜（スル）
【反語】何以〜（セ）ン
（何以＝胡以・奚以・曷以）

読
【疑問】何を以つて（か）〜（する）
【反語】何を以つて（か）〜（せ）ん

意
(1)【疑問】どうして〜するのか　原因・理由
【反語】どうして〜しようか、いや、〜しない
(2)【疑問】どうやって〜するのか　方法・手段
【反語】どうやって〜しようか、いや、どうしようもない

例
何以殺乎。【疑問】
何以殺乎。【反語】

読
何を以つて殺すか。【疑問】
何を以つて殺さんや。【反語】

訳
(1)どうして殺すのか。【疑問】
どうして殺そうか、いや、殺さない。【反語】
(2)どうやって殺すのか。【疑問】
どうやって殺そうか、いや、殺しようがない。【反語】

＋プラス

【疑問】何由〜（スル）
【反語】何由〜（セ）ン

読
【疑問】何に由りて〜（する）
【反語】何に由りて〜（せ）ん

意
(1)【疑問】どうして〜するのか　原因・理由
【反語】どうして〜しようか、いや、〜しない
(2)【疑問】どうやって〜するのか　方法・手段
【反語】どうやって〜しようか、いや、どうしようもない

例
何由殺乎。【疑問】
何由殺乎。【反語】

読
何に由りて殺すか。【疑問】
何に由りて殺さんや。【反語】

訳
(1)どうして殺すのか。【疑問】
どうして殺そうか、いや、殺さない。【反語】
(2)どうやって殺すのか。【疑問】
どうやって殺そうか、いや、殺しようがない。【反語】

● (1)と(2)どちらの意味であるかは、この文の直後にくる返答の内容から推定する。

3 主に反語で用いられる疑問詞

❶ 豈ニ〜(セ)ン

読 豈に〜(せ)ん

意 どうして〜しようか、いや、〜しない

例 豈ニ遠シトセン二千里ヲ一乎。

読 豈に千里を遠しとせんや。

訳 どうして千里の道でも遠いとしようか、いや、遠いとはしない。

❷ 独リ〜(セ)ン

読 独り〜(せ)ん

意 どうして〜しようか、いや、〜しない

例 独リ畏レンレ鬼ヲ乎。

読 独り鬼を畏れんや。

訳 どうして幽霊を恐れようか、いや、恐れない。

限定の意味ではないことに注意する。参照 P.196「限定形」

4 文末で用いられる疑問詞（及びそれに類する表現）

❶ 〜(ハ)幾何ゾ （幾何＝幾・幾許・幾所）

読 〜(は)幾何ぞ　※疑問も反語も同じ読み。

意 【疑問】〜はどれほどか
【反語】〜はどれほどか、いや、どれほどもない

例 読ムコトレ書ヲ幾何ゾ。

読 書を読むこと幾何ぞ。

訳 読書の量はどれほどか。【疑問】
読書の量はどれほどか、いや、どれほどもない。【反語】

▼「豈ニ」の反語以外の用法（疑問・感嘆）

「豈ニ」は文末を「活用語の連体形＋か」と読むと、「〜だろうか」という推量を含んだ疑問の意味になる。また、「豈不ニレ〜乎」（豈に〜ずや）と読むと、「〜ではないか」という感嘆表現になる。

参照 P.178「感嘆形」

プラス

寧クンゾ〜(セ)ン

読 寧くんぞ〜(せ)ん

意 どうして〜しようか、いや、〜しない
※主に反語で使用される。

例 寧クンゾ可ケンレ治ム乎。

読 寧くんぞ治むべけんや。

訳 どうして治めることができようか、いや、できない。

●「可シ」は反語では「ベケン(ヤ)」と読む。「べけ」は、助動詞「べし」の、奈良時代に用いられた未然形。

プラス

〜ハ何ゾ(也)

読 〜は何ぞ(や)

意 〜はどうしてか／〜はどういうことか
※疑問の意味のみ。

例 志スハレ学ニ何ゾ也。

読 学に志すは何ぞや。

訳 学問に志すのはどうしてか。

❷ ～（スル）ヤ不ヤ（不＝否）

読 ～（する）や不や
意 ～するか、しないか　※疑問の意味のみ。

例 君看ルヤ不ヤ。
読 君看るや不や。
訳 あなたは見ますか、見ませんか。

「～（スル）ヤ不ニ～（セ）一」を省略した形。否定語「不」を疑問詞のように用いた表現。

❸ ～（ハ）何如（何如＝何若・何奈）

読 ～（は）何如
意 ～はどのようであるか　※疑問の意味のみ。

例 故郷今何如。
読 故郷は今何如。
訳 故郷は今どのようですか。

「何如」は、ものごとの状態や程度を尋ねる意味を表す。

5 その他の疑問詞

❶ 如レ～何（＝若レ～何・奈レ～何）

読 ～を如何せん　※疑問も反語も同じ読み。
意 【疑問】～をどうするか（どうすればよいか）
【反語】～をどうしようか（どうすればよいか）、いや、どうしようもない

例 如レ老イヲ何セン。（目的語）
読 老いを如何せん。
訳 老いをどうすればよいか。【疑問】
老いをどうすればよいか、いや、どうしようもない。【反語】

「如何」 ➡ 「如何」の間に目的語が挟まった形。

プラス ～（スル）ヤ未ダシヤ

読 ～（する）や未だしや
意 ～したか、まだしないか　※疑問の意味のみ。

例 寒梅著ケシヤレ花ヲ未ダシヤ
読 寒梅花を著けしや未だしや
訳 寒梅は花をつけましたか、まだつけていませんか

プラス ～（ハ）如何（如何＝若何・奈何）

読 ～（は）如何せん
意 【疑問】～はどうするか／～はどうすればよいか
【反語】～はどうしようか（どうすればよいか）、いや、どうしようもない

例 為スコトレ之ヲ如何セン。
読 之を為すこと如何せん。
訳 これを行うにはどうすればよいか。【疑問】
これを行うにはどうすればよいか、いや、どうしようもない。【反語】

● 「如何」は、手段や方法を尋ねる意味を表す。関連する表現として、「無ニ如何一」（如何ともする無し）、「可ニ如何一」（如何すべけん）がある。どちらも「どうしようもない」の意味。

④ 感嘆形

感嘆形は、喜怒哀楽や感動・賛美などの、心の大きな揺らぎを表す形である。前節「疑問形・反語形」(P.170)で説明したように、感嘆形はしばしば疑問形・反語形とよく似た形をとる。またそれ以外に、感嘆詞や感嘆の助詞を用いて表される場合もある。

1 疑問形・反語形で表される場合

❶ 何〔其〕～也　(何＝胡)(也＝乎)

読 何ぞ〔其れ〕～や
意 なんと～だなあ

例 何其忠也。（何＝疑問詞／也＝疑問の助詞）
読 何ぞ其れ忠たるや。
訳 なんと忠義であることだなあ。

助詞の「也」は、疑問形では原則「か」と読んだが、感嘆形では「や」と読む。

❷ 一何～

読 一に何ぞ～
意 なんとまあ～だなあ

例 一何悲。（何＝疑問詞）
読 一に何ぞ悲しき。
訳 なんとまあ悲しいことだなあ。

「何ぞ」の「ぞ」は疑問・反語の係助詞。係り結びの法則により、下の形容詞「悲し」は連体形になっている。参照 P.98・100

❸ 豈不～乎　(乎＝哉)

読 豈に～ずや
意 なんと～ではないか

例 豈不痛乎。（豈＝疑問詞／乎＝疑問の助詞）
読 豈に痛ましからずや。
訳 なんと痛ましいことではないか。

「不～乎」部分の「～ずや」という読み方に注意する。

▼**感嘆形**
感嘆形は、「～だなあ」と感情を強調する表現であり、登場人物の心情や、書き手の主張したい内容を押さえる手がかりにもなる。

▼**其**
「何其～也」の「其」は、単に語気を強めるはたらきをしているだけで指示語ではないため、とくに訳す必要はない。

プラス
何～〔之〕～也
読 何ぞ～〔の〕～や
意 なんと～は～だなあ

例 何敵軍之衆也。
読 何ぞ敵軍の衆きや。
訳 なんと敵の軍勢が多いことだなあ。

●「之」は表記されないこともあり、その場合は、送り仮名に格助詞「の」を補って読む。

▼**一**
「一何～」の「一」は、強調の語。

▼**豈不～乎（感嘆と反語の見分け方）**
「豈不～乎」の形で、「～」部分が形容詞なら感嘆、動詞なら反語である場合が多い。

例 豈不勉乎。
読 豈に勉めざらんや。
訳 どうして力を尽くさないことがあろうか、いや、力を尽くす。

❹ 非ズ レ〜 ニ乎

読 〜に非ずや
意 なんと〜ではないか

例 非ズ ニ君子ニ 乎。（疑問の助詞）

読 君子に非ずや。
訳 なんと君子ではないか。

「〜に非ずや」という読み方に注意する。

❺ 不ニ亦〜 乎

読 亦〜ずや
意 なんと〜ではないか

例 不ニ亦楽シカラ 乎。（疑問の助詞）

読 亦楽しからずや。
訳 なんと楽しいことではないか。

「不ニ〜乎」部分の「〜ずや」という読み方に注意する。

2 感嘆詞・感嘆の助詞を用いて表される場合

❶ 嗚呼、〜（嗚呼＝嗟呼・噫・唉・嘻・吁）

読 嗚呼、〜
意 ああ、〜〔だなあ〕

例 嗚呼、天棄ツ レ我ヲ。（感嘆詞）

読 嗚呼、天 我を棄つ。
訳 ああ、天はわたしを見棄てたのだ。

感嘆詞は、しばしば感嘆の助詞と併用される。

❷ 〜哉（哉＝乎・矣・夫・歟・与・乎哉・也哉）

読 〜かな
意 〜だなあ

例 美シキ 哉。（感嘆の助詞）

読 美しきかな。
訳 美しいなあ。

感嘆の助詞は、しばしば感嘆詞と併用される。

▼「豈非ズ レ〜 ニ乎」

「非ズ レ〜 ニ乎」の上に「豈」の付いた「豈非ズ レ〜 ニ乎」（豈に〜に非ずや）も同じ意味。

▼ 疑問形・反語形で表される場合

上段の❶・❷は疑問形で感嘆を表したもの、❸〜❺は反語形で感嘆を表したものである。感嘆は疑問・反語とは訓読の仕方が異なるので注意する。

▼「亦」

「不ニ亦〜 ニ乎」の「亦」は強調の語であり、「また」とは訳さない。

➕プラス

A哉、B也

読 Aかな、Bや
意 Aだなあ、Bは

例 賢ナル 哉、回也。
読 賢なるかな、回や。
訳 賢いなあ、顔回は。（※顔回は人名。）

●「B也、A哉」（＝Bは、Aだなあ）を倒置した強調表現。参照 P.193「倒置形」

▼ 感嘆の助詞を用いた常用句

已ンヌル 矣

読 已んぬるかな
意 もうこれまでだなあ

● 断念・万事休すの思いを表す。「已ヤンヌル 矣哉かな」「已ヤンヌル 矣乎かな」などの形でも用いられる。

宜ナル 乎

読 宜なるかな
意 もっともなことだなあ

● 事柄について、当然である、本当であると認める気持ちを表す。

練習問題

否定形　再読文字　疑問形・反語形　感嘆形

1 「学」には「まなブ＝学ぶ」「がく＝学問・学識」の二つの意味用法がある。次の1〜5の空欄にそれぞれの意味になるように入る文字の組み合わせとして正しいものを、あとのア〜オの記号で答えなさい。（送り仮名は省略している）

1 □レ学。（学ばない。）
2 □レ学。（学識がない。）
3 □レ学。（学問ではない。）
4 □レ学。（学ぶことがない。）
5 □レ学。（学ぶな。）

ア 1無 2非 3不 4非 5不　イ 1不 2無 3非 4無 5無
ウ 1非 2無 3不 4無 5非　エ 1不 2無 3無 4非 5不
オ 1不 2無 3非 4不 5無

2 次の1〜4の文はすべて「無〜無〜」の形であるが、意味用法は異なる。それぞれの意味として適当なものを、あとのア〜オの記号で答えなさい。

1 無レ賢無レ愚知二海深一。
2 無レ学無レ才在レ家。
3 無二日無一レ客倶酔。
4 無二仁愛一無二人望一。

ア〜もなく〜もなく　イ〜と〜との区別なく
ウ〜がなければ〜はない　エどんな〜でもいつも〜がある
オ〜の〜がない

1　2　3　4

3 次の文を書き下し文にしなさい。

1 天下無(シ)レ非(ザルハ)二王土(ニ)一。
注 王土…王の土地

2 未(ダ)レ聞(カ)二好(ム)レ学(ヲ)者(ヲ)一。

3 当(ニ)(シ)二勉励(ス)一。

4 猶(ホ)(シ)二縁(よりテ)レ木(ニ)求(ムルガ)一レ魚(ヲ)。

5 陛下不(ル)レ知(ラ)乎。

6 不(ンバ)レ有(ラ)二佳句一、何(ゾ)述(ベン)二雅懐(がくわいヲ)一。
注 佳句…よい言葉　雅懐…風雅な気持ち

7 創業与(ト)二守成一孰(レカ)難(キ)。

8 悼亡妻、如何不流涙。

9 豈不美乎。

10 不亦君子乎。

4 次の文を訳しなさい。

1 吾矛之利、於物無不陥也。

2 引酒且飲之。

注 引…引き寄せる

3 過則宜改之。

4 須常思病苦時。

5 君子何患無兄弟也。

6 先生何為出此言也。

7 安能為蛇足。

注 為…描く

8 臣敢不聴命。

注 聴命…命令を聞き入れる

9 誰欺汝。

10 嗟呼、哀哉。

11 何其暴而不敬也。

注 暴…乱暴である　不敬…無礼である

❺ 使役形（しえきけい）

使役形は、他の者に何かをさせる意味を表す形である。主に使役の助動詞、もしくは使役を暗示する動詞を用いて示される。

1 使役の助動詞

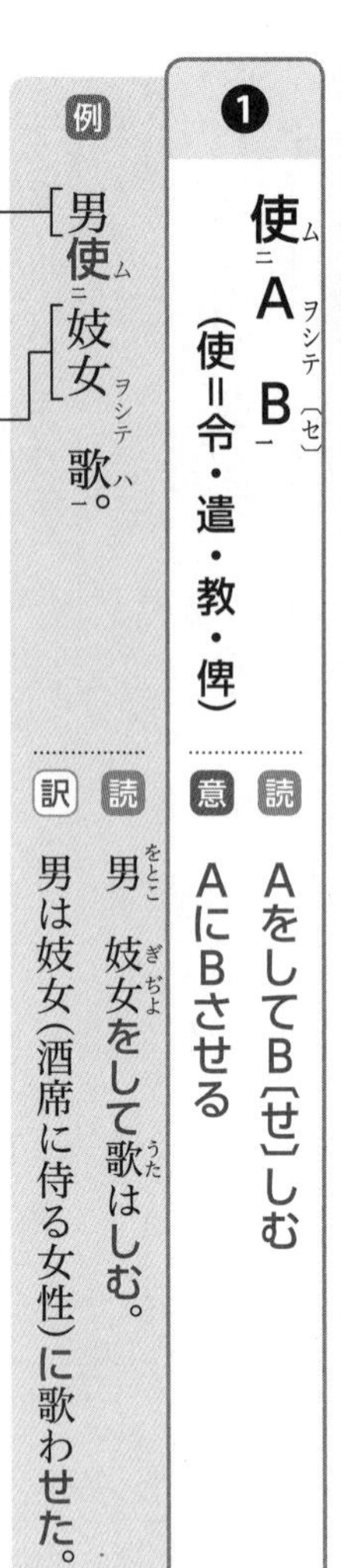

❶ 使ムA ヲシテB（セ）シム（使＝令・遣・教・俾）

読 AをしてB（せ）しむ
意 AにBさせる

例 男使ムニ妓女ヲシテ歌ハ。
（男＝主語＝動作をさせる者／妓女＝実際に動作をする者）

読 男（をとこ） 妓女（ぎぢよ）をして歌（うた）はしむ。
訳 男は妓女（酒席に侍る女性）に歌わせた。

2 使役を暗示する動詞

動詞のなかには、そのニュアンスからよく使役の意味を含めて用いられるものがある。

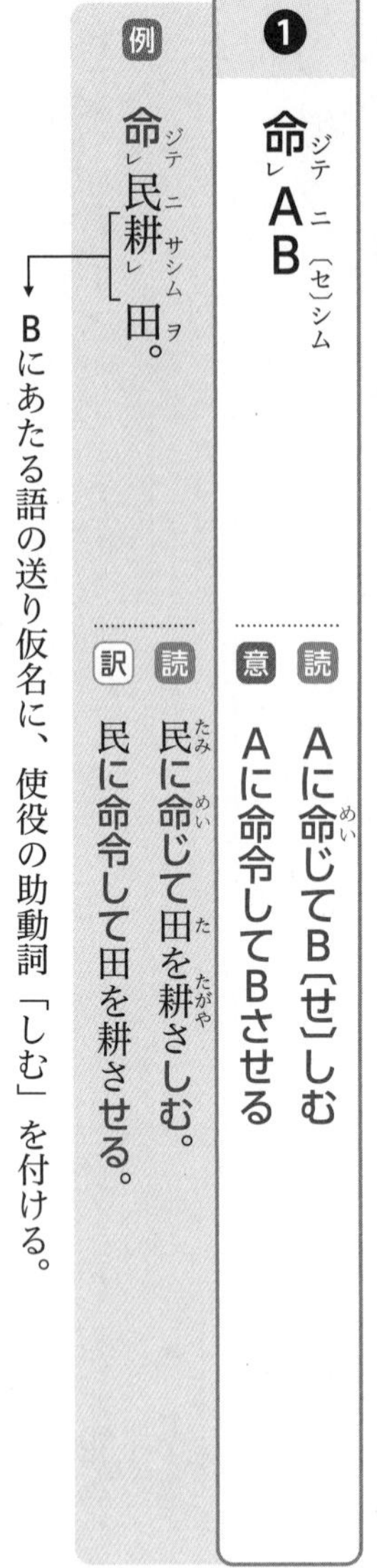

❶ 命ジテレA ニB（セ）シム

読 Aに命（めい）じてB（せ）しむ
意 Aに命令してBさせる

例 命ジテレ民ニ耕サシムレ田ヲ。
→ Bにあたる語の送り仮名に、使役の助動詞「しむ」を付ける。

読 民（たみ）に命（めい）じて田（た）を耕（たがや）さしむ。
訳 民に命令して田を耕させる。

❷ 遣ハシテレA ヲB（セ）シム

読 Aを遣（つか）はしてB（せ）しむ
意 Aを派遣してBさせる

例 遣ハシテレ臣ヲ見エシムニ越王ニ。
→ Bにあたる語の送り仮名に、使役の助動詞「しむ」を付ける。

読 臣（しん）を遣（つか）はして越王（ゑつわう）に見（まみ）えしむ。
訳 臣下を派遣して越王にお目通りさせた。

学習のポイント

- 使役形を、動作をさせる者と実際に動作をする者との関係に注目して理解する。
- 受身形を、動作を受ける者と動作をする者との関係に注目して理解する。
- 比較形の種類と読み方を、良しとされている内容に注意しながら理解する。

▼「使」の直前に読む語の活用形

「使」は使役の助動詞「しむ」として訓読するので、直前の語は未然形で読む。

参照 P.66「しむ」

＋プラス

「使ムA ヲシテB（セ）シム」のA（実際に動作をする者）は省略される場合がある。

使ムレB（セ）

読 B（せ）しむ
意 Bさせる

例 王使ムレ歌ハレ此レヲ。
読 王此（こ）れを歌（うた）はしむ。
訳 王はこれを歌わせた。

▼「遣」の読み方

上段❷の「遣」は、使役の助動詞として次のように読んでもよい。

例 遣ムニ臣ヲシテ見エニ越王ニ。
読 臣（しん）をして越王（ゑつわう）に見（まみ）えしむ。
訳 臣下を越王にお目通りさせた。

● 動詞の意味が強い場合は、上段のように動詞として読む。

❸ 教ヘテレAニB（セ）シム

読 Aに教へてB（せ）しむ
意 Aに教えてBさせる

例 我教ヘテ二弟子ニ一読マシム二漢文ヲ一。
（Bにあたる語の送り仮名に、使役の助動詞「しむ」を付ける。）
読 我弟子に教へて漢文を読ましむ。
訳 わたしは弟子に教えて漢文を読ませた。

3 その他

使役の助動詞や使役を暗示する動詞がなくても、文脈から使役に読む場合がある。

❶ ～（セ）シム

読 ～（せ）しむ
意 ～させる

例 母喜ビテ以ツテレ女ヲ嫁ガシム。
読 母喜びて女を以つて嫁がしむ。
訳 母親は喜んで娘を嫁に行かせた。

述語の動作をそれぞれ誰が行っているかを考えることがポイント。右の例で言えば、「喜ブ」のは「母」だが、「嫁グ」のは「女」であることから、「母親が娘を嫁がせた」と解釈する。

詳解

■使役の意がかかる範囲

動詞が二つある場合に、使役の意がどこまでかかるかは文意によって変わる。とくに、訓点が施されていない場合には前後の文脈から考える必要がある。

例A 王使ム二美人ヲシテ作リレ詞ヲ歌ハレ之ヲ。（王 美人をして詞を作り之を歌はしむ。）
例B 王使メ二美人ヲシテ作ラレ詞ヲ歌フレ之ヲ。（王 美人をして詞を作らしめ之を歌ふ。）

Aは、「王は美人に歌詞を作らせてそれを歌わせた。」の意味であり、Bは、「王は美人に歌詞を作らせてそれを歌った。」の意味である。Aでは使役の意は「作」と「歌」の両方の動詞にかかっているが、Bでは「作」にだけかかっている。

※使役の意が複数の動詞にかかる場合、訓読では「しむ」は最後の動詞にだけ付ける。

「教」の読み方

上段❸の「教」は、使役の助動詞として次のように読んでもよい。

例 我教ム二弟子ヲシテ読マ一二漢文ヲ一。
読 我弟子をして漢文を読ましむ。
訳 わたしは弟子に漢文を読ませた。

●動詞の意味が強い場合は、上段のように動詞として読む。

プラス

その他の使役を暗示する動詞
・詔して（＝〔天子の〕命令を下して）
・勧めて（＝勧めて）
・説きて（＝説得して）
・戒めて（＝戒めて）
・諭して（＝〔物事の道理を〕説き聞かせて）
・召して（＝呼び寄せて）

●これらの語には、いずれも相手に命じたり、勧めたり、教えたりして何かをさせる、というニュアンスがある。ただし、どのような場合でも必ず使役の意味を含めて読むわけではなく、その判断はあくまで前後の文脈による。

文脈だけで使役と判断できる例

例 匈奴王幽シテ二蘇武ヲ一不レ飲食セシメ。
読 匈奴の王 蘇武を幽して飲食せしめず。
訳 匈奴の王は蘇武を幽閉して飲食させなかった。

●匈奴の王が飲食をしないという理由はない。捕らえて幽閉した蘇武に飲食を与えなかったのであろうと文脈から判断し、「不飲食」の部分を使役で訓読したわけである。

6 受身形（うけみけい）

受身形は、他の者から何かをされる意味を表す形である。主に受身の助動詞や前置詞（置き字）、受身を暗示する動詞や特定の構文を用いて示される。

1 受身の助動詞

① 見〜（見＝被・為・所）

読　〜る／（せ）らる

意　〜される

例　信而見疑。

読　信（しん）なれども疑（うたが）はる。

訳　誠実であるのに疑われる。

「見」は助動詞「る・らる」として読むので、書き下し文ではひらがなに直す。

参照 P.155「書き下し文のきまり」

2 前置詞（置き字）

① A於B（於＝于・乎）

読　BにAる／（せ）らる

意　BにAされる

例　労力者治於人。

読　力（ちから）を労（らう）する者（もの）は人（ひと）に治（をさ）めらる。

訳　肉体労働をする者は人に治められる。

主語＝動作の影響を受ける者　　動作をする者

参照 P.155「置き字」

3 受身を暗示する動詞

動詞のなかには、その意味から受身で読まれることが多いものがある。

① 封〜

読　〜に封（ほう）ぜらる

意　〜に（として）領地を与えられる

例　皆封列侯。

読　皆列侯（みなれつこう）に封（ほう）ぜらる。

訳　皆諸侯として領地を与えられた。

▼「見」の直前に読む語の活用形

受身の助動詞「る」「らる」に接続するので、未然形に活用する。なお、「る」「らる」のどちらで読むかは、直前の動詞の活用の種類によって決まる。サ変動詞「す」の場合は「らる」。

参照 P.64「る」「らる」

＋プラス

受身の助動詞と前置詞（置き字）を併用する形。

見A於B

読　BにAる／（せ）らる

意　BにAされる

例　大王見欺於張儀。

読　大王（だいわう）張儀（ちやうぎ）に欺（あざむ）かる。

訳　大王が張儀に欺かれる。

＋プラス その他の受身を暗示する動詞

- 任（にん）ぜらる（＝官職を与えられる）
- 叙（じよ）せらる（＝官位を与えられる）
- 補（ほ）せらる（＝官に任命される）
- 拝（はい）せらる（＝官に任命される）
- 用（もち）ゐらる（＝官吏として任用される）
- 禄（ろく）せらる（＝俸給を与えられる）
- 流（なが）さる　（＝罪を受けて遠方へ行かされる）
- 配（はい）せらる（＝流刑にされる）
- 謫（たく）せらる（＝左遷される）
- 貶（へん）せらる（＝左遷される／けなされる）
- 免（めん）ぜらる（＝罷免される）
- 誅（ちゆう）せらる（＝死刑に処せられる）
- 族（ぞく）せらる（＝一族皆殺しにされる）

● 賞罰に関わるものが多い。

4 受身の構文

慣用的に受身に解釈する構文がある。

❶ 為ニA所レB
- 読 AのB(する)所と為る
- 意 AにBされる

例 後レバ則為ニ人所レ制。
- 読 後るれば則ち人の制する所と為る。
- 訳 遅れをとれば人に押さえつけられる。

直訳すると、「主語が、AのBする対象となる」という意味。結果として受身を表す。

5 その他

受身の助動詞や前置詞(置き字)などがなくても、文脈から受身に読む場合がある。

❶ ～ル／(セ)ラル
- 読 ～る／(せ)らる
- 意 ～される

例 蘇秦遊ニ説シテ秦恵王ニ一不レ用ヰラレ。
- 読 蘇秦 秦の恵王に遊説して用ゐられず。
- 訳 蘇秦は秦の恵王に自説を説いたが採用されなかった。

詳解

■受身の「於」の識別

1 他動詞＋「於」→受身

2 自動詞＋「於」／形容詞＋「於」→受身以外

例 青ハ出デテ於藍ヨリ、而青シ於藍ヨリ。(青は藍より出でて、藍より青し。)

傍線部の「出」は自動詞、波線部の「青」は形容詞なので、いずれも「藍より」と、受身以外に訓読する(前者の「より」は起点、後者の「より」は比較を表す)。

▼「為A所B」の読み方

「為A所B」は、上段のように「為ニA所ノB(スル)ト」(AのBする所と為る)と読むのが一般的だが、「為レA所レB」(Aの為にBる／(せ)らる)と読むこともできる。意味は同じ。

▼「為A所B」の省略形

1 Aの省略

例 為ル所レ虜トスル。
- 読 虜とする所と為る。
- 訳 捕虜にされる。

2「所」の省略

例 身ハ為ニ宋国ニ笑ハ一。
- 読 身は宋国に笑はる。
- 訳 その人は宋国じゅうの人々に笑われた。

●2の場合には、「身ハ為ル宋国ノ笑ヒト。」(身は宋国の笑ひと為る。)と、動詞Bを名詞化して訓読してもよい。

7 比較形（ひかくけい）

比較形は、**二つ以上のものの状態や性質などを比べる**形である。また、そこからあるものを最上としたり、一つを選択したりする場合もある。

1 二者の比較

❶ Aハ不レ如カ二B一ニ（如＝若）

読 AはBに如（し）かず

意 AはBに及ばない（AよりBの程度が上）

例 百聞ハ不レ如カ二一見ニ一。（否定語＋動詞）

読 百聞（ひやくぶん）は一見（いつけん）に如（し）かず。

訳 百回聞くのは一度見るのに及ばない。
→百回聞くより一度見るほうがよい。

❷ Aハ C二於(ヨリ)(モ)B一（於＝于・乎）

読 AはBより〔も〕C

意 AはBよりもCである

例 霜葉ハ紅ナリ二於二月ノ花一ヨリモ（前置詞〈置き字〉 参照 P.155「置き字」）

読 霜葉（そうえふ）は二月（にぐわつ）の花（はな）よりも紅（くれなゐ）なり

訳 霜にあたった葉は二月に咲く花よりも赤い

「於」のすぐ上のC部分には、状態や性質を表す形容詞や形容動詞が置かれる。

2 最上級

比較するものが三つ以上になると、そのなかで一番のものを取り上げることになる。

❶ 莫シレ如クハレ～ニ（莫＝無）（如＝若）

読 ～に如（し）くは莫（な）し

意 ～に及ぶものはない＝～が一番である

例 人ハ莫シレ如クハレ故キニ。（否定語＋動詞）

読 人（ひと）は故（ふる）きに如（し）くは莫（な）し。

訳 人は古くからの友人に及ぶものはない。
→人は古くからの友人が一番だ。

▼ **「A未（いまダ）レ如カ二B一ニ」**

「A不レ如カ二B一ニ」の「不」のかわりに「未」が使われることがある。意味は「不」と同じ。

＋プラス

Aハ不レ及バ二B一ニ

読 AはBに及（およ）ばず

意 AはBに及ばない（AよりBの程度が上）

例 百聞ハ不レ及バ二一見ニ一。

読 百聞（ひやくぶん）は一見（いつけん）に及（およ）ばず。

訳 百回聞くのは一度見るのに及ばない。
→百回聞くより一度見るほうがよい。

▼ **「～ニシクハなシ」の形**

「～ニしクハなシ」という形の最上級の表現は、次のように四通りある。

- 莫シレ如クハレ～ニ
- 莫シレ若クハレ～ニ
- 無シレ如クハレ～ニ
- 無シレ若クハレ～ニ

例 衣ハ莫シレ若クハレ新タナルニ。

読 衣（ころも）は新（あら）たなるに若（し）くは莫（な）し。

訳 衣服は新しいのに及ぶものはない。
＝衣服は新しいのが一番だ。

❷ 莫ㇾA於ㇾB（莫＝無）（於＝于・乎）

読 Bより〔も〕Aは莫し

意 BよりもAであるものはない
＝Bが一番Aである

例 天下莫ㇾ柔ㇾ弱於ㇾ水。（否定語：莫／前置詞（置き字）：於）

読 天下に水よりも柔弱なるは莫し。

訳 世の中に水よりも柔弱なものはない。
→世の中で水が一番柔弱だ。

❸ 莫ㇾ〜ㇾ焉（莫＝無）

読 焉より〔も〕〜は莫し

意 これよりも〜であるものはない
＝これが一番〜である

例 晋国天下莫ㇾ強ㇾ焉。（否定語：莫／代名詞（＝晋国）：焉）

読 晋国は天下に焉より強きは莫し。

訳 晋の国は、世の中でこれよりも強いものはない。
（世の中で晋の国よりも強いものはない。）
→世の中で晋の国が一番強い。

3 選択

比較すると、物事の間に優劣が付く。すると優れたほうのものに対して、それを選ぼうとする気持ちが生まれる。

❶ 寧A無ㇾB（無＝勿・毋）

読 寧ろA〔す〕ともB〔する〕〔こと〕無かれ

意 いっそAしてもBするな

例 寧為二鶏口一、無ㇾ為二牛後一。（禁止 参照 P.163）

読 寧ろ鶏口と為るとも、牛後と為る無かれ。

訳 いっそ鶏の口になっても、牛の尻にはなるな。
→大集団に従属するよりは、小集団のリーダーになれ。

AとBとを比較したうえで、消極的にAを選択し、Bを強く排除する表現。

否定語の使い分け

・二者の比較…「不」で否定
・最上級…「莫・無」で否定

書き下し文における「如・若」「莫・無」

「しク」は動詞、「なシ」は形容詞なので、書き下し文においてはいずれもひらがなに直す必要はない。 参照 P.155「書き下し文のきまり」

「焉」

「焉」は、比較の対象を表す前置詞（置き字）「於」と、代名詞「此（是）」が一つになったもの。これ一語で「於此」あるいは「於是」の意味を表す。

プラス

寧A不ㇾB

読 寧ろA〔す〕ともB〔せ〕ず

意 いっそAしてもBしない

例 寧以ㇾ義死、不二苟幸一ㇾ生。

読 寧ろ義を以って死すとも、苟しくも生を幸はず。

訳 いっそ道義を守って死んでも、道義に背いてまで生きたいとは願わない。

●「不B」は、「不ㇾB」（＝Bするな）と命令形で読まれることもある。

「むしロ」と読む二字の語

「無寧」「無乃」「毋乃」などがある。

② 与二其A一寧B

読 其のA〔せ〕んよりは寧ろB〔せよ〕

意 AするよりはいっそBしたほうがよい

AとBとを比較したうえで、Bを選択する表現。

例 礼与二其奢一也、寧倹。

読 礼は其の奢らんよりは、寧ろ倹なれ。

訳 礼というものは、贅沢であるよりは、いっそつつましいほうがよい。

ポイント

選択の形は、**1「寧〜否定語（禁止）」**と**2「与其〜寧（不如など）」**に大別できる。二つのものを比較して一方を選択するという複雑な構文ゆえに一文が長くなりがちで、バリエーションも多く、訓読、訳出に苦労する。次の要点に沿って、比較される二者のうち、どちらが良しとされているのかという文脈を、まずは押さえるようにしよう。

1「寧」の直後の内容→○　否定語（禁止）の直後の内容→×

2「与其」の直後の内容→×　寧（不如など）の直後の内容→○

選択には、二者を比べてどうであるかを問う、次のようなパターンもある。

※暗に一方を良しと主張している場合が多いため、選択に含まれる。

③ A孰三与B一（孰与＝孰若）

読 AはBに孰与れぞ

意 AはBと比べてどうか（Bのほうがよい）

例 坐待レ死孰三与伐レ敵。

読 坐して死を待つは敵を伐つに孰与れぞ。

訳 じっと座って死を待つのは、敵を伐つのと比べてどうか。（敵を伐つほうがよい。）

▼［其］ 選択で用いられる「其」は、単に語調を整えるためのものであり、指示語ではない。

＋プラス

与二其A一不レ如レB（如＝若）

読 其のA〔せ〕んよりはB〔する〕に如かず

意 AするよりはいっそBしたほうがよい

例 礼与二其奢一也、不レ如レ倹。

読 礼は其の奢らんよりは、倹なるに如かず。

訳 礼というものは、贅沢であるよりは、いっそつつましいほうがよい。

●「不レ如レB」の部分が「豈若レB哉」という反語の形になったものもある。意味は同じ。

＋プラス

与二其A一 孰三若B一（孰若＝孰与）

読 其のA〔せ〕んよりはB〔する〕に孰若れぞ

意 AするよりはBしたほうがよいのではないか

例 与二其有三楽於身一、孰三若無二憂於其心一。

読 其の身に楽しみ有らんよりは、其の心に憂ひ無きに孰若れぞ。

訳 肉体に楽しみがあるよりは、心に気がかりがないほうがよいのではないか。

●「与其〜」の形に疑問の「孰若」を用いたもの。

練習問題　使役形　受身形　比較形

1 次の文を書き下し文にしなさい。

1 天帝使ム二我ヲシテ王タラ一。

2 遣ム二従者ヲシテ先行セ一。

3 命ジテ二故人ニ一書カシムレ之ヲ。

4 忠ナレドモ而被レ殺サ。

5 見ルルモレ辱メ而不レ怒ラ。

6 苛(か)政ハ猛(たけ)シ二於虎ヨリモ一。

7 治メレ世ヲ安ンズルハレ民ヲ、莫シレ如クハレ徳ニ。

8 忠ハ孰二与レゾ孝ニ一。

2 書き下し文を参考にして、次の文に返り点と送り仮名を付けなさい。

1 趙 王 令 臣 献 璧。
（趙王(てうわう)臣(しん)をして璧(へき)を献(けん)ぜしむ。）

2 小 人 役 於 物。
（小人(せうじん)は物(もの)に役(えき)せらる。）

3 莫 若 六 国 従 親 以 擯 秦。
（六国従親(りつこくしようしん)して以(も)つて秦(しん)を擯(しりぞ)くるに若(し)くは莫(な)し。）

3 次の文を訳しなさい。

1 我勧メテレ彼ニ読マシムレ書ヲ。

2 我為ル二衆人ノ所ト一レ謗(そし)ル。

注　謗…非難する

3 莫シレ若クハ二心ハ無キニ一レ憂ヒ。

8 仮定形（かていけい）

仮定形は、ある条件を仮に設けたうえで、結論や主張を述べる形である。主に仮定の副詞、もしくは接続詞を用いて示される。

1 仮定の副詞

① 如シ～バ（如＝若・即・則・設・使・仮・儻・如使）

読 如（も）し～ば

意 もしも～ならば

例 如シ有ラバ二用フルレ我ヲ者一、吾其レ為サン二善政ヲ一。

読 如（も）し我（われ）を用（もち）ふる者（もの）有（あ）らば、吾（われ）其（そ）れ善政（ぜんせい）を為（な）さん。

訳 もしもわたしを任用する者がいるならば、わたしは善政を行おう。

② 苟クモ～バ

読 苟（いや）しくも～ば

意 もしも～ならば

例 苟クモ有ラバレ過チ、人必ズ知ルレ之ヲ。

読 苟（いや）しくも過（あやま）ち有（あ）らば、人必（ひとかなら）ず之（これ）を知（し）る。

訳 もしも過失があったならば、人は必ず気がつく。

③ 縦ヒ～トモ（縦＝縦令・縦使・仮令・仮設・借令）

読 縦（たと）ひ～とも

意 たとえ（仮に）～だとしても（であっても）

例 縦ヒ人不トモレ知ラ、天知ルレ之ヲ。

読 縦（たと）ひ人（ひと）知らずとも、天之（てんこれ）を知（し）る。

訳 たとえ人が知らなかったとしても、天はこのことを知っている。

接続助詞「とも」は、用言の終止形に接続する。参照 P.88「とも」

学習のポイント

- 仮定形の種類と、順接・逆接の用法の区別を理解する。
- 倒置形が使われる場合と、その形を理解する。
- 抑揚形の読みと意味を、その構造とともに理解する。
- 限定形の種類、および累加形の読み方と意味について理解する。

「如・若」の読み――「もシ」と「ごとシ」……

「如・若」は、「ごとシ」と読んで、「～のようだ」という**比況**の意味を表す場合もある。ルビがなければ「もシ」と間違える可能性があるので注意が必要。「ごとシ」は必ず下から上へ返って読むのに対して、「もシ」は上から下へ返らずに読んでいく点が異なる。

例 人生如シ二朝露ノ一。

読 人生（じんせい）朝露（てうろ）のごとし。

訳 人生は朝露のよう（にはかないもの）だ。

- 「ごとし」は助動詞なので、書き下し文ではひらがなに直す。なお、「如（ごとシ）」に返る直前部分の読み方には、次の二つの場合がある。

1 活用語の連体形＋ガ

2 名詞＋ノ

詳解

■**仮定の用法——順接と逆接**

仮定の用法には、**順接**(もしも〜ならば)と**逆接**(たとえ〜だとしても)の二種類がある。右ページの❶・❷は順接、❸は逆接の用法である。ただし、❶・❷の副詞「もシ」「いやシクモ」には、逆接の用法もある。

❶ 例 即敗死、喪一老翁。
読 即し敗死す**とも**、一老翁を喪ふのみ。
訳 たとえ敗死した**としても**、ただ一人の老人を失うだけだ。

❷ 例 苟富貴、無相忘。
読 苟しくも富貴となる**とも**、相忘るること無からん。
訳 たとえ富貴の身になった**としても**、君を忘れないだろう。

大事なのは、前の部分がどういう**条件**を表していて、後の部分がどういう**結論**を表しているかという、文の意味を考えて識別することである。

2 接続詞

❶ **〜則**
読 **〜ば則ち**
意 **〜ならば〔そのときは〕**

例 衣食足、則知栄辱。
読 衣食足れば、則ち栄辱を知る。
訳 衣食が十分ならば、名誉と恥をわきまえる。

前半の条件と、後半の結論とをつなぐはたらきをする。「如」と併用されることも多い。

❷ **雖〜**
読 **〜と雖も**
意 **たとえ(仮に)〜だとしても(であっても)**

例 雖不中、不遠。
読 中たらず**と雖も**、遠からず。
訳 たとえ的中していない**としても**、大外れではない。

漢文訓読における接続助詞「ば」の使い方……

古文では普通、順接を表す接続助詞「ば」は、
1 未然形＋ば➡仮定条件(もしも〜ならば)
2 已然形＋ば➡確定条件(〜ので)
と区別するが、漢文訓読においてはあまり厳密な使い分けはせず、仮定条件を表す場合でも「已然形＋ば」を用いることが多い。 参照 **P.88「ば」**

「レバ則」……

❶「則」は、直前部分の読みが「〜レバ」になることが多いことから、**「レバ則」**と呼ばれる。

「即」……

❶の「則」と同じく「すなはチ」と読む「即」は、「ただちに」の意味で用いられることが多いが、「〜即」という形で、やはり「則」と同じ「〜ならば」の意味を表すことがある。

逆接確定条件の「雖」……

「雖」には、上段❷に記した逆接仮定条件の用法以外に、逆接確定条件の用法もある。見分け方は次のとおり。
1 雖＋主語➡逆接仮定条件(たとえ〜だとしても)
2 主語＋雖➡逆接確定条件(〜ではあるが)

例 江東雖小、地方千里。
読 江東は小なり**と雖も**、地は方千里なり。
訳 江東地方は小さい**が**、〔それでも〕土地の広さは千里四方である。

●逆接確定条件の場合、しばしば下に「然・而」などの接続詞を伴う。

❸ 今〜(バ)

読 今〜ば
意 もしも今〜ならば

例 今子食レ我、是逆ニ天帝ノ命一也。
読 今子 我を食らはば、是れ天帝の命に逆らふなり。
訳 もしも今あなたがわたしを食べたならば、それは天帝の命令に逆らうことになるのだ。

3 その他

仮定の副詞や接続詞がなくても、文脈から仮定に読む場合がある。

❶ 使ニA B一(セ)（使＝令・遣・教・俾）

読 AをしてB(せ)しめば
意 AにBさせたならば

例 使ニ民衣食有一レ余、自不レ為レ盗。
読 民をして衣食に余り有らしめば、自づから盗みを為さざらん。
訳 民に衣食があり余るようにさせたならば、自然と盗みはしなくなるだろう。

使役形を、文脈から仮定の意を加えて読んだもので、直訳は「AにBさせたならば」となる。ただ、内容的には「もしもAがBしたならば」と同じであるので、右の例文も、「もしも民が衣食十分であるならば」と訳すことができる。

参照 P.182〜183「使役形」

❷ 不レA(セ) 不レB(セ)

読 A(せ)ずんばB(せ)ず
意 AしなければBしない

例 不レ入ニ虎穴一、不レ得ニ虎子一。
読 虎穴に入らずんば虎子を得ず。
訳 虎の住む穴に入らなければ虎の子は得られない。

前の否定部分が条件、後の否定部分が結論を表している。否定語には「無・非」なども使われる。

＋プラス 微レ〜(カリセバ)

読 〜微かりせば
意 もしも〜がなかったならば

例 微ニ吾子一、無レ所レ聞レ之矣。
読 吾子微かりせば、之を聞く所無からん。
訳 もしもあなたがいなかったならば、これを聞くことはなかっただろう。

▼文脈による仮定形

例 朝聞レ道、夕死 可也。
読 朝に道を聞かば、夕べに死すとも可なり。
訳 朝に人としての道を聞いたならば、その日の夕方に死んだとしてもかまわない。

●右の例文では、「朝聞レ道」が「夕死 可也」の仮定条件（順接）になっており、さらに「夕死」が「可也」の仮定条件（逆接）となっている。

▼仮定形特有の読み方

上段❷「不レA(セ)」の「不」は「ざレバ」と読んでもよいが、訓読の習慣として、一般的には「ずンバ」と読まれる。この他にも、仮定形で特有の読み方をする字がある。

・無(なケレバ) ➡ 無(なクンバ)
・非(あらザレバ) ➡ 非(あらズンバ)
・可(べケレバ) ➡ 可(べクンバ)
・如(ごとケレバ) ➡ 如(ごとクンバ)

ちなみに、「不(ずンバ)」の読みを用いた次のような特殊な表現もある。

不者(ずンバ)
読 不者ずんば
意 もしもそうでなければ

❾ 倒置形（とうちけい）

たとえば「賢ナル哉、回也。」（賢いなあ、顔回は。）という言葉がある。これは、「回也、賢ナル哉。」（顔回は賢いなあ。）の主語と述語の順番を替えることで、顔回を称える気持ちを強調したものである。このように、**本来の決まった語順が入れ替わる**ことを倒置という。倒置は、右のような**強調のための場合**のほか、**きまりに従って起こる場合**もある。

1 強調のための倒置

❶ A ヲ之レ B（ス）（之＝是）

読 Aを之（こ）れB〔す〕

意 AをBする

例 漢文ヲ之レ学ブ。

読 漢文（かんぶん）を之（こ）れ学（まな）ぶ。

訳 漢文を学ぶ。

本来の語順「学ブ二漢文ヲ一」の述語と目的語を入れ替えて、「漢文を」の部分を強調している。

2 きまりに従う倒置

❶ 不二 A ヲ B（セ）一

読 AをB〔せ〕ず

意 AをBしない

例 不二己ヲ知ラ一。

読 己（おのれ）を知（し）らず。

訳 自分のことをわかっていない。

否定文で、目的語が代名詞の場合、倒置が起こる。本来の語順は「不レ知ラレ己ヲ。」

❷ 何ヲカ 〜（スル）

読 何（なに）をか〜〔する〕

意 何を〜するのか

例 何ヲカ求ムル。

読 何（なに）をか求（もと）むる。

訳 何を求めるのか。

目的語が疑問詞の場合、倒置が起こる。本来の語順は「求ムルレ何ヲカ。」

「賢ナル哉、回也。」

この文は、感嘆の句形でもある。 参照 P.179

本来の語順

漢文には、その基本的な語の並びがある。 参照 P.159〜160「漢文の基本構造」

倒置形に使われる「之」

「之」は、倒置して上にきた目的語と下の動詞との間に置かれて、倒置であることを示す目印のようなはたらきをする。指示語ではないため、訳す必要はない。読み方も、通常の「これ」ではなく「コレ」となる。

否定文で目的語が代名詞の場合の倒置

代名詞は、「我（われ）・吾（われ）・己（おのれ）・汝（なんぢ）・爾（なんぢ）・之（これ）」など。他の否定語「弗ズレ〜（セ）・未ダレ〜（セ）」などを用いた場合でも、同様の倒置が起こる。

例 未ダ二己ヲ知ラ一。

読 未（いま）だ己（おのれ）を知（し）らず。

訳 まだ自分のことをわかっていない。

目的語が疑問詞の場合の倒置

上段❷では、「何を〜するのか」という疑問の意味しか取り上げていないが、「何を〜しようか、いや、何も〜しない」という反語の意味を表すときにも、同様の倒置が起こる。また、「何ヲカ」以外の疑問詞を用いた場合でも同じことが起こる。 参照 P.172「疑問形・反語形」

10 抑揚形（よくようけい）

たとえば人との会話のなかで、次のような言い方をしたことはないだろうか。

「僕（わたし）にだってできたんだから、君（あなた）ならきっとできるよ。」

これは、自分（＝僕・わたし）のことをわざと控えめに言うことで、相手（＝君・あなた）のことを持ちあげる、強調表現である。このように、**前半の内容をわざと低く抑えて述べておき、後半で、主張したい重要な内容を揚（あ）げて言う形**のことを、抑揚形という。

抑揚形は、「況」の字を用いる形と反語表現を用いる形の二つに大きく分けられる。

1 「況」字を用いる形

❶ A且(スラ)B、況(ンヤ)C乎(ヲ)（乎＝哉・也・邪・耶）

読 Aすら且（か）つB、況（いは）んやCをや

意 AでさえBだ、ましてCならなおさら〔B〕だ

例 死馬(スラ)且(ツ)買(フ)レ之(ヲ)、況(ンヤ)生(ケル)者(ヲ)乎。

読 死馬（しば）すら且（か）つ之（これ）を買（か）ふ、況（いは）んや生（い）ける者（もの）をや。

訳 死んだ馬でさえ買う。まして生きた馬ならなおさらだ。

→生きた馬なら絶対に買う。

ポイント

❶の形を基本にして、次のようにさまざまな表現がある。例は下段を参照。

{A尚(スラなホ)B / A猶(スラなホ)B / A(スラ)B} ＋ {況(いはンヤ) / 而況(しかルヲいはンヤ)} ＋ {C乎(ヲや) / 於(おイテヲ)レC乎(ニや)}

いずれも、先に述べるAのことを低く抑えることで、後で述べるCのことを持ちあげて強調する、シーソーのような構造になっている。

抑↓ AでさえBだ

ましてCならなおさら〔B〕だ ↑揚

▼**抑揚形**

抑揚形は非常に強い表現であるので、文章のテーマに関係する内容を表すことが多い。

▼**「スラ」**

抑揚形前半部分には、副助詞「すら」を送り仮名として添える。参照 P.93「すら」

▼**「〜ヲヤ」**

文末の「乎」はない場合もある。そのときには、送り仮名に「ヤ」を加えて、末尾が必ず「〜ヲヤ」となるようにする。

▼**上段❶を基本にしたさまざまな抑揚表現**

例 天地(スラ)尚(ホ)不(ル)レ能(ハ)レ久(シキコト)、而況(しかルヲいはンヤ)於(おイテヲ)レ人乎(ニ)。

読 天地（てんち）すら尚（な）ほ久（ひさ）しきこと能（あた）はず、而（しか）るを況（いは）んや人（ひと）に於（お）いてをや。

訳 天地でさえ永遠ではありえない。まして人間の場合ならなおさらだ。

→人間の命は絶対に永遠ではない。

例 天子(スラ)不(ル)レ召(サ)レ師(ヲ)、而況(ルヲンヤ)諸侯乎(ヲ)。

読 天子（てんし）すら師（し）を召（め）さず、而（しか）るを況（いは）んや諸侯（しょこう）をや。

訳 天子でさえ先生を呼びつけない。まして諸侯ならなおさらだ。

→諸侯が師を呼びつけては絶対だめ。

2 反語表現を用いる形

参照 P.173「安」

❶ A且(スラ)B、安(クンゾ)C(セ)ン　(安＝悪)

読 Aすら且つB、安くんぞC〔せ〕ん

意 AでさえBなのに、どうしてCしようか

例 臣死(スラ)且(ツ)不レ避(ケ)、卮酒安(クンゾ)足(ランヤ)レ辞(スルニ)。

読 臣死すら且つ避けず、卮酒安くんぞ辞するに足らんや。

訳 わたしは死でさえ避けないのに、大杯の酒をどうして辞退しようか。→絶対に飲む。

「且」の代わりに「尚・猶」を使う場合もある。

詳解

■主張部分の省略された抑揚形

たとえば、次の文を見てみよう。

例 獣相食(ムスラ)、且(ツ)人悪(ム)レ之(ヲ)。

読 獣相食むすら、且つ人之を悪む。

訳 獣が互いに食べ合うことでさえ、人は憎み嫌うものである。

ここでは、「A且(スラ)B、況(ンヤ)C乎」の後半「況(ンヤ)C乎」にあたる部分が書かれていない。このように、筆者や話者が主張したい重要な内容は、あえて表現しなくても理解されるだろうと予想される場合などには省略されることがある。そうした文に出合ったときには、抑揚形の前半部から、主張しようとしている事柄を推測する必要がある。

前半＝獣どうしが食べ合うことでさえ、人は憎み嫌う

↓ **推測**

後半＝まして人間どうしが食べ合う（殺し合う）のを憎むのは当然だ
〈況(ンヤ)人相食(ムヲ)乎（況んや人相食むをや）〉

＋プラス

A且(スラ)B、何(ゾ)C(セ)ン

読 意 Aすら且つB、何ぞC〔せ〕ん
AでさえBなのに、どうしてCしようか

例 臣且(スラ)避(ク)レ之(ヲ)、君何(ゾ)為(サンヤ)。

読 臣すら且つ之を避く、君何ぞ為さんや。

訳 臣下のわたくしでさえこれを避けますのに、どうして主君であるあなた様がこれをなさりましょうか。→絶対になさるまい。

● 上段❶の「安(クンゾ)」を「何(ゾ)」に置き替えた形。「況」と組み合わせて「何況(ゾンヤ)」となる場合もある。また、「何」以外に、「豈(アニ)」が疑問詞として使われることもある。参照 P.171「何」 176「豈」

11 限定形・累加形

たとえば、「スポーツでは、野球だけが好きだ。」と言うと、その人の好きなスポーツは野球に限られることになる。このように、**ものごとの程度や分量を限定する形**を、限定形という。限定形は、主に**限定の副詞**、もしくは**限定の助詞**を用いて示される。

1 限定の副詞

❶ 唯ダ～（ノミ）
（唯＝惟・只・但・直・徒・祇）

読 唯だ～（のみ）
意 ただ～だけ

例 唯ダ君子ノミ能クス之ヲ。
読 唯だ君子のみ之を能くす。
訳 ただ君子だけが行うことができる。

限定の助詞「ノミ」を送り仮名として添えて読むのが一般的。参照 P.94「のみ」

❷ 独リ～（ノミ）

読 独り～（のみ）
意 ただ～だけ

例 今独リ臣ノミ有リ船。
読 今独り臣のみ船有り。
訳 今、ただわたしだけが船を持っている。

用法は❶と同じ。

2 限定の助詞

❶ ～耳
（耳＝已・爾・而已・而已矣）

読 ～のみ
意 ～だけだ／～にすぎない

例 読ム二史記ヲ一耳。
読 史記を読むのみ。
訳 史記を読むだけだ。

助詞「のみ」として読むので、書き下し文ではひらがなに直す。参照 P.155「書き下し文のきまり」

限定の副詞を用いたときの「ノミ」の付け方

1 限定の副詞の下が名詞の場合
➡その名詞に「ノミ」を送り仮名として添える。上段の例文を参照。

2 限定の副詞の下が〔他の副詞＋〕動詞の場合
➡その動詞の送り仮名に「ノミ」を加える。

例 但ダ微シク頷クノミ之ニ。
読 但だ微しく之に頷くのみ。
訳 ただ少しばかりうなずくだけであった。

3 詩などの韻文
➡語調の関係で「ノミ」を省略することがある。

例 唯ダ見ル長江ノ天際ニ流ルルヲ
読 唯だ見る長江の天際に流るるを
訳 ただ長江が天の果てへと流れてゆくのが見えるだけだ

＋プラス

纔カニ～（ノミ）
（纔＝僅）

読 纔かに～（のみ）
意 かろうじて（やっと）～だけ

例 初メハ極メテ狭ク、纔カニ通ズルノミ人ヲ。
読 初めは極めて狭く、纔かに人を通ずるのみ。
訳 最初は非常に狭く、かろうじて人が通れるだけであった。

限定の副詞と限定の助詞の併用

限定の副詞と限定の助詞は併用される場合がある。

例 直ダ不ル二百歩ナラ一耳。
読 直だ百歩ならざるのみ。
訳 〔逃げたのが〕ただ百歩でないだけだ。

詳解

■限定のはたらき——断定と強調

限定形には、ものごとが「まさに～にほかならない」と、断定・強調するはたらきもあり、文脈によっては、次のように肯定・否定両様のニュアンスを帯びる。

1「ひたすら懸命に～（するの）だ」という肯定的なニュアンス
2「ただ～（する）にすぎない」という否定的なニュアンス

もし、「野球だけでなく、サッカーも好きだ。」と言ったとすると、その人が好きなスポーツには、野球のほかにサッカーがあることになる。このように、**事柄や判断をさらに付け加える形**を、累加形という（「累（かさ）」ねて「加」える意）。累加形は、**否定語と限定の副詞、もしくは反語を表す語と限定の副詞を組み合わせた形**で示される。

1 否定語＋限定の副詞 参照 P.162「不」

❶ 不ニ唯（ダニ）～一（ノミナラ）
（唯＝惟・只・但・直・徒・祇）

読 唯（た）だに～のみならず
意 ただ～だけでなく

例 不ニ唯（ダニ）君子ノミナラ一、小人亦（モ）能（クス）レ之（ヲ）。
読 唯（た）だに君子（くんし）のみならず、小人（せうじん）も亦（また）之（これ）を能（よ）くす。
訳 ただ君子だけでなく、小人も行うことができる。

2 反語を表す語＋限定の副詞 参照 P.176「豈」

後文に付け加える内容が書かれていない場合は、文脈から判断する。

❷ 豈（ニ）唯（ダニ）～（ノミナラン）
（唯＝惟・只・但・直・徒・祇）

読 豈（あ）に唯（た）だに～のみならん
意 どうしてただ～だけであろうか

例 能（クスル）レ之（ヲ）者、豈（ニ）唯（ダニ）君子（ノミナラン）乎。
読 之（これ）を能（よ）くする者（もの）、豈（あ）に唯（た）だに君子（くんし）のみならんや。
訳 これを行える者はどうしてただ君子だけだろうか。
→君子以外にもいる。

▼文脈から限定に読む場合

限定の副詞や限定の助詞がなくても、文脈から限定に読む場合がある。

例 詞中有レ誓両心知（ニ・リ・ヒ・ノミ・ル）
読 詞中（しちゆう）に誓（ちか）ひ有（あ）り両心（りやうしん）のみ知（し）る
訳 その言葉のなかには、二人だけが知っている誓いが含まれていた

▼否定語＋限定の副詞

不（ず）唯（ただ ダニ）～（ノミナラ）
（否定形 ／ 限定形）

否定語＋限定の副詞には、他に次のような形もある。参照 P.162「非」

・不（ず）独（ひとり）～（ノミナラ）（＝ただ～だけでなく）
・非（あらズ）唯（ただダニ）～（ノミニ）（＝ただ～だけでなく）
・非（あらズ）独（ひとり）～（ノミニ）（＝ただ～だけでなく）

▼反語を表す語＋限定の副詞

豈（あニ）唯（ただダニ）～（ノミナラン）
（反語形 ／ 限定形）

反語を表す語＋限定の副詞には、他に次のような形もある。参照 P.171「何」

・何独（なんぞひとり）～（ノミナラン）（＝どうしてただ～だけであろうか）

練習問題　仮定形　倒置形　抑揚形　限定形・累加形

1 次の文を書き下し文にしなさい。

1 学若シ不ンバレ成ラ、死ストモ不レ還(かへ)ラ。

2 剣雖モレ利(するど)シト、不ンバレ厲(と)ガ不レ断タ。

2 次の文を訳しなさい。

1 使メバ三我ヲシテ為(た)ラ二将軍一、

2 微(なかり)セバ二孔子一、

3 書き下し文を参考にして、次の文に返り点と送り仮名を付けなさい。

1 何 偽 之 有。（何(なん)の偽(いつは)りか之(こ)れ有(あ)る。）

2 臣 未 之 聞 也。（臣未(しんいま)だ之(これ)を聞(き)かざるなり。）

4 次の文を1書き下し文にし、2傍線部の意味として適当なものをあとから選びなさい。

1 其ノ父兄スラ且ツ不レ顧ミ、安クンゾ能ク顧ミンレ王ヲ。

ア 王のことを顧みて何としても救おうとした。
イ 王のことなど顧みて救おうとはしなかった。
ウ 王のことを顧みて救うべきだろうか。
エ 王のことを顧みて救うことができた。

2

5 次の文を1書き下し文にし、2訳しなさい。

禽獣(きんじう)スラ知ルレ恩ヲ、而ルヲ況ンヤ於イテレ人ニ乎。

1

2

6 書き下し文を参考にして、次の文に返り点と送り仮名を付けなさい。

1 但 聞 人 語 響 （但(た)だ人語(じんご)の響(ひび)きを聞(き)くのみ）

2 徒 以 吾 両 人 耳。（徒(た)だ吾(わ)が両人(りやうにん)を以(も)つてのみ。）

7 次の文を書き下し文にしなさい。

不二唯ダニ忘ルルノミナラ一レ帰ルヲ、可シ二以ツテ終フ一レ老イヲ。

8 次の文を訳しなさい。

非ズ二徒ダニ無キノミニ一レ益、而モ又害スレ之ヲ。

⑫ 可能形(かのうけい)

可能形は、「～できる」という意味を表す形であるが、使われる字により、細かな意味の違いがある。また、否定語や反語を表す語を伴うことで、不可能の意味にもなる。

❶ 能(ク)～(ス)

読　能(よ)く～〔す〕
意　～することができる

例　能(ク)泳(グ)。
読　能(よ)く泳(およ)ぐ。
訳　泳ぐことができる。

右は、～部分が動詞の場合の読み方だが、ここが名詞のときには「能(クス)レ～(ヲ)」(～を能(よ)くす)と読む。意味は、「～することができる」もしくは「～するのが得意である」。

❷ 得(レ)～(スル)ヲ

読　～〔する〕を得(う)
意　～することができる

例　得(レ)泳(グ)ヲ。
読　泳(およ)ぐを得(う)。
訳　泳ぐことができる。

「得」の直前に読む動詞は格助詞「を」に接続するので、連体形に活用する。参照 P.82「を」

ポイント

「能」と「得」は、ともに「～することができる」と訳せる字だが、次に示すように、それぞれ微妙な意味の違いがある。

能：それをする能力が備わっていてできる。
例　能(ク)泳(グ)。(能(よ)く泳(およ)ぐ。)➡1キロ泳ぐことができる、など。

得：機会に恵まれてできる。
例　得(レ)泳(グ)ヲ。(泳(およ)ぐを得(う)。)➡暇があるから泳ぐことができる、など。

学習のポイント

- 可能形の、用字による意味の違いを知る。
- 願望形の読み方と意味を、自己の願望と他者への願望との違いに着目して理解する。
- 推量形の、用字による意味の違いを知る。
- 発語の読み方と意味を、その文章中における役割とともに理解する。

＋プラス

以下は、「能」「得」を用いた不可能の表現。

(1)不(せ)(二)能(ク)(一)～
(2)不(レ)能(ハ)～(スル)(コト)

読　(1)能(よ)く～〔せ〕ず
　　(2)～〔する〕〔こと〕能(あた)はず
意　～できない

不(レ)得(レ)～(スル)ヲ

読　～〔する〕を得(え)ず
意　～できない

- 「不」の代わりに「無(莫)(なし)」が使われることもある。そのときの読み方は、「無(シ)(二)能(ク)～(スル)(コト)(一)」(能(よ)く～〔する〕〔こと〕無(な)し)、「無(シ)(レ)得(ルレ)～(スル)ヲ」(～〔する〕を得(う)る無(な)し)となる。意味は「不」の場合と同じ。

不可能表現「不能」と「不得」の違い

・不能：もともとそれをする能力が備わっていないので、常にできない。
・不得：機会がなくて、今はできない。
- 大雨で川が増水しているために、向こう岸まで泳ぐことができない、という場合には「不(レ)得(レ)泳(グ)ヲ。」(泳(およ)ぐを得(え)ず。)となる。

❸ 可$_{ニ}$〔以〕$_{テ}$〜$_{(ス)}$

読 〔以(も)つて〕〜〔す〕べし
意 〜することができる

例 我可$_{シ}$以$_{テ}$解$_{ス}$漢文$_{ヲ}$。
読 我(われ)以つて漢文(かんぶん)を解(かい)すべし。
訳 わたしは漢文を理解することができる。

「可」は助動詞「べし」として読む。参照 P.52「べし」

詳解

■可能以外の意味を表す「可」 参照 P.52「べし」

1当然・義務・命令
例 汝可$_{シ}$疾去$_{ル}$。
読 汝(なんぢ)疾く去(さ)るべし。
訳 おまへは早く立ち去るべきだ(立ち去れ)。

2推量・適当
例 滄浪之水清$_{マバ}$兮、可$_{シ}$以$_{テ}$濯$_{フ}$吾纓$_{ヲ}$
読 滄浪(さうらう)の水清(みづす)まば、以(も)つて吾(わ)が纓(えい)を濯(あら)ふべし
訳 滄浪の水が澄んでいれば、自分の冠の紐(ひも)を洗うだろう(洗えばよい)

可能表現に反語を表す語が組み合わさると、不可能の意味となる。参照 P.176「豈」

❹ 豈可$_{ケン}$〔以〕$_{テ}$〜$_{(ス)}$

読 豈(あ)に〔以(も)つて〕〜〔す〕べけん
意 どうして〜できようか、いや、〜できない

例 豈可$_{ケンヤ}$以$_{テ}$解$_{ス}$漢文$_{ヲ}$。
読 豈(あ)に以(も)つて漢文(かんぶん)を解(かい)すべけんや。
訳 どうして漢文を理解できようか、いや、理解できない。

「べし」は反語では、漢文訓読の習慣で「べけん(や)」と読む。

「可」の可能のニュアンス

可能の意味の「可」は、客観的状況や条件から判断して「〜することができる」というニュアンスを表す。

＋プラス
「可」を用いた不可能の表現。

不$_{レ}$可$_{カラ}$〔以〕$_{テ}$〜$_{(ス)}$
読 〔以(も)つて〕〜〔す〕べからず
意 〜できない

●この形には、不可能だけでなく、「〜してはいけない」という禁止の意味もある。参照 P.163「禁止」

＋プラス
「可」を用いた他の可能表現。

〜可也
読 〜は可(か)なり
意 〜することができる

●文末での表現。この形には、可能だけでなく、「〜してもよい」という許可の意味もある。

反語を用いた不可能表現

反語を用いた不可能表現は、上段❹のような「可」を使ったものだけでなく、「能・得」を用いたものもある。
・「豈能$_{ク}$〜$_{(セ)ン}$」(豈(あ)に能(よ)く〜(せ)ん)
・「豈得$_{ン}$〜$_{(スル)ヲ}$」(豈(あ)に〜(する)を得(え)ん)
また、反語を表す語として、「豈」以外に、「何(なんゾ)」や「安(いづクンゾ)」を使用する場合もある。意味はどれも同じ。参照 P.171「何」 173「安」

⑬ 願望形（がんぼうけい）

願望形は、ものごとに対する意志や希望を表す形である。自分が「〜したい」と望む場合と、他者に「〜してほしい」と願う場合とがある。

❶ 欲(ス)レ〜(セ)ント

読 〜(せ)んと欲す

意 〜したい／〜であってほしい

例 我欲(ス)レ眠(ラント)。

読 我眠らんと欲す。

訳 わたしは眠りたい。

❷ 請(フ)〜(セ)ン[コトヲ]／(セヨ)

読 請ふ〜(せ)ん[ことを]／(せよ)

意 どうか〜させて(して)ください

例 請(フ)看(ヨ)レ之(ヲ)。

読 請ふ之を看よ。

訳 どうか(あなたは)これを見てください。

会話文や手紙文など、相手に語りかける文章の中でよく用いられる。❸も同じ。

❸ 願(ハクハ)〜(セ)ン[コトヲ]／(セヨ)

読 願はくは〜(せ)ん[ことを]／(せよ)

意 どうか〜させて(して)ください

例 願(ハクハ)為(ラン)ニ良医(ト)一。

読 願はくは良医と為らん。

訳 どうか(わたしを)名医にならせてください。

→「なんとかして名医になりたい。」でもよい。

「請」よりも丁寧な気持ちを表す。

ポイント

右の❷「請」と❸「願」は、自己の願望と他者への願望とで訓読のしかたが異なる。

1 自己の願望 ➡ 請(フ)〜(セ)ン[コトヲ]／願(ハクハ)〜(セ)ン[コトヲ]　(未然形＋ン)

2 他者への願望 ➡ 請(フ)〜(セヨ)／願(ハクハ)〜(セヨ)　(命令形)

▼「欲」の「〜であってほしい」の例

例 君子欲(ス)下訥(ニシテ)二於言(ニ)一而敏(ナラント)中於行(ヒニ)上。

読 君子は言に訥にして行ひに敏ならんと欲す。

訳 君子は口数が少なく、行動が敏速であってほしい。

▼「欲」の他の用法

「欲」には、「〜しそうである／〜しようとする」といった状態を表す意味もある。

例 山青(クシテ)花欲(ス)レ然(エント)

読 山青くして花然えんと欲す

訳 山は青々として、花は燃えるように赤く咲こうとしている

＋プラス

庶幾(ハクハ)〜(セ)ン[コトヲ]／(セヨ)

読 庶幾はくは〜(せ)ん[ことを]／(せよ)

意 どうか〜させて(して)ください

例 王庶幾(ハクハ)改(メヨ)レ之(ヲ)。

読 王庶幾はくは之を改めよ。

訳 王様、どうかこれを改めてください。

● 何かを切望する気持ちを表す形。「庶二幾(フ)〜(ヲ)一」(〜を庶幾ふ)と、動詞として訓読してもよい。他に「庶・幾・希・冀・尚」も、同じ読み方・意味で用いられる。推量の「庶幾(幾)」と混同しないように注意すること。

参照 P.203「庶幾」

14 推量形（すいりょうけい）

推量形は、「～だろう」とものごとの状態や程度、他人の心中などを推し量（はか）る形である。使われる字により、それぞれニュアンスに違いがある。

❶ 恐（ラク）ハ ～（ン）

読 恐（おそ）らくは～ん

意 たぶん～だろう

例 秦（ノ）城恐（ラク）ハ不（ル）レ可（カラ）レ得。

読 秦（しん）の城（しろ）恐（おそ）らくは得（う）べからざらん。

訳 秦の都市はたぶん手に入れられないだろう。

まだ起こらないことについて、恐れたり危ぶんだりして、思案する気持ちを表す。

❷ 或（イ）ハ ～（ン）

読 或（あ）るいは～ん

意 もしかしたら～だろう（かもしれない）

例 或（イ）ハ触（レン）二逆鱗（ニ）一。

読 或（あ）るいは逆鱗（げきりん）に触（ふ）れん。

訳 もしかしたら皇帝の怒りに触れるかもしれない。

起こりうるいくつかの状況のうち、ある一つの事態を予測する気持ちを表す。

❸ 疑（フラク）ハ ～（ン／カト）

読 疑（うたが）ふらくは～ん／かと

意 ～だろうか

例 疑（フラク）ハ是（レ）地上（ノ）霜（カト）

読 疑（うたが）ふらくは是（こ）れ地上（ちじやう）の霜（しも）かと

訳 地上に降りた霜だろうか

ああだろうか、こうだろうかと、確信が持てないなかで推測する気持ちを表す。

推量形の文末

推量形は、文末が多く「未然形＋ん」の形となる。「ん」は、推量の助動詞「む」の終止形。

参照 P.50「む」

「恐」の例文

上段❶の例文は、「完璧」の故事の一節。秦が趙（ちょう）国の璧玉と自国の都市とを交換しようと言ってきたが、璧玉を秦に与えても秦は約束を守らず、都市を渡してはこないだろうと、趙国側が危ぶんでいる場面である。

参照 P.237「故事成語」

好ましい事態を予測する「或」の例

「或」は、上段❷の例のような悪い事態だけでなく、好ましい事態を予測する場合にも用いられる。

例 或（イ）ハ達（セン）二名人之境地（ニ）一。

読 或（あ）るいは名人（めいじん）の境地（きやうち）に達（たっ）せん。

訳 もしかしたら名人の境地に達するかもしれない。

「疑（フラク）ハ 是（レ）」

「疑」は、上段❸の例文のように、「疑（フラク）ハ 是（レ）」の形で使われることが多い。「是（レ）」は「～である」と判断を表す言葉で、指示語ではない。

❹ 蓋〜

例 賓客蓋至者数千人。

読 蓋し〜ん
意 思うに〜だろう

読 賓客蓋し至る者数千人ならん。
訳 集まってきた賓客は、思うに数千人だったろう。

不確かなことを、だいたいの見当で述べる気持ちを表す。

❺ 庶幾〜

例 国庶幾傾。

読 〜〔する〕に庶幾し／からん
意 おそらく（ほとんど）〜だろう

読 国傾くに庶幾し。
訳 国はおそらく滅亡するだろう。

ある状況や程度に、きわめて接近していることを推定する気持ちを表す。

❻ 〜焉

（焉＝矣）

例 天女必来焉。

読 〜ん
意 〜だろう

読 天女必ず来たらん。
訳 天女がきっと来るだろう。

強意の助詞（置き字）を用いて推量を表す形。

ポイント

右にあげた六つの形のほか、再読文字も、推量を表す場合がある。参照 P.168〜169「再読文字」

1 応〜：〜にちがいない（確信を持って状況を推測する気持ちを表す）

2 将〜：（今にも）〜しそうだ（これから起こる事態への判断を表す）

▼［蓋］

「蓋」は、もともとは草を編んで作った覆いの意。推量の「蓋」は、物に覆いをかぶせるように、ものごとを「だいたいこのくらい」と、大きくひとまとめにするイメージである。

▼［庶幾］

「庶幾」は、「幾」と書かれることもある。また別の読み方として、「庶幾（幾）〜」がある。意味は同じ。

願望の「庶幾（幾）」と混同しないように注意する。参照 P.201「願望形」

プラス

豈〜

読 豈に〜〔する〕か
意 〜だろうか

例 将軍豈有意乎。
読 将軍豈に意有るか。
訳 将軍にはその考えがあったのだろうか。

●疑問の形の推量。参照 P.176「豈」

⑮ 発語（はつご）

発語とは、文章の冒頭や話題の転換部にあって、筆者の主張に注意するよう促したり、文章全体の流れを一転させたりする役割を担う言葉である。

❶ 蓋シ

読 蓋（けだ）し
意 思うに／そもそも

例 蓋シ文章ハ経国之大業ニシテ、不朽之盛事ナリ。

読 蓋（けだ）し文章（ぶんしやう）は経国（けいこく）の大業（たいげふ）にして、不朽（ふきう）の盛事（せいじ）なり。
訳 思うに文章は、国を治める大事業であり、不朽の立派な仕事である。

推量の意味を表す場合と用法が似ているが、発語では文末が「未然形＋ン」の形にならない。 参照 P.203「蓋」

❷ 夫レ （夫＝其）

読 夫（そ）れ
意 そもそも／いったい

例 夫レ国君好マバレ仁ヲ、天下無シレ敵。

読 夫（そ）れ国君（こくくん）仁（じん）を好（この）まば、天下（てんか）敵（てき）無（な）し。
訳 そもそも国の君主が仁を好むなら、世の中に敵はいない。

❸ 初メ

読 初（はじ）め
意 その初め／以前

例 初メ上為リシニ東宮一時、

読 初（はじ）め上（しやう）東宮（とうぐう）たりし時（とき）、
訳 以前、皇帝陛下が皇太子であらせられたとき、

過去に時間を遡（さかのぼ）った記述や小説の回想場面などで、主題に関わる内容を説き起こす。

発語の位置と文章の型

発語の位置	文章の型
文章の途中	帰納（きのう）型（エピソード→主張）
文章の冒頭	演繹（えんえき）型（主張→エピソード）

●漢文には、具体的なエピソードやたとえ話のあとに筆者や話者の主張を提示する、**帰納型**の文章が多い。主張を表す抽象的・観念的な言葉よりも、エピソードやたとえ話のほうが、読む者・聞く者の関心を引きやすいからである。そのため、文章の主張を捉える際には、途中で使われる発語に着目するのが、一つの有効な手段となる。なぜなら、発語の直後には、エピソードやたとえ話の真意が総括されている場合が多いからである。

逆に、文章の冒頭に発語が置かれている**演繹型**の場合は、抽象的な言葉で表現された主張がまず提示されるため、内容の把握に苦労する。そういう場合には、発語直後の主張内容の読解をいったん保留し、続くエピソードやたとえ話をまず理解したうえで、再び冒頭部に戻る、というプロセスを踏むとよい。 参照 P.226〜227「議論文」

＋プラス

- 凡（およ）ソ（＝そもそも／一般的に）
- 大凡（おほよ）ソ（＝おおよそ／たいてい）
- 抑（そもそも）（＝さて／いったい）
- 且（か）ツ（＝いったい／まあ）

練習問題　可能形　願望形　推量形　発語

1 次の文を書き下し文にしなさい。

1　温(たづネテ)レ故(ふるキヲ)而知(レバ)レ新(シキヲ)、可(シ)ニ以(ツテ)為(ル)レ師(ト)矣。

2　有(リ)レ兵守(リ)レ関(ヲ)、不レ得レ入(ルヲ)。

2 書き下し文を参考にして、次の文に返り点と送り仮名を付けなさい。

1　非 此 母 不 能 生 此 子。
（此(こ)の母(はは)に非(あら)ずんば此(こ)の子(こ)を生(う)む能(あた)はず。）

2　欲 呼 張 良 倶 去。
（張良(ちやうりやう)を呼(よ)びて倶(とも)に去(さ)らんと欲(ほっ)す。）

3 次の二つの文について、意味の違いがわかるように訳しなさい。

1　願(ハクハ)治(メン)ニ天下(ヲ)一。

2　願(ハクハ)治(メヨ)ニ天下(ヲ)一。

4 次の文の傍線部の読みを、ひらがな（現代仮名遣い）で書きなさい。

守(リテ)レ株(ヲ)、冀(フ)ニ復(タ)得(ンコトヲ)レ兎(うさぎヲ)一。

5 次の文には、どのような句形が使われているか、あとから適当なものをすべて選びなさい。

安(クンゾ)能(ク)為(つくラン)ニ之(これガ)足(ヲ)一。

ア可能形　イ使役形　ウ限定形　エ仮定形　オ反語形

6 次の文の傍線部の読みを、ひらがな（現代仮名遣い）で書きなさい。

1　恐(ラン)不(ル)レ堪(ヘ)レ事(ニ)。

2　疑(フ)是(レ)銀河(ノ)落(ツルカト)ニ九天(ヨリ)一。

3　周之建国(スル)也、蓋千八百諸侯(ナラン)。

7 次の文を訳しなさい。

庶ニ幾(カラン)其(レ)聖人(ニ)一。

8 次の文の傍線部分の意味を答えなさい。

1　夫(レ)天地(は)者万物之逆旅(げきりよニシテ)也、

2　抑(そもそも)王興(シ)ニ甲兵(ヲ)一、危(フクス)ニ士臣(ヲ)一。

3　蓋(シ)天下万物之萌生(ばうせい)(スルモノハ)、靡(なシ)レ不(ザル)レ有(ラ)レ死。

学習のポイント

- 重要な漢字を、その特徴ごとに分けて覚える。
- 複合語の独特の読み方と意味を覚える。
- 同訓異字の微妙な意味の違いを知る。
- 漢文によく現れる言葉の意味を、分類に従って覚える。

❶重要漢字

P.247に、❶重要漢字・❸同訓異字掲載の漢字を検索するための総画索引があります。

1 とくに頻出の三字「為・已・与」

為

読み	意味
①連体形＋ガ為(ため)ニ 名詞＋ノ為(ため)ニ	～するために ～のために　（原因・理由・目的・対象）
②～ヲ為(な)ス	～を行う
③～ト為(な)ル	～となる
④～ト為(な)ス	～と(に)する／～と判断する
⑤～ヲ為(つく)ル	～を作る
⑥～ヲ為(をさ)ム	～を治める(裁く・解決する)
⑦～たリ	～である
⑧～る／(セ)らル	～される　参照 P.184「受身形」

例 ①人皆為ニレ利ノ来タル。
読 人皆(ひとみな)利(り)の為(ため)に来(き)たる。
訳 人々は皆、利益のために来た。

例 ④以テレ汝ヲ為ス二賢人ト一。
読 汝(なんぢ)を以(も)つて賢人(けんじん)と為(な)す。
訳 あなたを賢人だとみなす。

已

読み	意味
①已(すで)ニ	すでに／もう／今や／はや
②已(や)ム	終わる
③～のみ	～だけだ　参照 P.196「限定形」

例 ①我已ニ見ルレ之ヲ。
読 我(われ)已(すで)に之(これ)を見(み)る。
訳 わたしはもうこれを目にした。

与

読み	意味
①～ヲ与(あた)フ	～を与える
②～ニ与(あづ)カル	～に関係する(関与する)
③～ニ与(くみ)ス	～に味方する(賛成する)
④～と	～と(同伴・対象)
⑤AトBと	AとBと(並列)
⑥与(とも)ニ	いっしょに(与＝倶・偕)
⑦～よリハ	～よりは　参照 P.188「比較形」
⑧～(スル)か(疑問) ～(セ)ンや(反語)	～するのか(疑問) ～しようか、いや、～しない(反語)　参照 P.171「疑問形・反語形」

例 ④我与レ友行ク。
読 我(われ) 友(とも)と行(ゆ)く。
訳 わたしは友人と行く。

例 ⑤我与トレ彼ハ友也。
読 我(われ)と彼(かれ)とは友(とも)なり。
訳 わたしと彼とは友人である。

例 ⑥我与ニ行ク。
読 我与(われとも)に行(ゆ)く。
訳 わたしはいっしょに行く。

2 多義語

遺
①遺ス　①残す　＊遺産
②遺ル　②忘れる　＊遺忘
③遺ツ　③捨てる　＊遺棄
④遺ル　④贈る　＊遺贈
⑤遺トス　⑤落とす　＊遺失

一
①一ニ　①一途に　＊専一
②一　②同じ　＊同一
③一　③すべて　＊一国（＝国中）
④一〜　④ある〜　＊一日（＝ある日）
⑤一タビ　⑤一度／一回

過
①過グ　①通り過ぎる／やり過ぎる　＊超過
②〜ニ過ル　②〜を訪問する
③過ツ　過チ　③間違える　間違え　＊過失・過誤

挙
①挙グ　①あげる　登用する　＊挙手　＊推挙・選挙
②〜ヲ挙ゲテ　②〜皆／〜すべて　＊挙国

例 ②挙レ世皆濁ル。
読 世を挙げて皆濁る。
訳 世の中はすべて濁っている。

具
①具ニ　①ことごとく／すべて／詳しく
②具ハル／具フ　②そなわる／そろえる

例 ①具言レ所レ聞ク。
読 具に聞く所を言ふ。
訳 聞いたことを詳しく話した。

見
①見ル　①目にする／会う
②見ユ　②お目通りする
③見ル／見ス　③現れる／現す（見＝現）
④〜る／〜〔セ〕ラル　④〜される　参照 P.184「受身形」

遣
①遣ハス　①派遣する
②遣ル　②ⓐ追い払う／逃がす　ⓑ気晴らしする
③〜〔セ〕シム　③〜させる　参照 P.182「使役形」

故
①故　①理由
②故ニ　②だから
③故　③以前のこと／昔　＊故事
④故ヨリ　④もともと／元来
⑤故ラニ　⑤わざと／わざわざ　＊故意
⑥故ス　⑥死ぬ　＊物故

坐
①坐ス　①罪を犯す
②坐ロニ　②何とはなしに／わけもなく

之

①之(ゆ)ク ― ①行く

②之(これ) ― ②これ（指示語。または、すぐ上の語が動詞であることを示す際に用いられることもある。その場合、訳す必要はない）

③AのB ― ③AのB（連体修飾格）

④AのB〔スル〕ハ／ヲ ― ④AがBするのは／を（主格）

⑤AのB〔スル〕ヤ ― ⑤AがBするとき（時間を表す）

⑥Aヲ之(こ)レB〔ス〕 ― ⑥動詞と目的語を倒置する際に用いられる 参照 P.193「倒置形」

例 ⑤臣之壮(ナル)也、

読 臣(しん)の壮(さう)なるや、

訳 わたくしが若かったとき、

自

①自(みづか)ラ ― ①自分から／自分を　＊自信

②自(おの)ヅカラ ― ②自然と

③〜より ― ③〜から（自＝由・従）

事

①事(つか)フ ― ①お仕えする　＊師事

②事(こと)トス ― ②専念する／実践する

辞

①辞(じ)ス ― ①ⓐ挨拶(あいさつ)する

ⓑ去る　＊辞去

ⓒやめる／断る　＊辞職・辞退

②辞(じ) ― ②言葉／文章　＊文辞

謝

謝(しゃ)ス ― ⓐ礼を言う　＊感謝

ⓑあやまる　＊陳謝・謝罪

ⓒ断る　＊謝絶

釈

①釈(と)ク ― ①解き明かす　＊解釈

②釈(ゆる)ス ― ②釈放する

③釈(す)ツ ― ③手放して下に置く

若

①若(し)ク ― ①及ぶ 参照 P.186「比較形」

②若(も)シ ― ②もしも 参照 P.190「仮定形」

③連体形＋ガ＋ごとシ
名詞＋ノ＋ごとシ ― ③〜するようだ
〜のようだ（比況） 参照 P.190

④若(なんぢ) ― ④あなた／おまえ

①〜③は「如(じょ)」も同じ。

就

①就(な)ル／就(な)ス ― ①できあがる／しあげる　＊成就

②就(つ)ク ― ②おもむく／とりかかる／付き従う　＊就学

称

①称(たた)フ ― ①ほめる　＊称賛

②称(しょう)ス ― ②呼ぶ／言う　＊呼称

③称(かな)フ ― ③つり合う　＊対称

④称(しょう) ― ④呼び名　＊名称

勝

①勝(まさ)ル
②勝(た)フ
②勝(あ)ゲテ

①すぐれる
②耐える／こらえる／我慢する
③全部／ことごとく　参照 P.167

＊景勝

例 ②不レ勝(た)へ二桮杓一ニ。
読 桮杓(はいしゃく)に勝(た)へず。
訳 酒(の酔い)に耐えられない。

且

①且(か)ツ
②且(しばら)ク
③且(まさ)ニ〜〔セ〕ントす

①ⓐそのうえ／また
ⓑいったい／まあ
ⓒ〜でさえ　参照 P.204「発語」
②ひとまず(且＝姑)　参照 P.194〜195「抑揚形」
③〔今にも〕〜しようとする　参照 P.168「再読文字」

例 ②「且(しばら)ク待(ま)テレ之(これ)ヲ。」
読「且(しばら)く之(これ)を待(ま)て。」
訳「ひとまず待ちなさい。」

尽

①尽(ことごと)ク
②尽(つ)ク／尽(つ)クス

①すべて／すっかり(尽＝悉)
②なくなる／なくす

数

①数(かぞ)フ
②数(せ)ム
③数(しばしば)

①数える
②欠点を挙げて責める
③たびたび／何度も

対

①対(たい)ス
②対(こた)フ

①向き合う
②目上の人にお答えする

反

①反(かへ)ツテ
②反(かへ)ル／反(かへ)ス

①逆に／反対に
②もどる／もどす

非

①非(そし)ル
②非(ひ)
③〜ニ非(あら)ズ

①悪口を言う／責める
②間違い／過ち
③〜ではない　参照 P.162

＊非難
＊是非

夫

①夫(そ)レ
②夫(か)ノ
③〜かな

①そもそも／いったい　参照 P.204「発語」
②あの／その
③〜だなあ　参照 P.179「感嘆形」

負

①負(そむ)ク
②負(たの)ム(負(お)フ)

①うらぎる
②頼りにする

＊自負

方

①方(まさ)ニ
②方(はじ)メテ
③〜ニ方(あ)タル

①ちょうどそのとき
②そのときはじめて／たった今
③ちょうど〜のときにあたる

毎

①〜毎(ごと)ニ
②毎(つね)ニ

①〜のたびに(下から返って読む)
②ことあるごとに／いつも

3 意味により音が異なる漢字

悪

- **アク** 悪(わる)シ／悪(わろ)シ／悪(あ)シ …… 悪い　＊善悪・険悪
- **オ(ヲ)** 悪(にく)ム …… 憎む／嫌う　＊好悪・嫌悪

易

- **エキ** ①易(か)ハル　易(か)フ …… ①変化する　交換する　＊不易(＝不変)　＊貿易・交易
  ②易(えき) …… ②占い　＊易者
- **イ** 易(やす)シ …… 簡単である　＊難易・容易

楽

- **ガク** 楽(がく) …… 音楽／楽器／楽人
- **ラク** 楽(たの)シ／楽(たの)シム …… 楽しい／楽しむ
- **ゴウ(ガウ)** 楽(この)ム …… 好む／愛する

塞

- **サイ** 塞(とりで) …… 要塞／辺塞
- **ソク** 塞(ふさ)グ …… ふさぎとめる　＊閉塞

省

- **セイ** 省(かへり)ミル …… 反省する
- **ショウ(シヤウ)** 省(はぶ)ク …… 省略する

切

- **セツ** 切(き)ル …… 切断する
- **サイ** 「一切(いっさい)」などの熟語で …… すべて

説

- **セツ** 説(と)ク …… 言う／説明する
- **ゼイ** 説(と)ク …… 自分の意見を述べて納得させる　＊遊説
- **エツ** 説(よろこ)ブ …… うれしく思う(説＝悦)

卒

- **ソツ** ①卒(を)ハル／卒(を)フ …… ①終わる／終える　＊卒業
  ②卒(には)カニ …… ②急に／突然(卒＝俄・遽・暴)
  ③卒(つひ)ニ …… ③結局
- **シュツ(シユツ)** 卒(しゅっ)ス …… 〔大夫が〕死亡する　＊卒年

率

ソツ　率(ひき)ヰル　……　従える／導く　＊引率

リツ　率(おほ)ムネ　……　おおよそ／すべて（率＝概）

封

フウ　封(ふう)ズ　……　閉じる　＊封鎖・封印

ホウ　封(ほう)ズ　……　領地を与える（よく受身で用いられる。参照 P.184）　＊封建

4 そのほか重要な意味を持つ漢字

諫

諫(いさ)ム　……　目上の人に注意する　＊諫言

弑

弑(しい)ス　……　子（臣下）が親（君主）を殺す

足

～〔スル〕ニ足(た)ル　……　十分に～できる／～するに値する

例　不レ足下為ニ外人一道上也。

読　外人(ぐわいじん)の為(ため)に道(い)ふに足(た)らざるなり。

訳　外界の人に（この土地のことを）話すには値しない（外界の人に話すほどのことではない）。

嘆

嘆(たん)ズ　……　感心する／あきれなげく

ため息をつくことが原義。「歎(たん)」も同じ。

致

致(いた)ス　……　送る（贈る・与える）／持って行く／招く／成し遂げる

例　王欲レ致ニ賢人一。

読　王(わう)賢人(けんじん)を致(いた)さんと欲(ほつ)す。

訳　王は賢人を招こうとした。

中

中(あ)タル　……　ぴったり合う／的中（命中）する／中毒になる

他動詞の場合は「中(あ)ツ」と読む。

誅

誅(ちゆう)ス　……　罪を理由に殺す

よく受身で用いられる。参照 P.184

朝

朝(てう)ス　……　朝廷に出て政治を行う

道

道(い)フ　……　言う／語る　＊報道

「謂(い)フ・云(い)フ」と同じ。

白

白(まう)ス　……　語る／申し上げる　＊告白

遊

遊(あそ)ブ　……　故郷を離れる　＊遊学

5 置き字

参照 P.155「置き字」

1 前置詞

置き字	用法	訳し方
於 于 乎	①対象・場所 ②受身 ③比較	①～を／～に／～において ②～に〔…される〕 参照 P.184 ③～よりも〔…である〕 参照 P.186

例 吾志乎学。

読 吾学に志す。

訳 わたしは学問に志す。

2 接続詞

置き字	用法	訳し方
而	【順接】連用形＋テ 【逆接】連体形＋モ 連体形＋ニ 已然形＋ドモ	【順接】～して 【逆接】～したが ～したのに ～しても

例 亡而入胡。

読 亡げて胡に入る。

訳 逃げて異民族の国に入った。

例 飲而不酔。

読 飲めども酔はず。

訳 〔酒を〕飲んでも酔わない。

3 助詞

置き字	用法	訳し方
矣 焉	句末・文末に置き、主に強意を表す	～するのだ／～してしまった

例 君致邑焉。

読 君邑を致す。

訳 君主は領地を贈った。

6 読み方が重要な漢字

漢字	読み	意味	熟語
恰	あたかモ	ちょうど	
遍	あまねク	あますことなく全部	
予	あらかじメ	前もって	＊予告
聊	いささカ	すこし／しばらく	
徒	いたづラニ	むだに／むなしく	＊徒労
愈	いよいよ	ますます／いっそう	
転	うたタ	ますます	
衆	おほシ⇕寡(すくナシ)	多い⇕少ない	＊衆人
徐	おもむロニ	ゆっくりと	＊徐行
嘗	かつテ	これまでに／以前に(嘗＝曽)	
殊	ことニ	非常に／とりわけ	＊殊勝
頃	このごろ(頃＝比)	近ごろ	
交	こもごも(交＝更)	互いに／いっせいに	＊交互
向	さきニ	以前／むかし(向＝嚮)	
定	さだメテ	きっと	

漢字	読み	意味
頻	しきリニ	たびたび　＊頻繁
連	しきリニ	続けて　＊連続
暫	しばらク	わずかな間／しばし　＊暫定
頗	すこぶル	かなり／すこし
直	ただチニ	すぐに／じかに（直＝徑）　＊直接
立	たチドコロニ	すぐに
忽	たちまチ	急に／突然　＊忽然
偶	たまたま	偶然に／思いがけず（偶＝適）
具	つぶさニ	詳しく
詳	つまびラカニ	詳しく（詳＝審）
名	なヅク	名前をつける
猶	なホ	そのうえ／やはり／〜でさえ（猶＝尚）　参照 P.194〜195「抑揚形」
北	にグ	敗走する　＊敗北
果	はタシテ	思ったとおり／結局
甚	はなはダ	非常に（甚＝已・太・孔）

漢字	読み	意味
偏	ひとへニ	ひたすら
放	ほしいままニ	思うままに（放＝縦・恣・擅・肆）
幾	ほとんド	おそらく〜だろう（幾＝殆）
略	ほぼ	だいたい
良	まことニ	本当に／たしかに（良＝真・誠）
益	ますます	ますます／いっそう（益＝倍）
看	みすみす	みるみるうちに
尤	もつ（っ）とモ	とりわけ
漸	やうやク	だんだん／しだいに（漸＝稍）
稍	やや	すこし
動	ややモスレバ	いつも／ともすれば
行	ゆくゆく	道中／ほどなく／やがて
善	よク	うまく
仍	よつ（っ）テ	そこで／すなわち
少	わかシ	若い　＊少年
纔	わづカニ（纔＝僅）	かろうじて〜だけ　参照 P.196

❷ 複合語

是ヲ以ツテ
読 ここヲもツテ
意 こういうわけで／だから

以ツテレ是ヲ
読 これヲもツテ
意 このことによって

於イテレ是ニ
読 ここニおイテ
意 そこで／こうして

然リ而シテ
読 しかリしかうシテ
意 そうではあるが／このようにして

然ル後
読 しかルのち
意 そのあとで／そこではじめて

不ンバレ然ラ
読 しからずンバ
意 もしもそうでなければ

然ラバ則チ
読 しかラバすなはチ
意 そうだとすると

何トナレバ則チ
読 なんトナレバすなはチ
意 なぜならば

須臾ニシテ
読 しゆ(ゆ)ゆニシテ
意 すこしの間／まもなく

未ダシテレ幾ナラ
読 いまダいくばくナラずシテ
意 いくらも経たないうちに／まもなく

無クシテ二幾何一モ
読 いくばくモなクシテ
意 いくらも経たないうちに／まもなく

已ニシテ而（＝既ニシテ而）
読 すでニシテ
意 やがて／ほどなくして

有リテレ頃ク
読 しばらクありテ
意 しばらくして／すこし経って

「頃クシテレ之ヲ」（之を頃くして）という言い方もある。意味は同じ。

久シクシテレ之ヲ
読 これヲひさシクシテ
意 しばらくして／だいぶ経って

昔者
読 むかし⇔今者（＝いま）
意 むかし

向者ニ
読 さきニ
意 以前

如故（如レ故）
読 もとノごとシ
意 昔と同じである／ふだんと変わらない

如此（如レ此）
読 かクノごとシ
意 このようである
「如是」「若此」「若是」も同じ。

不得已（不レ得レ已）
読 やムヲえず
意 しかたなく

不忍〜（不レ忍〈スル〉ニ〜）
読 〜〔スル〕ニしのビず
意 〜することに耐えられない

不暇〜（不レ暇〈スル〉ニ〜）
読 〜〔スル〕ニいとまアラず
意 〜する暇がない

不覚（不レ覚エ）
読 おぼエず
意 気づかないうちに／思わず

無他（無レ他）
読 たなシ
意 とりたてたいしたことはない

無恙（無レ恙）
読 つつがなシ
意 無事である／元気である／心配がない

君不見（君不レ見ヤ）
読 きみみずヤ
意 あなたも見たことがあるでしょう
「君不聞」（＝あなたも聞いたことがあるでしょう）、「君不知」（＝あなたもご存じでしょう）といった表現もある。

聞道（＝聞説）
読 きくならク
意 聞くところによると

以為〜（以為ヘラク〜ト）
読 おもヘラク〜ト
意 〜と思う／〜とみなす

為人（為レ人）
読 ひとトなり
意 人柄

所謂
読 いはゆる
意 世に言うところの
伝聞・引用を表す。

所以
読 ゆゑん
意 原因・理由・手段・方法・目的・こと・もの

云爾（云レ爾）
読 しかいフ
意 〜というわけである
文末に用いて内容をまとめる決まり文句。

3 同訓異字

あフ

会 集まりあう ＊集会
遇 偶然にあう ＊遭遇
遭 巡りあう(遭≒遇)
逢 〔人や時節に〕巡りあう
合 ぴたりとあわさる ＊符合

例 広武城辺逢(フ)㆓暮春(ニ)㆒
読 広武(くわうぶ)の城辺(じやうへん) 暮春(ぼしゅん)に逢(あ)ふ
訳 広武城のあたりで晩春に巡りあう

あらはル・あらはス

形 出現する／はっきりと示す
見 隠れていたものがはっきりと姿をあらわす(見＝現)
顕 輝くようにあらわれる ＊顕彰
著 きちんと性質を明らかにして示す／広く知れわたる ＊顕著・著名
表 表だってあらわす ＊表明
露 むきだしにする ＊露出・暴露

あり

在 存在する
有 所有する

例 富貴在(リ)レ天(ニ)。
読 富貴(ふうき) 天(てん)に在(あ)り。
訳 富貴の運命は天にある。

例 我有(リ)レ友(ニ)。
読 我(われ)に友(とも)有(あ)り。
訳 わたしは友人をもっている。

いたム

傷 心を破り損なうように、強く哀れみ悲しむ ＊傷心
痛 体に痛みを感じる／心苦しむ ＊悲痛
悼 心の中で〔死を〕悲しむ ＊追悼

いフ・いハク

謂 相手に話しかける
云 人の言葉や書物の引用などを示す
曰 言った内容をそのまま示す
言 言葉に出して述べる(言＝道)

例 夫子謂(ヒテ)㆓子貢(ニ)㆒曰(ハク)、「詩云(フ)、『～』(ト)。」
読 夫子(ふうし) 子貢(しこう)に謂(い)ひて曰(い)はく、「詩(し)に云(い)ふ、『～』。」と。
訳 先生が子貢に述べて言った、「詩に『～』とある。」と。

うれフ

患 〔現実の災難などに〕悩む
愁 もの寂しさを感じる
憂 〔先の災難などを〕心配する／気づかう／心を痛める

おそル

畏 はばかり敬う ＊畏敬
恐 これから起こることを心配する
懼 ものごとに当面してびくつく
怖 こわがる／びっくりする

例 後生可(シ)レ畏(ル)。
読 後生(こうせい)畏(おそ)るべし。
訳 後輩の人は〔若くて気力もあり、努力しだいで大いに進歩するから〕畏敬すべきである。

おもフ

意 心にかける／考える ＊注意
憶 心の中にあって忘れない ＊記憶
懐 心に抱く／おもい慕う ＊懐旧
思 深く考えを巡らす／なつかしむ
想 おもいうかべる ＊想像
念 心の中に思って離さない ＊専念

かフ・かハル

易 取りかえる／変化する ＊貿易
換 物を交換する／改まる
更 入れかえる／入れかわる／やり直す(「あらたム」とも読む) ＊更新
代 肩がわりする ＊代理
替 かわりの者が役を務める ＊交替
変 さっとすばやくかわる ＊変化

かへりミル

顧 気にかけて振り向く　＊回**顧**

省 注意してよく見る　＊反**省**

きク

聞 耳にする（無意識の行動）

聴 じっくり耳を傾ける（意識的行動）／聞き入れ許す

くらシ

暗 灯火・道理などがはっきりしない

昏 ものごとの道理に通じない

罔 迷う／惑う

蒙 道理に疎く、明らかでない

こたフ

応 要求にこたえる／返事をする

対 目上の人の問いに返事をする

答 相手の問いに対して返事をする

例 葉公問ニ孔子於子路一、子路不レ**対**ヘ。

読 葉公孔子を子路に問ふも、子路**対**へず。

訳 葉公が孔子について子路に尋ねたが、子路は**お答えし**なかった。

しル

識 表面的に見分けがつく　＊**識**別

知 深く理解する／わかる　＊**知**見

すなはチ

即 すぐに／とりもなおさず

則 〜ならば 参照 P.191／〜は

乃 そこで／なんと／やっと／しかし

輒 そのたびごとに

便 すぐに／たやすく

例 **乃**不レ知レ有レ漢。

読 **乃ち**漢有るを知らず。

訳 **なんと**漢の時代を知らなかった。

例 有ニ問者一**輒**対。

読 問ふ者有れば**輒ち**対ふ。

訳 質問者がいる**たびごとに**答える。

つひニ

竟 しかし結局／思いがけず

終 最後に／結局／とうとう（終＝卒）

遂 そのまま／かくして

例 横ニ行天下一、**竟**以レ寿終。

読 天下に横行すれども、**竟に**寿を以つて終はる。

訳 世の中を荒らしまわったが、**しかし結局**長生きして死んだ。

例 **遂**飲ニ其酒一。

読 **遂に**其の酒を飲む。

訳 **そのまま**その酒を飲んでしまった。

つとム

勤 力を出して、苦しみを伴いながら働く／精を出す　＊**勤**労

努 力を入れて一生懸命行う　＊**努**力

勉 力の及ばないことを無理に行う　＊**勉**励

務 与えられた仕事を、力を尽くして行う　＊職**務**

力 力を入れて精を出す（「勤」に近いが、苦しむ意味はない）　＊**力**行

なク

泣 涙を流してなく

哭 死者を悼み、大声で悲しみなく

啼 （人や獣が）声を張りあげてなく

鳴 （鳥や獣が）声を出す／音がなる

例 婦人**哭**ニ於墓一。

読 婦人墓に**哭く**。

訳 婦人が墓で、**死者を悼んで大声で泣いていた**。

のぞム

望 高い所や遠い所を見る／待ち望む

臨 下を見おろす

例 挙レ頭**望**ニ山月一

読 頭を挙げて山月を**望む**

訳 顔をあげて山の上の月を**眺める**

はかル

- **画** 計画してやり方を決める
- **計** 利害損得を計算する／見積もる
- **測** 深さをはかる　＊測定
- **忖** 他人の心を推しはかる
- **度** 大きさをはかる
- **図** 手に入れようとたくらむ　＊企図
- **謀** あれこれと思案する／相談する
- **料** どのくらいであるか推測する
- **量** 容積や重さ・広さをはかる

ひそカニ

- **陰** かげでこっそり　＊陰謀
- **間** すきまを見はからい、そっと　＊間諜(ちょう)
- **私** 内緒で／個人的に⇔公
- **窃** 人目を盗んでこっそりと／私見では(謙遜の言葉)
- **密** 他人に知られないよう秘密で

また(まタ)

- **亦** ～もまた／やはり
- **復** 再び　＊反復
- **又** そのうえ／加えて

例 又何怨。
読 又(また)何をか怨(うら)まん。
訳 そのうえ何を怨もうか。

みル

- **看** 遠くを眺める／みつめる
- **観** 観察する／見物する
- **見** 目にする(無意識の行動)
- **視** じっとよく見る(意識的行動)

例 視而不見。
読 視(み)れども見(み)えず。
訳 じっと見ても目に入ってこない。

もとヨリ

- **固** もともと／言うまでもなく
- **素** 日頃から　＊平素

例 蛇固無足。
読 蛇(へび)固(もと)より足(あし)無し。
訳 蛇にはもともと足がない。

例 呉広素愛人。
読 呉広(ごこう)素(もと)より人(ひと)を愛(あい)す。
訳 呉広は日頃から人に思いやりがあった。

やぶル

- **壊** くずれてだめになる　＊崩壊
- **毀** 欠けてこわれる　＊毀損
- **傷** きずつきいたむ　＊傷心
- **破** うちくだける　＊破片
- **敗** つぶれる⇔成／負ける⇔勝
- **弊** 衣服が古びていたむ／疲弊する

ゆク

- **往** こちらからあちらへゆく／月日が過ぎ去る　＊往復・往時
- **行** 歩いて進む⇔止
- **之** 目的地に向かう／出向く
- **征** 遠くまでゆく　＊遠征
- **逝** 過ぎ去る／進む／死ぬ　＊逝去
- **適** ゆき至る／嫁(とつ)ぐ
- **邁** 前に進む　＊邁進

例 吾欲之南海。
読 吾(われ)南海(なんかい)に之(ゆ)かんと欲(ほっ)す。
訳 わたしは南海に行こうと思う。

例 日月逝矣。
読 日月(じつげつ)は逝(ゆ)く。
訳 月日は過ぎ去る。

例 女適権門。
読 女(むすめ)権門(けんもん)に適(ゆ)く。
訳 娘は権力者の家に嫁いだ。

よろこブ

- **悦** 気に入る／惚れる(悦＝説)
- **歓** うれしがりさわぐ　＊歓呼
- **喜** 機嫌良くうれしがる⇔怒／愛好する
- **欣** 笑いよろこぶ⇔戚(＝悲しむ)
- **慶** めでたいと祝いよろこぶ　＊慶賀

④ 漢文常識語

◆人・人称に関する語

臣　臣下が君主に対して用いる自称

妾（せふ）　女性がへりくだって用いる自称

不肖（ふせう）　わたし（立派な親に肖ていない愚かな者の意）／愚か者

寡人（くわじん）　諸侯や王侯のへりくだった自称（徳の寡ない人の意。他に「孤」が使われることもある）

朕（ちん）　天子の自称

卿（けい）　おまえ（下位者への呼称。友人・夫婦間でも用いられる）

小子　弟子たちを呼ぶ語（＝二三子）

佳人　立派な人／美女

君子　徳の高い人／身分の高い人

小人　徳のない人／身分の低い人

故人　旧友

知己（ちき）　理解者／親友（＝知音）

百姓（ひやくせい）　人民

布衣（ふい）　無位無官の人（＝処士・処子）

夫子（ふうし）　先生／孔子／あなた（妻が夫を呼ぶ語）

◆名前に関する語

名　本名。親・師・君主などしか呼ぶことができない。自称にも用いる。

字（あざな）　成人したときに付ける呼び名

諱（いみな）　生前の本名（死後はとくに尊重し忌むので、「忌み名」という）

諡（おくりな）　生前の徳行をたたえ、死者に贈る尊称

号　名や字以外に付けた呼び名

排行　一族の同世代の者を、年齢順に並べて番号を付けたもの

◆年齢に関する語

志学　十五歳（『論語』を出典とする言葉）

笄年（けいねん）　女子の十五歳（成人し笄を挿す）

弱冠　男子の二十歳（成人し冠をかぶる）

而立（じりつ）　三十歳（『論語』を出典とする言葉）

壮室　三十歳（男子が結婚する年齢）

不惑　四十歳（『論語』を出典とする言葉）

知命　五十歳（『論語』を出典とする言葉）

耳順　六十歳（『論語』を出典とする言葉）

従心　七十歳（『論語』を出典とする言葉）

古希　七十歳（杜甫の詩による。古稀）

二毛　白髪交じりの老人（黒白二つの毛）

白首　白髪頭の老人

遅暮　晩年（＝暮年）

◆時間・暦に関する語

光陰　月日の移り変わり／時間

春秋　年月／年齢／歴史書の名

五更　日没から夜明けまでを「初更」から「五更」に五等分する時刻法

夙夜（しゆくや）　早朝から真夜中まで（「夜」は日暮れから明け方まで、あるいは深夜。日没から夜半までを「夕・暮・昏・宵・夜」の順でよぶ）

黄昏（くわうこん）　夕暮れ時（「晩」も夕暮れ時）

三五夜　十五夜（とくに八月十五日の夜）

平明　夜明け

期年　丸一年（「期」は一周期の意）

四時　春・夏・秋・冬／朝・昼・夕・夜

一旦　ある朝／ひとたび

一夕（いつせき）　ある夜／ひと晩

他日　（以前・将来の）ある日

百代（はくたい）　長い時間

千載（せんざい）　千年／長い年月

五節句　季節ごとの祝日。人日（正月七日）、上巳（三月三日）、端午（五月五日）、七夕（七月七日）、重陽（九月九日）

朔日（さくじつ）　月の第一日

晦日（くわいじつ）　月の末日

除夕（ぢよせき）　大晦日の夜

◆自然・動植物に関する語

乾坤（けんこん）　天と地／日と月

月 望郷や懐古の思いを引き出すもの（遠くにいる親しい人や昔の人も、自分と同じ月を眺めているという考えから）
河漢 天の川（＝天漢）
海 地の果ての恐ろしい場所というイメージがある
浮雲 はかないもののたとえ
煙花 春霞（はるがすみ）の景色／春霞につつまれた花
空山 人の気配がないひっそりとした山
青山 青々とした山／骨をうずめる場所
烏（う） カラス（めでたい鳥、あるいは慈愛をもった鳥のイメージ）
雁（がん） 秋のイメージをもつ鳥（「雁書」は雁の足に結んだ故郷への手紙）
班馬 群れから離れた馬（孤独の象徴）
猿（えん） サル（その声は悲しみを誘う）
菊 高雅な隠者のイメージをもつ花
松柏（しょうはく） マツとコノテガシワ（いずれも常緑樹で、節操や長寿の象徴）
竹 高潔な道徳性の象徴
桃 春を代表する花（果実は不老不死の象徴）
蓬（ほう） ヨモギ草（枯れると団子状になり、風に吹かれてあてどなく転がる）
柳 別離の象徴（昔、旅立つ人にその枝を折ってはなむけとした）
蓮（れん） 泥の中で清らかに咲く、高潔なイメージをもつ花（「憐（れん）」（＝恋心）と同音で、色っぽいイメージもある）

◆旅・生活一般に関する語

客（かく） 旅人／食客
客舎 旅館（＝逆旅（げきりょ））
遊子 旅人（＝過客（かかく））
家書 家族からの手紙／家族への手紙
起居 立ち居振る舞い／日常生活
衣裘（いきゅう） 衣服（「裘」は皮衣）
閨房（けいぼう） 婦人の部屋（「閨怨」は、夫と離別している妻の悲しみ・失意）
室 奥座敷
堂 表座敷
茅屋（ぼうおく） かやぶきの粗末な家／自宅の謙称
陋巷（ろうこう） 路地裏／路地裏の住まい
人間（じんかん） 人の世・世間
浮生 はかない人生

◆思想・学問に関する語

天 造物主である神・天帝
天命 天が下した命令／天が定めた運命
道 人として行うべき正しい筋（＝理）
仁 他者に対する思いやり
義 正しい行動・正義（親子間の「孝」とは違い、非血縁者による共同体の構成員にも利益を与える行動）
礼 社会道徳の規範／儀式／作法
智 ものごとを知り分ける能力・知恵
信 誠実で欺くことのないこと
忠 臣下から君主への真心
孝 子から親への真心
中庸 中正で行き過ぎも不足もないこと
性 人や物の本来の性質
情 外物に左右されて動く感情
無為自然（むいしぜん） 人為を排し、あるがままに生きる（道家（どうか）思想）

◆政治・制度・歴史に関する語

王道 仁などの道徳で天下を治める政治のやり方
覇道 武力や権勢で天下を治める政治のやり方
徳治 天子の人徳で人民を治めること
法治 法律によって人民を治めること
苛政（かせい） 徴税や刑罰が厳しくむごい政治
経済 世を治め民を救う（経世済民の略）
禅譲 天子が有徳の人物に譲位すること
放伐 武力により天子を追放討伐して、王位を奪うこと

革命　王朝が代わること（天命を革める意。天子は天の代わりに位に即くとされ、政治が悪くなると別の人間に天命が与えられると考えられた）
堯　伝説上の聖天子。儒家にとっての理想的為政者。
舜　堯から位を譲られた伝説上の聖天子。儒家にとっての理想的為政者。
禹　夏王朝の祖。治水に功績があり、舜から位を譲られた。
桀　夏王朝の暴君
紂　殷王朝の暴君
上　皇帝・天子
天子　天下を治める者。天命を受け、天帝に代わり政治を行う。皇帝
聖　天子に関することの上に添える字「聖意（聖旨）」（＝天子の考え・心）
聖明　すぐれた賢明さ／天子の尊称
明主　賢明な君主
南面　天子の位に即く（玉座は南向きであったことから）
九重　天子の宮殿
諸侯　天子から領地の所有を認められた君主

左右　近臣
相　天子を補佐する最高位の臣。宰相
公　最高の官位
卿　公の下、大夫の上の官位／執政の大臣
大夫　卿の下、士の上の官位
士　大夫の下の下級官位／知識人／成年男子／立派な男子
士大夫　官職に就いている人／高位にいる人格者／知識人
官　上級役人
吏　下級役人
崩　天子が亡くなる
薨　諸侯が亡くなる
卒　大夫が亡くなる
不禄　士が亡くなる（再び俸禄を受けないの意）
科挙　官吏登用試験（科目に分かれた選挙の意）
及第　科挙に合格する（＝登第・登科）
下第　科挙に落第する
進士　科挙の科目の一つ。進士科／進士科の合格者
干戈　たてとほこ／武器／軍隊／戦争
兵　武器／軍隊／戦争

師　師団・軍隊

◆地理・民族に関する語

四海　天下・世界（＝海内。四方の海に囲まれた世界の中心である中国）
河　黄河／大きい川／天の川
江　長江／大きい川
泰山　山東省にある名山。五岳（東岳泰山・西岳華山・南岳衡山・北岳恒〈常〉山・中岳嵩山）の一つ。天子は即位の際、山頂で封禅（天地をまつる儀式）を行った。＝太山
京師　都
城　城壁／都市（都市はその周りを城壁で囲んでいた）
党　郷里／村里
匈奴　北方の遊牧騎馬民族。しばしば中国に侵入した。王を「単于」という。
胡　西方異民族。商人として中国に入ってきていた者を「胡賈」という。胡人やその文化には、エキゾチックなイメージがある。
四夷　四方の野蛮な異民族（東夷・西戎・南蛮・北狄。中国を世界の中心とする思想により、異民族は皆低劣と考えられた）

第四章 漢文のジャンル

① 漢詩

1 漢詩の形式

漢詩にはさまざまな形式や規則、構成上のきまりがある。

- 詩
  - 古体詩
    - 古詩（句数不定）
      - 四言古詩
      - 五言古詩
      - 七言古詩
    - 楽府（句数不定）―長・短句
  - 近体詩
    - 絶句（四句）
      - 五言絶句
      - 七言絶句
    - 律詩（八句）
      - 五言律詩
      - 七言律詩

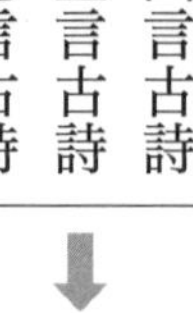

古体詩
- 六朝時代以前に成立
- 平仄と押韻の規則はゆるやか

近体詩
- 唐代に成立
- 平仄と押韻の規則が厳格
- 対句などの構成にきまりがある

▼**絶句と律詩の形式**

◎は押韻する字。 [ ]―[ ] は対句。

五言絶句 5字×4句＝20字

起句 ○○○○○　承句 ○○○○◎
転句 ○○○○○　結句 ○○○○◎

七言絶句 7字×4句＝28字

起句 ○○○○○○◎　承句 ○○○○○○◎
転句 ○○○○○○○　結句 ○○○○○○◎

五言律詩 5字×8句＝40字

首聯 ○○○○○　○○○○◎
頷聯 [○○○○○]―[○○○○◎]
頸聯 [○○○○○]―[○○○○◎]
尾聯 ○○○○○　○○○○◎

七言律詩 7字×8句＝56字

首聯 ○○○○○○◎　○○○○○○◎
頷聯 [○○○○○○○]―[○○○○○○◎]
頸聯 [○○○○○○○]―[○○○○○○◎]
尾聯 ○○○○○○○　○○○○○○◎

学習のポイント

- 漢詩の形式や規則、構成を理解し、解釈の方法についてのポイントを把握する。
- 議論文の論理的な文章構成を把握する。
- 史伝・寓話・小説の種類と、それぞれの話の典型的な型を理解する。

▼**「楽府」と「排律」**

上段に示した「楽府」は、古体詩の一種。もとは前漢の武帝の時代に設置された、民謡採集と朝廷で使用する楽曲の作成を担った役所の名。のちに、それらの楽曲や、楽府題に合わせて作られた詩を「楽府」と呼ぶようになった。一句の字数、句数、押韻に厳密なきまりはない。

このほか、「排律」または「長律」ともいう近体詩の形式がある。五言が多く、七言は少ない。律詩の形式に準じ、十二句、十六句のものが多いが、百句に及ぶ長編のものも見られる。

▼**四言古詩の例**　『詩経』桃夭（第一章）

この詩は、黄河流域の民謡として歌われた作品である。

他家に嫁いでゆく娘を桃の花にたとえた祝いの歌。娘の美しさを讃え、婚家に歓迎されて、子を成し一家が繁栄するようにと願う。

桃之夭夭タル
灼灼タル其ノ華
之ノ子于キ帰ガバ
宜シカラン二其ノ室家一ニ

桃の若々しさ
燃えるようなその花
この子が嫁いでいったら
その家によく合うだろう

- 古詩は、この詩のように四句でひとまとまりになっているものが多い。

2 漢詩の規則

▼押韻

押韻とは、**句末の漢字音（当時の中国音）を合わせることで、詩を朗詠するときの響きを美しくする方法**のことである。押韻された字を韻字と呼ぶ。韻字がそれぞれどのような響きであるかは、**現代日本語の音読み**が目安となる。

古詩	偶数句末（一韻到底＝最後まで同一の韻／換韻＝途中で韻が変わる）	
絶句 律詩	五言＝偶数句末 七言＝第一句末と偶数句末	・五言で第一句末も押韻する破格体もある ・換韻はしない

【規則通りの例】

王翰「涼州詞」

葡萄美酒夜光杯
欲飲琵琶馬上催
酔臥沙場君莫笑
古来征戦幾人回

第一句末と偶数句末が押韻。韻字は「杯」「催」「回」で同じ響き。

【規則から外れた破格体の例】

孟浩然「春暁」

春眠不覚暁
処処聞啼鳥
夜来風雨声
花落知多少

五言絶句だが第一句も押韻。韻字は「暁」「鳥」「少」で同じ響き。

▼対句

対句とは、**品詞・文構造・意味内容が何らかの対応関係をもっている二つの句のこと**である。原則として同じ返り点を付けることができ、対称性を利用した読解も可能である。

例 杜甫「春望」（五言律詩の頷聯と頸聯）

感時 ⇔ 恨別　花濺涙 ⇔ 鳥驚心

烽火 ⇔ 家書　連三月 ⇔ 抵万金

◆とくに律詩（五言・七言ともに）では、頷聯と頸聯をそれぞれ対句にする原則がある。

▼五言古詩の例　東晋・陶潜「責子」

白髪被両鬢　肌膚不復実
白髪が両鬢を覆い、肌にはもはや張りがない
雖有五男児　総不好紙筆
五人の男の子がいるが、みんな勉強嫌い
阿舒已二八　懶惰故無匹
阿舒はもう十六歳なのに、生来この上ない怠け者
阿宣行志学　而不愛文術
阿宣もまもなく十五歳なのに、文章学術を好まない
雍・端年十三　不識六与七
雍と端は十三歳で、六と七の区別もつかない
通子垂九齢　但覓梨与栗
通子はもうすぐ九歳で、梨や栗をねだるばかり
天運苟如此　且進杯中物
これが天運であるならば、まあ酒でも飲んでいよう

▼押韻

詩とは元来「うた」であるから、そもそもは音声で語り伝える文学ジャンルである。中国語が抑揚に富んだ音楽的な言語であることも、詩が他の文学ジャンル以上に隆盛を極めた一因であろう。

漢字の音は、声母と韻母とからできている。たとえば「清」という字なら、sが声母、eiが韻母（「チン」という現代中国語の発音ならば、qが声母、ingが韻母）である。押韻する（韻を踏む）とは、この韻母の響き具合を合わせることである。その響き方は百種余りに分類され、作詩に際しては、同じ響きの字を規則どおりの場所に配置する必要があった。

起承転結

起承転結とは、絶句における各句の作法のことである。律詩においては、二句ごとのまとまりである首聯・頷聯・頸聯・尾聯が、これに相当する。

絶句		律詩
起句	まずうたい起こし	首聯(第一・二句)
承句	起句を承(う)けて展開し	頷聯(第三・四句)
転句	内容を一転させ	頸聯(第五・六句)
結句	全体をまとめ結ぶ	尾聯(第七・八句)

3 漢詩の構成と読解

一首の構成(律詩・古詩)

律詩は二句ごと(=聯)、古詩は二句または四句ごとをひとまとまりにして解釈する。

例 李白「送友人」(五言律詩)

青山横北郭　白水遶東城 ―― 青い山なみが町の北に横たわり、白く光る水が町の東を回って流れる

此地一為別　孤蓬万里征 ―― この地でいったん別れを告げれば、孤独な蓬は万里の果てまで旅する

浮雲遊子意　落日故人情 ―― 定めなく漂う雲は旅行く君の心、沈む夕日は見送るわたしの心

揮手自茲去　蕭蕭班馬鳴 ―― 手を振ってここから去れば、馬も寂しげに鳴くことだよ

一句の構成

原則、五言は「○○/○○○」、七言は「○○/○○/○○○」の区切りで解釈する。

例 柳宗元「江雪」(五言絶句の起句)

千山　鳥飛絶

多くの山から、鳥の飛ぶ姿が消えた

例 杜牧「江南春」(七言絶句の承句)

水村　山郭　酒旗風

水辺の村、山辺の集落、酒屋の旗が風に吹かれる

起承転結

江戸時代の学者、頼山陽は、起承転結のはたらきを次のような端唄で説明したという。

起 大坂本町　糸屋の娘
承 姉は十六　妹は十四
転 諸国大名は　弓矢で殺す
結 糸屋の娘は　目で殺す

平仄

平仄とは、中国語のアクセントのようなものである。平声・上声・去声・入声という四つに分類できる漢字音を、「平」声と「上・去・入」声とに二分し、前者を「平声」、後者を「仄声」と呼ぶ。近体詩では次のように、平声と仄声との配置も厳格に決められていた。

1 各句の二字目と四字目は異なる平仄。
2 七言詩の各句の二字目と六字目は同じ平仄。
3 偶数句について、五言では一～三字目、七言では三～五字目を、仄平仄の形にしない。
4 各句の下三字をすべて平または仄にしない。

漢詩の主要テーマ

- 辺塞…西域での戦争に関わる詩(家族が出征中の兵士を思う、兵士が故郷の家族を思う)
- 隠逸…俗世を厭う隠者に関わる詩(悠々自適の隠遁生活、隠者の訪問)
- 送別…遠方への旅立ちに際しての別れの詩(送る者、送られる者の悲しみの情)
- 詠懐…自己の感懐を表出する詩(多くは人生の苦悩や悲しみなど)
- 懐古…古跡に臨んでの感懐詩(往時の栄華をしのぶ、失われた物への感傷)

練習問題　漢詩

1 次の詩を読んで、あとの問いに答えなさい。

絶句　杜甫

江碧鳥逾白
山青花欲然
今春看又過
何日是帰年

1 この詩の形式を漢字で答えなさい。

2 韻字をすべて書きなさい。

3 各句の名称が完成するように、次の空欄に適当な漢字一字を入れなさい。

第一句 □句　第二句 □句
第三句 □句　第四句 □句

4 前半と後半の内容の違いとして適当なものを、次から選びなさい。

ア 前半…色彩豊かな自然描写　後半…惜春の思いと望郷の念
イ 前半…静かな自然の寂しさ　後半…故郷へ帰れる喜び
ウ 前半…力強い生命の躍動感　後半…過ぎゆく年月の思い出
エ 前半…花鳥風月の美しさ　後半…平穏無事な日々への憧れ

2 次の詩を読んで、あとの問いに答えなさい。

八月十五日夜、禁中独直、対月憶元九　白居易

銀台金闕夕沈沈　独宿相思在翰林
三五夜中新月色　二千里外故人□
渚宮東面煙波冷　浴殿西頭鐘漏深
猶恐清光不同見　江陵卑湿足秋陰

1 この詩の形式を漢字で答えなさい。

2 空欄□に入る適当な字を、次から選びなさい。

ア 想　イ 気　ウ 心　エ 姿　オ 命

3 対句になっている部分が二か所ある。聯の名称で答えなさい。

□聯と□聯

4 作者の心境として適当なものを、次から選びなさい。

ア 静かな夜に浮かぶ新月の美しさを味わう気持ち
イ 宮中でたった一人宿直する恐怖感
ウ 友人といっしょに夜の風情を語る喜び
エ 遠方にいる友人の心情と健康に対する思いやり

❷ 議論文

議論文とは、自分の意見や主張を述べる文章である。**1**作者、**2**内容、**3**文体について、おおよそ次のような特徴がある。

- **1作者** ⬇ 文人・政治家・思想家（これらを兼ね備えている場合が多い）。
- **2内容** ⬇ 政治・社会・学問などのあり方を説く。
- **3文体** ⬇ 論理性が高く、一定の型がある。読者の興味関心を引くたとえ話を含む。

1 「説」「論」など（唐宋八大家の古文）

▼**典型的な文章構成と読解の指針**

首尾照応

Ⅰ【話題・問題提示】
〔冒頭ゆえに唐突な印象を受ける場合が多いが、意味を追求しすぎずに、まずは読みすすめる。〕

⬅

Ⅱ【エピソード】【たとえ話】【比喩】
〔興味関心を引く具体的で面白い内容が多い。Ⅰの話題・問題提示との関係を常に意識することが大事である。〕

⬅

- 「夫」（＝そもそも／いったい）
- 「蓋」（＝思うに／そもそも）
- 「故」（＝だから）
- 「今」（＝さて今）
- 「是以」（＝こういうわけで／だから）
- 「由レ是」（＝これによって）

〔Ⅲの結論に導く発語や接続詞に注意する。〕

参照 P.204「発語」
P.214～215「複合語」

Ⅲ【結論・結末】
〔主張が暗示された形で結ばれていたり、あえて伏せて問題化されていたりする場合もある。〕

▼**議論を含む文章ジャンル**

- 「説」…主張や見解を明らかにする。
- 「論」…物事の道理を説き、意見を述べる。
- 「記」…事実をそのままに書き記す。
- 「書」…政治について見解を述べる。
- 「表」…君主や役所などにたてまつる。
- 「銘」…人の功績や徳行などを後世に遺す。
- 「序」…序文、はしがき。

♛▼**古文復興運動**

形式を重んじ、修辞技巧を凝らした駢儷文と呼ばれる六朝以来の美文の傾向を退け、儒教道徳に基づいた内容重視の文章に立ち戻ろうと、唐代から宋代にかけてなされた文章改革。その運動に参加した者の中で、とくに名文家として評価される人々を、**唐宋八大家**と呼ぶ。

【唐代】韓愈・柳宗元
【宋代】欧陽脩・蘇洵・蘇軾・蘇轍・曽鞏・王安石

古文復興運動は、韓愈・柳宗元（「韓柳」と並称される）の二人がまず提唱した。文章は「道を明らかにするための道具」と捉える「載道主義」にのっとり、政治・社会を批判的に論じて、儒教道徳を基盤とする理想的な世の中の実現を志した。

▼**柳宗元「捕レ蛇者説」の文章構成**

次ページ上段にあげた韓愈「雑説」の文章と同じく、文体・内容ともに議論文の典型とも言える構成である。

▼「説」の文章例　韓愈「雑説」

首尾照応

Ⅰ

世有伯楽、然後有千里馬。千里馬常有。而伯楽不常有。

Ⅱ　たとえ話

故雖有名馬、祇辱於奴隷人之手、駢死於槽櫪之間、不以千里称也。馬之千里者、一食或尽粟一石。食馬者、不知其能千里而食也。是馬也、雖有千里之能、食不飽、力不足、才美不外見。且欲与常馬等、不可得。安求其能千里也。策之不以其道。食之不能尽其材。鳴之而不能通其意。執策而臨之曰、「天下無馬。」

Ⅲ

嗚呼、其真無馬邪、其真不知馬也。

口語訳

Ⅰ　世の中に馬の鑑定の名人がいてはじめて一日に千里を走る名馬が現れる。名馬は常に存在するが、鑑定の名人はいつも存在するとは限らない。

Ⅱ　だから、たとえ名馬がいたとしても、ただ使用人の手によって辱められ、馬小屋の中で首を並べて死んでしまい、名馬であると称えられることもないのだ。一日に千里も走る名馬というのは、あるものは一食に穀物一石を食べる。ところが馬を養う者は、その馬の能力が一日に千里も走ることを知って養うのではないのだ。この名馬は、たとえ千里を走る能力があったとしても、食糧が十分でないので力が足りず、すばらしい才能が発揮できない。そのうえ、せめて普通の馬と同等の働きをしようとしてもできない。どうして千里を走る能力など求められようか、決して求められはしないのだ。むち打つにも名馬に相応しい方法で打つことをしない。養うにも名馬の才能を十分に発揮させられない。扱いに不満を抱く名馬が鳴いても養う者には通じない。そのあげくに、養う者はむちを手にし馬に臨んで、「この世に名馬はいない。」と言う。

Ⅲ　ああ、本当に名馬がいないのか、それとも名馬の存在を知らぬのか。

Ⅰ【話題提示】
貴重な薬になる猛毒の蛇を、土地の人々が争って捕らえ、租税がわりに納めている。

Ⅱ【エピソード①】
父・祖父ともに蛇の猛毒で死んだ蔣氏が、「重税を納める苦しみに比べれば、蛇を捕らえる危険など問題ではない。」と語る。

Ⅱ【エピソード②】
さらに蔣氏は、「徴税役人の横暴に苦しむ村人が早死にしてしまったのに比べれば、いま蛇の猛毒で死ぬほうがましだ。」と訴える。

Ⅲ【結論】
「苛政猛於虎也」という孔子の言葉を引きながら、重税で民を苦しめる政治を批判する。

▼韓愈「雑説」(上段)の文章構成

Ⅰ【問題提示】…唐突な書き出しで興味を引く
「名馬はいつでも存在する」
「馬の鑑定の名人は常には存在しない」

Ⅱ【たとえ話】…巧みな比喩による政治批判
「伯楽」＝人材登用に秀でた為政者
「千里馬」＝有能な人材
「食馬者」＝無能な為政者
「常馬」＝凡人
「槽櫪之間」＝低い地位
「粟一石」＝高い俸禄と地位

Ⅲ【結末】…読み手への問いかけで締めくくる
「そもそも名馬はいないのか?」
「(人が)名馬の存在を知らないのか?」
●「嗚呼」に込められた真意を考えさせる。

2 諸子百家の文章

春秋・戦国時代のさまざまな思想学派の文章。諸国遊説、師弟問答における自説展開の話法が、議論文の原型として、のちの唐宋八大家らの文章に大きな影響を与えた。

▼「儒家」「法家」「道家」の理念

儒家
- 孝（親子関係）
- 忠（君臣関係）
- 礼（社会規範）
- 義（正しい道）
- 仁（思いやり）

→ 徳治（君主が徳を身につけて民を教化）

対立

法家
法治　信賞必罰（厳格な法による君主権強化）

道家
脱俗　無為自然（世俗を避け、あるがままに生きる）

＝正統（中国知識人の思想基盤）

▼正統的な論展開の型

Ⅰ【話題・問題提起】問「諸侯」から「思想家」へ

→ Ⅱ【忠言・諫言表明】答「思想家」から「諸侯」へ

エピソード・たとえ話・比喩

徳治主義・儒教的道徳観・尚古主義・復古主義に基づく話

→ Ⅲ【決意・決断表明】答「諸侯」の言葉

※結末部で思想家の主張が表明される場合も多い

問答で展開

▼諸子百家・百家争鳴の時代背景

春秋・戦国時代は、群雄割拠の大混乱期。世をいかに救うか、いかに生きるかを真剣に考える気運が、多くの思想学派を生み出した。

覇を競う諸侯は、富国強兵、人心掌握のため、思想家を招いて教えを請い、思想家は諸侯に受け入れてもらうべく、巧みな論法で自説を主張して、議論文の隆盛をもたらした。

【諸子百家と主な思想家】
- 儒家…孔子・孟子・荀子
- 法家…商鞅・韓非・李斯
- 道家…老子・荘子・列子
- 縦横家…蘇秦・張儀
- 兵家…孫子・呉子
- 墨家…墨子
- 陰陽家
- 名家
- 雑家
- 農家

▼「法家」（韓非）の論展開

Ⅰ【主張提示】

聖人は、古代の基準にとらわれず、時代に応じた方策を立てるものである。

→ Ⅱ【たとえ話】

切り株にぶつかって死んだ兎を手に入れた農夫が、同じことを期待して、仕事を放り出して兎を待ち続け、国中の笑い者になった。
（「守株」の故事）

→ Ⅲ【結論】

過去の王のやり方で今の世を治めようとするのは時代錯誤だ。

● 内容的には、堯・舜など古代の聖天子を尊ぶ儒家の尚古主義に、真っ向から対立する主張である。だが、文章展開は議論文の典型と言える。

諸子百家の文章例　『孟子』――孟子と諸侯(梁の恵王)との問答

Ⅰ
梁恵王曰、「寡人之於国也、尽心焉耳矣。……察隣国之政、無如寡人之用心者。隣国之民不加少、寡人之民不加多、何也。」
↓問

Ⅱ　たとえ話
孟子対曰、「王好戦。請以戦喩。塡然鼓之、兵刃既接。棄甲曳兵而走。或百歩而後止、或五十歩而後止。以五十歩笑百歩、則何如。」
↓答・問
(梁の)恵王曰、「不可。直不百歩耳。是亦走也。」
↓答

Ⅲ
(孟子又)曰、「王如知此、則無望民之多於隣国也。……養生喪死無憾、王道之始也。」
↓答

口語訳

Ⅰ　梁の恵王が言うことには、「わたしがこの国を治めるについては、精一杯心を尽くしている。……隣国の政治を見てみると、わたしが努力しているようなことはしていない。(それなのに)、隣国の民が減りもせず、わたしの国の民が増えないのは、なぜか。」と。

Ⅱ　孟子が答えて言うことには、「王は戦争がお好きです。(だから、)戦争でたとえさせてください。どんどんと太鼓を打ち鳴らし、両軍は武器と武器とを接する状態です。兵士がよろいを脱ぎ棄てて武器を引きずり逃げます。ある兵士は百歩逃げた後に踏みとどまり、ある兵士は五十歩逃げた後に踏みとどまります。(五十歩逃げた兵士が)五十歩しか逃げていないことで、百歩逃げた兵士のことを笑ったとしたら、どうでしょうか。」と。(梁の)恵王が言うことには、「それはよくない。ただ百歩でないというだけで、笑ったその兵士もまた逃げたのであるから。」と。

Ⅲ　(孟子がさらに)言うことには、「王様がもしもこのことを理解なさるならば、民が隣国よりも多くなることを望んではなりません。……生活や死後の祭祀に心配がないということが、王道の始めなのです。」と。

「道家」(老子)の逆説論法

例　六親不和有孝慈。
読　六親和せずして孝慈有り。
訳　親族の仲が悪くなった結果、孝行と慈愛が言われ出した。

六親が不和だから孝慈の心が失われる、と考えるのが普通である。しかし老子は、六親が不和だからこそ「孝慈」の大切さが叫ばれる、すなわち、家族が和やかなら、儒家が重要視する「孝慈」など話題にも上らないのだ、と説く。

このような論法を逆説と呼ぶ。法家が儒家に真っ向から対立するのとはまた異質で、そこには一種の皮肉的な姿勢もうかがえる。

『孟子』(上段)の論展開

Ⅰ【問題提起】…王から孟子への質問
「他国との競争に勝つ方策は?」

Ⅱ【たとえ話】…孟子から王への答え
・「五十歩百歩」のたとえ話
(王が好きな戦争の話での問いかけ)
↓誘導
・王の答え(五十歩も百歩も同じ)

Ⅲ【結論】…孟子の言葉
「他国と競うことの無意味さ」を主張
「王道」の根本を説く(=「覇道」の否定)

●孟子の巧みな論法の眼目は、たとえ話。他国との競争を望む王の機嫌を損なわぬよう、
1好戦的な王が食いつく話題を提示
2主張を抑えての誘導的な問いかけ
によって、王の政治姿勢そのものを根本から改めさせようとしている。

3 史伝・寓話・小説

事実から架空のものまで、中国にはさまざまな**物語性のある文章**がある。

1 史伝（歴史記録・伝記）

▼典型的な文章構成

議論文の文章構成に近い展開

『史記』本紀（帝王の事績）の流れ

〔歴史は行動の規範、政治の鏡という考え方を、為政者の言動で示す。〕

Ⅰ【問題提起】問
君→臣／臣→君

Ⅱ【意見表明】答
たとえ話や古例、誘導的な問いかけがしばしば見られる。

Ⅲ【結末・結論】
君主の政治に対する賛美

小説の文章構成に近い展開

『史記』列伝（個人の伝記）の流れ

〔個人の人間性を、エピソードを盛り込みながら物語性豊かに描き出す。〕

Ⅰ【人物紹介】
姓名、出身地、幼少時の様子など

Ⅱ【具体的エピソード】
・不遇、苦労→成功というパターン
・有名な故事成語が多く登場

Ⅲ【結末・結論】
歴史的評価や教訓

▼史伝の文章例

曽先之『十八史略』

Ⅰ 或請重法禁盜。

Ⅱ 上曰、「当去奢省費、軽徭薄賦、選用廉吏。使民衣食有余、自不為盜。安用重法邪。」

Ⅲ 自是数年之後、路不拾遺、商旅野宿焉。

口語訳

Ⅰ ある者が、法律を厳しくして盗みを禁じるよう願い出た。

Ⅱ 太宗（唐の第二代皇帝）が言うには、「贅沢をやめ出費を節約し、賦役や税を軽くし、清廉潔白な役人を選任すべきだ。人民に衣食十分な生活をさせれば、自然と盗みなどしなくなるだろう。どうして法律を厳しくする必要があろうか、いや、決してない。」と。

Ⅲ 数年後、道に落ちている物を拾う者はなくなり、商人も旅人も安心して野宿するようになった。

▼「歴史は政治の鏡」

歴史書は、昔の聖王らの事績や理念を、今の政治の模範とするために書かれたとも言える。

上段にあげた『十八史略』の話には、「法治ではなく徳治により民を導くべきだ」という唐太宗の政治姿勢が、臣下とのやりとりを通して描かれている。『史記』本紀の流れをくんだ、議論文の構成に近い文章例である。

▼小説の文章構成に近い展開の例

次は、『史記』列伝の流れをくんだ、小説の構成に近い文章例である。主人公の陳勝は、秦末に反乱を起こした農民軍の首領。出典は『十八史略』。なお、ここではⅢは省略されている。

Ⅰ 陽城人陳勝、字渉。少与人傭耕。

Ⅱ 曰、「苟富貴、無相忘。」傭者笑曰、「若為傭耕。何富貴也。」勝大息曰、「嗟呼、燕雀安知鴻鵠之志哉。」

口語訳

Ⅰ 陽城出身の陳勝は、字は渉。若いときには雇われの農民であった。

Ⅱ 彼は雇い主に、「俺が富貴になったとしてもおまえのことは忘れないぞ。」と言った。雇い主は笑って言った、「雇われの身でどうして富貴になどなれようか。」と。陳勝は大きなため息をついて言った、「ああ、〔おまえのような〕つまらない人物には〔俺のような〕大人物の気持ちなどわかりはしないのだなあ。」と。

2 寓話（擬人化した動物の物語）

▼典型的な文章構成

Ⅰ【場面設定・状況提示】
国と国の争い／君主と臣下の問答

Ⅱ【寓話】…故事成語が多い
動物の擬人化

Ⅲ【結末・結論】
教訓や風刺

Ⅰ・Ⅲの部分が省略または簡略化され、Ⅱの部分だけが提示されることもある。ただその場合も、寓話に込められた教えや諷刺が何なのかを考えることが大切である。

▼寓話の文章例　劉向『戦国策』

Ⅰ 趙且伐燕。蘇代為燕謂恵王曰、

Ⅱ 「今者臣来、過易水。蚌方出曝。而鷸啄其肉。蚌合而箝其喙。鷸曰、『今日不雨、明日不雨、即有死蚌。』蚌亦謂鷸曰、『今日不出、明日不出、即有死鷸。』両者不肯相舎。漁者得而并擒之。

Ⅲ 今趙且伐燕。燕趙久相攻、以敝大衆、臣恐強秦之為漁父也。願王熟計之也。」恵王曰、「善。」乃止。

口語訳

Ⅰ 趙が今にも燕を伐とうとした。蘇代が燕のために趙の恵王に言った、

Ⅱ 「今日、私がここへ来て易水を過ぎましたところ、どぶ貝がちょうど日なたぼっこをしていました。すると、鴫がどぶ貝の肉をついばみました。どぶ貝は貝を閉じ合わせて鴫の嘴をはさみました。鴫が言うには、『今日雨が降らず、明日も降らなければ、おまえは(干上がって)死んだどぶ貝になるだろう。』と。どぶ貝もまた鴫に言うには、『今日も嘴を出してやらず、明日も出してやらなければ、おまえは死んだ鴫になるだろう。』と。両者は互いに離そうとはしません。そこへ漁師が来て、両者を捕らえました。

Ⅲ 今、趙はまさに燕を伐とうとしています。燕と趙が長い間互いに張りあって、人民を疲労させたなら、あの強い秦が漁師となるのではと心配します。だから王様には、どうかよくよくお考えいただきたい。」と。恵王は言った、「よしわかった。」と。そこで燕を伐つことをやめた。

▼史伝の中の寓話

上段『戦国策』の寓話例は、両者が無益な争いを続けるのにつけこんで、強い第三者が両者を滅ぼしてしまうという教訓を示したものである〈＝「漁父の利」「鷸蚌の争い」〉。この教訓を通して、蘇代は趙に攻め入られようとしている燕を救ったわけだが、その比喩を図式化すると次のようになる。

漁父＝秦
奪　取
鷸＝趙　争　蚌＝燕

また『戦国策』には、有名な「虎の威を借る狐」の故事もある。

虎が狐を捕らえて食べようとした。狐が虎をだまして、「天帝がわたしを百獣の長にしたのだから食べてはならない。嘘だと思うならわたしのあとについて来るがいい。獣たちがわたしに畏れをなして逃げるはずだ。」と語る。虎が言われたとおりにすると、果たして獣たちは皆逃げ去った。

●この寓話は、戦国時代の楚国の宣王が群臣に向かって、「北方の国々が畏れているのはわたしではなく、臣下の昭奚恤らしいが本当か。」と尋ねたのに対して、江乙という遊説家が進み出て語った話である。

虎＝宣王
狐＝昭奚恤　借威
百獣＝北方の国々　畏
不畏

3 小説

中国の小説は、主に次の二種類に分けて取り上げられることが多い。

1志怪小説…(後漢末〜六朝時代)民間伝説、幽霊や神仙、夢や死後の世界、動植物の超自然現象などを歴史の一部として記録した短編の説話集。

2伝奇小説…(唐代)六朝の志怪を発展させ、意識的に創作した作品。内容は、世の中の怪異、男女の恋、豪傑の活躍など。

元来「小説」とは、**「つまらぬ意見・話」**の意味で、詩や文章(正統的な儒家テキストである経書や史書)に比べて、文学的な価値は低く見られていた。しかし実際には、**教訓や道徳から解き放たれた自由な創作**によって、興味深く、面白い話が多い。

▼典型的な文章構成と読解の指針

起【主人公紹介】
姓名、出身地、経歴、状況説明
実在する地名・官職名により現実味を帯びるが、続く展開は超現実的な虚構の話。

承【事件・事故発生】
ある女性との結婚/ある動物の救助
時間の推移を表す語と、主人公以外の人物の登場・出現に注意する。

転【意外な展開】
夫または妻の死/窮地に陥る
望まぬ出来事や、絶体絶命の窮地から逃れようとする主人公の言動をおさえる。

結【結末】
夫または妻が生き返る/かつて助けた動物に救われる
死者蘇生・動物報恩により、平穏が戻る。社会への諷刺や批判を含む場合もある。

小説の話型

・**再生譚・再生婚姻譚**
死者が生き返り、婚姻関係を結ぶ。葬られた死者の墓(棺)を開く話(上段の例)など。

・**異類交婚譚**
人と草木・虫魚・鳥獣との結婚。娘と馬との結婚の約束を破った結果、人が蚕になる話など。

・**動物報恩譚**
人に救われた動物が、人の窮地を救うことで恩に報いる話。科挙に合格させてくれたり、富貴な生活をもたらしてくれたりする。

・**植物報恩譚**
植物の精が人の形をとって現れ、主人公の願いを聞き入れてくれる話など。

・**異界訪問譚**
不思議な世界に迷い込み、楽しい日々を満喫するが、現実に戻るとすべてがなくなっているというような話(浦島太郎の話と酷似)。

・**幽霊怪異譚・怪異笑話**
化け物と語り合ったり知恵比べをしたりする話や、化け物を怖がらない笑い話など。

●総じて、幸せな結末(ハッピーエンド)の話が多い。

▼小説の文章例　干宝『捜神記』

起 晋武帝世、河間郡有男女私悦、許相配適。

承 尋而男従軍、積年不帰。女家更欲適之、女不願行。父母逼之。不得已而去、尋病死。其男戍還、問女所在。其家具説之。乃至冢、欲哭之尽哀、而不勝其情。遂発冢、開棺。女即蘇活。因負還家、将養数日、平復如初。

転 後夫聞、乃往求之。其人不還曰、「卿婦已死。天下豈聞死人可復活耶。此天賜我、非卿婦也。」

結 於是相訟。郡県不能決、以讞廷尉。秘書郎王導奏、「以精誠之至、感天地、故死而更生。此非常事、不得以常礼断之。請還開冢者。」朝廷従其議。

口語訳

起 晋の武帝の世、河間郡に人知れず愛し合う男女がいて、将来を誓い合っていた。

承 その後、男は出征し、何年も帰らなかった。女の実家では他家に嫁がせようとしたが、女は望まなかった。しかし、父母が女に迫ったので、女はやむを得ず他家へ嫁いで行ったが、その後、女は病死してしまった。男が兵役から戻り、女の所在を尋ねた。女の実家は事実をすべて説明した。そこで男はなんと女の墓へ行き、慟哭して哀情をぶちまけようとしたが、悲しみに堪えられず、とうとう墓を掘り起こし、棺を開いてしまった。女はすぐに生き返った。そこで男は女を背負って帰宅し、数日にわたり世話をすると、女は元のとおりに回復した。

転 その後、女の夫がこのことを耳にし、女を返すよう求めた。男は女を返さずに言った、「あなたの妻はもう死んだ。この世に死人が生き返るなどと聞いたこともない。この女は天がわたしにお与えくださったもので、あなたの妻ではないのだ。」と。

結 そこで訴訟になった。郡県では決することができず、朝廷の裁判所に回された。秘書郎の王導が上奏するには、「この上なき誠意が天地を感動させたために、この女は死んでも生き返ったのです。これは通常ではあり得ないことであり、通例で判決を下すことはできません。墓を開いた者に女を返してください。」と。朝廷はこの意見に従った。

▼『捜神記』（上段）の文章展開

上段で例として取り上げた『捜神記』は、志怪小説の代表的作品の一つである。この話の展開を整理すると、次のようになる。

起【主人公紹介】
時（晋の武帝の世）、場所（河間郡）、性別（男女）、状況（将来を誓い合う）

→ 承【事件発生】
①男の長期出征、女の不本意な結婚と病死
②男の帰還と女の墓の掘り起こし、女の蘇生

→ 転【意外な展開】
女の結婚相手からの、女の返還要求
↓男の拒否

→ 結【結末】
訴訟：郡県から朝廷への判断委託
朝廷の判断＝この奇跡は誠意がもたらしたもの。女は男のもとへ。

●この話では、死んだ女が生き返るという超現実的な出来事が、結部ではなく承部に記されている。その代わり、転部では男が女の結婚相手から女を返すよう求められるという窮地の場面を取り上げており、結部では、男がその窮地から逃れる最後の展開として、朝廷が結婚相手の訴えを退けたことを書いている。

▼伝奇小説の例

・「離魂記」…女の魂が肉体を離れて恋人と駆け落ちする話。最後は魂が肉体に戻る。
・「枕中記」…夢で枕の穴から異界へ行き、出世を遂げた者の話。栄華のむなしさを語る。

中世・近世の特殊な語法

文語文法は平安時代の文法を規範としているので、中世、近世と時代が下るにつれ、これに収まらない語法が多く見られる。

1 連体形と終止形の区別がなくなってくる。

参照 P.80 主格「が」「の」の結び

❶その人、ほどなく失せにけりと聞き侍りし。（徒然草・三二段）
その人は、まもなく亡くなったと聞きましたよ。

❷ものには念を入れたるがよい。（西鶴諸国ばなし・巻一ノ三）
ものには念を入れ(て調べ)るのがよい。

❶は、過去の助動詞「き」の連体形で文を終止し、❷は形容詞「よし」の連体形「よき」のイ音便で文を終止している。❷のような近世の話し言葉では連体形終止が普通になっており、とくに余情・余韻を認める必要がない場合が多い。

2 連用形に音便が多く用いられるようになる。

参照 P.39・71

●寄つ(1)て教経（のりつね）に組ん(2)で生け捕りにせよ。（平家物語・能登殿最期）
近寄って教経に組んで生け捕りにせよ。

1は「寄り」の促音便、2は「組み」の撥音便である。

3 確定条件を表す已然形＋「ば」（…ノデ）が、仮定条件（モシ…ナラ）を表すようになる。

参照 P.17 已然形と仮定形

●この銀（かね）がなければ、我らも死なねばならぬ、（曽根崎心中・生玉の場）
もしこの金がなかったら、自分も死なねばならない、

已然形は、仮定形と呼ぶべき働きをするようになっている。

4 係り結びの乱れが現れる。

参照 P.100 係り結びの法則

●よき折節にこそ、参り会ひ候ひにけり。（今昔物語集・巻二〇ノ六）
ちょうどよいときに、お伺いしてお会いしました。

已然形で結ぶはずのところが終止形で終止している。

5 二段活用が一段化する。

参照 P.20 動詞の活用の種類の変化

●やせ蛙負けるな一茶これにあり（七番日記）
やせ蛙よ、負けるな。一茶がここに加勢しているぞ。

禁止の終助詞「な」は終止形に接続するので、上の語は下一段活用の「負ける」である。平安時代であれば下二段活用で終止形は「負く」である。

6 過去の助動詞「き」の連体形「し」・已然形「しか」が、サ行四段活用動詞の已然形に付いて、「せし」「せしか」の形になる。

参照 P.45 「き」の力変・サ変への接続

●「広き世界に並びなき分限、我なり。」と自慢申せし、（日本永代蔵・巻二ノ一）
「この広い世界に並ぶ者のいない金持ちとは、自分である。」と自慢申し上げた、

「き」のサ変動詞への接続が影響したものと考えられている。

7 ナリ活用形容動詞の連体形活用語尾（「なる」）に、「な」の形が現れる。

参照 P.36

●ふたつ文字牛の角文字すぐな文字ゆがみ文字とぞ君はおぼゆる（徒然草・六二段）

「『こ』の文字(こ)、牛の角に似た文字(い)、まっすぐな文字(し)、ゆがんだ文字(く)(=恋しく)」と、あなたのことが思われますよ。

8 丁寧語・謙譲語の「侍り」は衰退し、「候ふ(さうら)」が多く用いられるようになる。 参照 P.129・130

●一門の運命はや尽き候ひぬ。 (平家物語・忠度都落)

(平家)一門の運命はもう尽きてしまいました。

9 音短縮によって新しい語形が現れる。

1 完了・存続の助動詞た(↑「たり」の連体形「たる」) 参照 P.48

●小判は、この方へ参つた。 (西鶴諸国ばなし・巻一ノ三)

小判は、こちらに来ていました。

2 やらん(↑にやあらん〈断定の助動詞「なり」の連用形「に」+疑問の係助詞「や」+補助動詞「あり」の未然形「あら」+推量の助動詞「ん(む)」の連体形「ん(む)」〉) 参照 P.62・98・29・30・50

●人は、なんとして仏にはなり候ふやらん。 (徒然草・二四三段)

人は、どのようにして仏になったのでしょうか。

3 格助詞で(↑にて) 参照 P.85 「にて」から「で」への変化

●あの松原で御自害候へ。 (平家物語・木曽最期)

あの松原で御自害なさい。

4 断定の助動詞ぢや(↑ぢやる↑である↑にてある) 参照 P.62・85・29・30

●こなたはここらに見知らぬお人ぢやが、 (冥途の飛脚・新口村)

あなたはこの辺では見かけないお方だが、

10 助動詞に新しい語形が現れる。

1 推量・意志の助動詞う(↑む〈ん〉) 参照 P.50

●一首なりとも御恩をかうぶらうど存じて候ひしに、 (平家物語・忠度都落)

たとえ一首であっても(勅撰集入集の)ご恩情をこうむりたいと存じておりましたところ、

2 推量・意志の助動詞うず(↑むず〈んず〉) 参照 P.50

●首を取つて人に問へ。見知らうずるぞ。 (平家物語・敦盛最期)

(私の)首を取って人に聞いてみよ。(私のことを)見知っているだろうよ。

3 打消推量・打消意志の助動詞まい(↑「まじ」の連体形「まじき」) 参照 P.54

●大坂の義理は欠かれまい。 (冥途の飛脚・新口村)

大坂の(義母に対する)義理は欠くことができまい。

4 希望の助動詞たい(↑「たし」の連体形「たき」) 参照 P.68

●嫁・姑の未来の対面させたい。 (冥途の飛脚・新口村)

嫁・姑としてあの世での対面をさせたい。

5 希望の助動詞たがる(↑「たし」の語幹「た」+接尾語「がる」) 参照 P.68・P.10 接頭語と接尾語

●見ぬ所をありきたがるべし。 (日本永代蔵・巻二ノ一)

(まだ)見物していない所を見歩きまわりたがるにちがいない。

故事成語

○四字の成語

韋編三絶　書物（竹簡・木簡）の綴じ紐が何度も切れるほど、熱心に読書すること。孔子が『易』を愛読した話による。

温故知新　昔のことを学び究め、新しい知識・見解を得ること。『論語』による。

偕老同穴　生きてはともに老い、死んでは同じ墓に葬られる。夫婦の固い契り。

臥薪嘗胆　堅い薪の上に寝たり、苦い胆をなめたりして身を苦しめ、怨みや屈辱の思いを忘れまいと自らを励ますこと。越王句践と呉王夫差の故事による。

画竜点睛　絵の名人が竜を描いて、最後に睛をかき入れると壁から飛びでていった。物事を完成する最後の仕上げ。

夏炉冬扇　夏の火鉢と冬の扇。役に立たない言論や才能のたとえ。

汗牛充棟　車に積んで引かせると牛に汗をかかせ、家に積み重ねると棟木にまで届いてしまうほど蔵書が多いこと。

曲学阿世　正しい学問を曲げてまで世間に迎合すること。

乾坤一擲　すべてを賭けて大勝負をすること。「乾坤」は天地、「一擲」はサイコロのひと振り。

巧言令色　口にきれいごとを並べ、容貌態度を美しくすること。『論語』による。

呉越同舟　呉と越は隣どうしで不仲の国。仲の悪い者がいっしょにいること。

四面楚歌　味方であるべき者も敵となり、孤立すること。四方を取り囲む者が自分の故郷の楚の歌をうたう。楚漢の戦いで劉邦に敗れた項羽の最後の状況。

朝三暮四　猿回しの親方が猿たちに「餌の実を朝には三、暮れには四やる」と言うと猿が怒ったので、「では朝は四、暮れは三にする」と言うと猿たちは納得した。言葉巧みに人をだますこと。列子が儒家について、智恵をはたらかせて人民を言いくるめると批判した際の寓話。

朝令暮改　朝方に命令を下し、夕方にはそれを改める。あてにならない態度。

同工異曲　細工は同じであるが、趣が異なること。また、違っているようで、だいたいは同じであること。

不倶戴天　ともにはこの世に生きていられないの意。主君や父のかたきをいう。

夜郎自大　「夜郎」は、漢代の西南の国名。漢の力を知らず、自分の国がいちばん強大だといばっていた。世間知らず。

羊頭狗肉　店先に羊の頭を看板として懸け、実際は犬の肉を売る。表向きは良いが、内実はつまらないこと。

龍頭蛇尾　始めは勢いがよいが、終わりは衰えること。

○字数不定の成語

青は藍より出でて藍より青し　青色の染料は藍草から取るが、もとの藍草よりも青くなる。弟子が先生にまさること。「出藍の誉れ」

石に漱ぎ流れに枕す　隠遁生活に入ろうとした者が友人に、今後は「流れに漱ぎ、石に枕する生活をするつもりだ」と言おうとして、誤って「石に漱ぎ、流れに枕す」と言ってしまい、それを指摘されたが、「石で漱ぐのは歯を磨くため、流れに枕するのは世俗で汚れた耳を洗うため」と言って誤りを認めようとしなかった。負け惜しみが強く、こじつけること。

鼎の軽重を問う　春秋時代、楚の荘王が天下を奪う野心から、周王室の宝である鼎の重量（値打ち）を尋ねた。権力者をあなどり、その実力を問うたとえ。

完璧　趙の藺相如が、国の宝である「和氏の璧」を奪い取ろうとする秦王の思惑を見抜き、無事に持ち帰った故事。今は、完全無欠の意に用いる。

管鮑の交わり　春秋時代の斉の管仲と鮑叔のように固く信頼し合った交際。

杞憂　天が落ちてきたらたいへんだと心配していた杞の国の男の話。とりこし苦労。無用の心配。

牛耳を執る　春秋・戦国時代、諸侯が盟約を結ぶときには、盟主が犠牲の牛の耳を裂いて、その血を皆がすすって誓った。集団の長になって事を行うこと。

九仞の功を一簣に虧く　非常に高い山を築こうと土を運び、あと一歩で完成するというときに、最後の一簣（＝一かご）の土を運ぶことを怠れば、それまでの苦労も水の泡になる。長い間の努力が、今一歩の所で手を抜きだめになること。

漁父の利　参照 P.231

逆鱗に触る　竜の喉元には逆さに生えた鱗があり、これに触れるとその人を殺すという。君主を説得する際の心得を説く、韓非の話。目上の人を怒らせること。

狡兎死して走狗烹らる　敏捷な兎が死ねば、猟犬はいらなくなって煮て食べられてしまう。敵国が滅ぶと、功臣は殺されてしまうことのたとえ。

虎穴に入らずんば虎子を得ず　後漢の班超が匈奴を討伐した際に配下を激励した言葉。危険を冒さなければ大きな利益は得られないこと。

五十歩百歩　似たり寄ったり。参照 P.229

塞翁が馬　辺塞近くの老人の馬が逃げ出し不幸だと思っていると、良馬を連れて帰ってきた。幸いだと思っていると、馬に乗った息子が落ちて足を折った。不幸だと思っていると、息子は足が悪いおかげで出征せずにすんだ。人生の幸・不幸は予測しがたいこと。

三顧の礼　蜀の劉備は諸葛亮（孔明）を臣下にしようと、その家を三度も訪れて、へりくだって招聘した。目上の人が礼を尽くして賢者を招くこと。

守株　古い習慣にとらわれること。参照 P.228

助長　手助けしてかえって害を与えてしまうこと。宋の人が苗の成長を助けようと引っ張って、結局全部枯らしてしまった。「浩然の気」を養うためには急いではならず、急げばかえって害があることを説くために孟子が引いたたとえ話。

人口に膾炙す　「膾」はなます、「炙」はあぶり肉。いずれも人々が好んで口にするもの。広く世間の人々にもてはやされること。

水魚の交わり　蜀の劉備と諸葛亮（孔明）の仲をいう。水と魚の関係のように、きわめて親密なつき合い。

推敲　詩文の字句を練ること。中唐の賈島が自作の詩句「僧は推す月下の門」の「推す」を「敲く」にするかどうかで悩んだ故事に基づく。

他山の石　よその山の石くれでも、自分の宝玉を磨く砥石にはなる。自分の修養に役立つ他人の言動の意。

蛇足　あっても益のないもの。利益のないむだな行為。酒を賭けて蛇の絵を描く競争をした際に、最初に描きあげた者が本来ないはずの足を加えてしまったがために酒を飲みそこなった故事から。

断腸の思い　子猿を捕らえられた母猿が泣き叫びつつ百余里も追いかけてきた

が、そのまま息絶えた。その腹を裂いてみると、腸がずたずたに切れていた。はらわたがちぎれるほどの悲しみのこと。

知音　互いに相手を深く理解した親友。春秋時代の人鍾子期は、友人で琴の名手である伯牙の演奏を聞いて、その思いまで理解した。鍾子期が死ぬと、伯牙は生涯二度と琴を弾かなかった。

轍鮒の急　荘子は貧しかったので借金に行ったところ、そのうちに貸してやろうと言われた。それを聞いた荘子は、「自分がここに来る途中、車の轍の水たまりにいる鮒が水をくれと言ってきた。そこで、呉・越に行ったときに川の水を持ってこようと答えたら、鮒は、もうそのころにはわたしは乾物屋にいると言って怒った」というたとえ話をした。ここから、差し迫った困窮や危険を表す。

虎の威を借る狐　弱者が権力者の威光をかりていばるたとえ。参照 P.231

顰に効う　胸が痛くて眉をひそめた美女の西施の美しさを見て、醜女がそのまねをしたところ、皆逃げ出したという話。むやみに人まねをして失敗すること。

髀肉の嘆　蜀の劉備が、久しく戦場に出ず、馬に乗ることが減って、内股に肉がついてきたことを嘆いた故事。功名を立てたり、手腕を発揮したりする機会がなく、無為に時を過ごすことの嘆き。

豹は死して皮を留め、人は死して名を留む　豹は死後、その美しい毛皮を大切にされるが、人は死後に残した名声や功績で評価されるということ。

風樹の嘆　樹木が静かにしようとしても、風が吹いて揺り動かしてしまうように、子が親に孝行しようとしても、親はその時まで待ってくれずに亡くなってしまうことの嘆き。「風樹」は、風に揺れ動く樹木。親を思う心の比喩。

覆水盆に返らず　一度こぼれた水は、二度と容器の中には戻らない。呂尚（太公望）が、自分が出世した途端に復縁を迫ってきた妻に対して言った言葉。漢の朱買臣にも同様の話がある。一度してしまったことは、取り返しがつかないこと。

舟に刻みて剣を求む　舟から剣を落とした者が、舟ばたに目印をつけて、あとで拾おうとしたまぬけな話。時勢の移り変わりに気づかず、古いしきたりにこだわり続ける愚かさのたとえ。

刎頸の交わり　戦国時代、趙の廉頗と藺相如の交わり。たとえ相手のために首を斬られても悔いのないほどの固い友情。

先ず隗より始めよ　戦国時代、賢士を求める燕王に、郭隗は「まずわたしから厚遇せよ。そうすればわたしより優れた人が集まる」と述べた。大きな計画も、身近なことから始めるべきだということ。

矛盾　前後のつじつまの合わないこと。何でも貫く矛と、何も通さない盾を売る商人の話に由来。尭と舜の両者を聖王とみなす儒家の考えを批判したもの。尭が真の聖王であれば、難事は片づいているので、その後の舜は聖王とはなりえず、また舜が真の聖王であるなら、その前の尭は無能な王ということになる。

病膏肓に入る　病魔が名医を恐れて、膏（心臓の下）肓（横隔膜の上）の間に隠れてしまう。病気が重く、治療のしようがないこと。趣味に病みつきになること。

隴を得て蜀を望む　「隴」は今の甘粛省東南部。「蜀」は今の四川省。隴を攻めとって、さらにその先の蜀を取ろうとする。次々と望みを大きくして、満足するのを知らないこと。

中国古典文学の日本古典文学への影響

日本の古典文学作品の多くは、中国の古典文学作品からさまざまな影響を受けている。古文と漢文がどのようにつながっているか、具体例とともに見てみよう。

1 表現の利用

● 月日は百代(はくたい)の過客にして、行きかふ年もまた旅人なり。（奥の細道・旅立ち）

月日は永遠に歩みをやめない旅人であって、来ては去り去っては来る年もまた旅人である。

松尾芭蕉(ばしょう)が書いた『奥の細道』の冒頭の一節は、李白の文の一節「夫天地者万物之逆旅也、光陰者百代之過客也。」の表現をふまえる。芭蕉は、李白の文の表現を利用して、人生は旅であり、旅に生きるという自身の人生観を示しているのである。

2 故事の引用

● 唐土(もろこし)にも、かかることの起こりにこそ、世も乱れあしかりけれと、（略）楊貴妃(やうきひ)のためしも引き出でつべくなりゆくに、（源氏物語・桐壺）

中国でも、このような原因によって、世の中も乱れ、悪いことになったものだと、（略）楊貴妃の先例までも引き合いに出してしまいそうになっていくので、

右は、桐壺の更衣に対する桐壺帝の深い寵愛ぶりを、唐の玄宗皇帝が楊貴妃を寵愛するあまり、反乱を招いてしまったという故事を引き合いに出して、世の人々が噂(うわさ)をするという場面である。また、『源氏物語』の冒頭は、玄宗皇帝と楊貴妃の悲恋を描いた白居易「長恨歌」を全体にふまえた内容となっている。

3 ある作品を文章の全体にふまえる

● 「少納言よ、香炉峰の雪、いかならむ。」と仰せらるれば、御格子上げさせて、御簾(みす)を高く上げたれば、笑はせ給ふ。（枕草子・雪のいと高う降りたるを）

（中宮様が）「少納言よ、香炉峰の雪は、どうかしら。」と仰せになるので、御格子を上げさせて、御簾を高く巻き上げたところ、（中宮様はにっこりと）お笑いになる。

白居易の詩の一節「遺愛寺鐘欹枕聴、香炉峰雪撥簾看。」をふまえた、中宮定子と清少納言とのやりとりが描かれる。白居易の詩句が、その章段の主要な素材となっているのである。

4 翻案

中国の古典文学作品を、原作の内容や筋をもとにして別の作品に書き改める翻案も多く行われた。次ページで取り上げる平安時代の『唐物語(からものがたり)』や、江戸時代に中国白話小説を翻案した浅井了意『伽婢子(おとぎぼうこ)』、上田秋成『雨月物語』などが有名である。

5 和漢混交文

● ゆく川の流れは絶えずして、しかも、もとの水にあらず。（方丈記・ゆく川の流れ）

流れてゆく川の流れは絶えることがなくて、それでいて、もとの水ではない。

平安時代末から鎌倉時代にかけて、平安時代の仮名文学作品の文体である和文に、漢文的要素が加わった和漢混交文という文体が確立する。和漢混交文では、通常和文には見られない漢文の訓読（書き下し）特有の用語が用いられているという特徴がある。例えば、「ずして」「にして・くして」「ごとし」「しむ」があげられるが、これらは和文では、「で」「にて・くて」「やうなり」「す・さす」の語が用いられることが多い。

総合問題

次の【問題文Ⅰ】の古文の文章と【問題文Ⅱ】の漢文の文章は、いずれも王昭君という女性について書かれたものである。これを読んで、後の問いに答えなさい。なお、設問の都合で返り点・送り仮名を省いたところがある。

【問題文Ⅰ】

昔、漢の元帝(注1)と申す帝おはしましけり。三千人の女御(注2)・后の中に、王昭君と聞こゆる人なむ、①はなやかなることはたれにもすぐれ給へ(a)りけるを、この人、帝に間近くむつれつかうまつらば(注3)、我ら定めてものの数ならじと、あまたの御心にいやましくおぼしけり(注4)。このときに、胡(注5)の王なりける者参りて申さく、②「三千人まで候ひ合ひ給へる女御・后、いづれにても一人給は(b)らむ(c)。」と申すに、上自ら御覧じ尽くさむ(d)こともわづらひありければ、そのかたちを絵に描きて見給ふに、人の教へに(e)やありけむ、この王昭君のかたちをなむ、醜きさまに写したりければ、胡の王給はりて喜び開けつつ(注6)、わが国へ具して帰るに(f)、ふるさとを恋ふる涙は道の露に(g)もまさり、③慣れし人々に立ち別れぬる嘆きは、しげき深山の行く末はるかなり。かかるままには、ただ音をのみ泣けども、④何のかひかはあるべき。

　憂き世ぞとかつは知る知るはかなくも鏡のかげを頼みけるかな

あはれを知らず情け深からぬ者なれども、らうたき姿にめでて、かしづき敬ふこと、その国の営み(注7)にも過ぎたり。かかれども、古りにし(h)都を立ち別れにしより今に至るまで、憂への涙乾く間もなし。この人は鏡のかげの曇りなきをのみ頼みて、人の心の濁れるを知らず。

（唐物語・王昭君、絵姿を醜く写され、胡の王に嫁ぐ語）

注　1元帝…前漢の皇帝。　2女御…ここでは皇帝の夫人の意。　3むつれつかうまつらば…慣れ親しんでお仕え申し上げたら。　4いやましくおぼしけり…いとわしいとお思いになった。　5胡…中国の北方の異民族、匈奴をさす。　6喜び開けつつ…喜んで晴れやかな気持ちになって。　7その国の営みにも過ぎたり…その国の慣習を超えたものであった。

【問題文Ⅱ】

元帝後宮既多、⑤不得常見⑥。乃使画工図形、案図(注1)召幸(注2)之。諸宮人皆賂(注3)画工。多者十万、少者亦不減五万。⑦独王嬙(注4)不肯。遂不得見。匈奴入朝、求美人為閼氏(注5)。於是上(注6)案図、以昭君行。及去召見、貌為後宮第一。善応対、挙止(注7)閑雅。帝悔之、而名籍(注8)已定。帝重信於外国、故不復更人。乃窮案(注9)其事、画工皆棄市(注10)。

（西京雑記・巻二）

注　1案図…絵をもとに考える。　2幸…寵愛する。　3賂…賄賂を贈る。　4王嬙…王昭君。嬙は名、昭君は字。　5閼氏…匈奴の王の妻の称号。　6上…皇帝。元帝をさす。　7挙止…振る舞い。　8名籍…名簿。　9窮案…徹底的に取り調べる。　10棄市…罪人を処刑し、その死体をさらすこと。

1 二重傍線部a「給へ」b「給はら」について、次の問いに答えなさい。
1 敬語の種類をそれぞれ次の中から選び、記号で答えなさい。
ア尊敬の本動詞　イ尊敬の補助動詞　ウ謙譲の本動詞
エ謙譲の補助動詞　オ丁寧の本動詞　カ丁寧の補助動詞
a　b
2 誰から誰への敬意を表しているかをそれぞれ次の中から選び、記号で答えなさい。
ア元帝　イ女御・后　ウ王昭君　エ胡の王　オ作者
a　→　b　→

2 二重傍線部の助動詞c・d「む」の意味を、それぞれ答えなさい。
c　d

3 二重傍線部e～h「に」の文法的説明として適当なものをそれぞれ次の中から選び、記号で答えなさい。
ア断定の助動詞「なり」の連用形　イ完了の助動詞「ぬ」の連用形
ウ格助詞　エ接続助詞　オ副詞の一部
e　f　g　h

4 【問題文Ⅰ】の中から挿入句を抜き出し、最初と最後の三字で答えなさい。（句読点は不要）
～

5 【問題文Ⅰ】の内容と合致するものを次の中から選び、記号で答えなさい。
ア　傍線部①「はなやかなること」の「なる」は伝聞の助動詞で、作者が王昭君の評判を耳にしていたことを表している。
イ　傍線部②「申さく」とは「曰はく」の謙譲表現で、作者から胡の王への深い敬意が表現されている。
ウ　傍線部③「慣れし人々に立ち別れぬる」の「ぬる」は、自分の意志ではどうしようもないことが完了した意を表している。
エ　傍線部④「何のかひかはあるべき」の係助詞「かは」は疑問の意で、泣くことにどんな効果があるのかと問いかけている。

6 傍線部⑤「不得常見」を書き下し文に改め、現代語に訳しなさい。

7 傍線部⑥の書き下し文「乃ち画工をして形を図かしめ」に従って返り点・送り仮名をつけ、現代語に訳しなさい。
乃 使 画 工 図 形

8 傍線部⑦「独王嬙不肯。」を書き下し文に改め、現代語に訳しなさい。

9 【問題文Ⅰ】【問題文Ⅱ】はそれぞれ誰の心情が詳しく述べられているか、設問1 2の選択肢の中から選び、記号で答えなさい。
【Ⅰ】　【Ⅱ】

10 【問題文Ⅰ】【問題文Ⅱ】は、王昭君が絵姿を正しく描かれなかった点は共通しているが、その理由が異なる。それぞれの理由を説明しなさい。
【Ⅰ】
【Ⅱ】

総合索引

・それぞれ次の内容を示す。
色字＝語彙　▼＝脚注の項目
詳＝詳解の項目
・配列は現代仮名遣いによる。

古典文法編

ア行

カ行

サ行

漢文句形編

事項索引

音訓索引

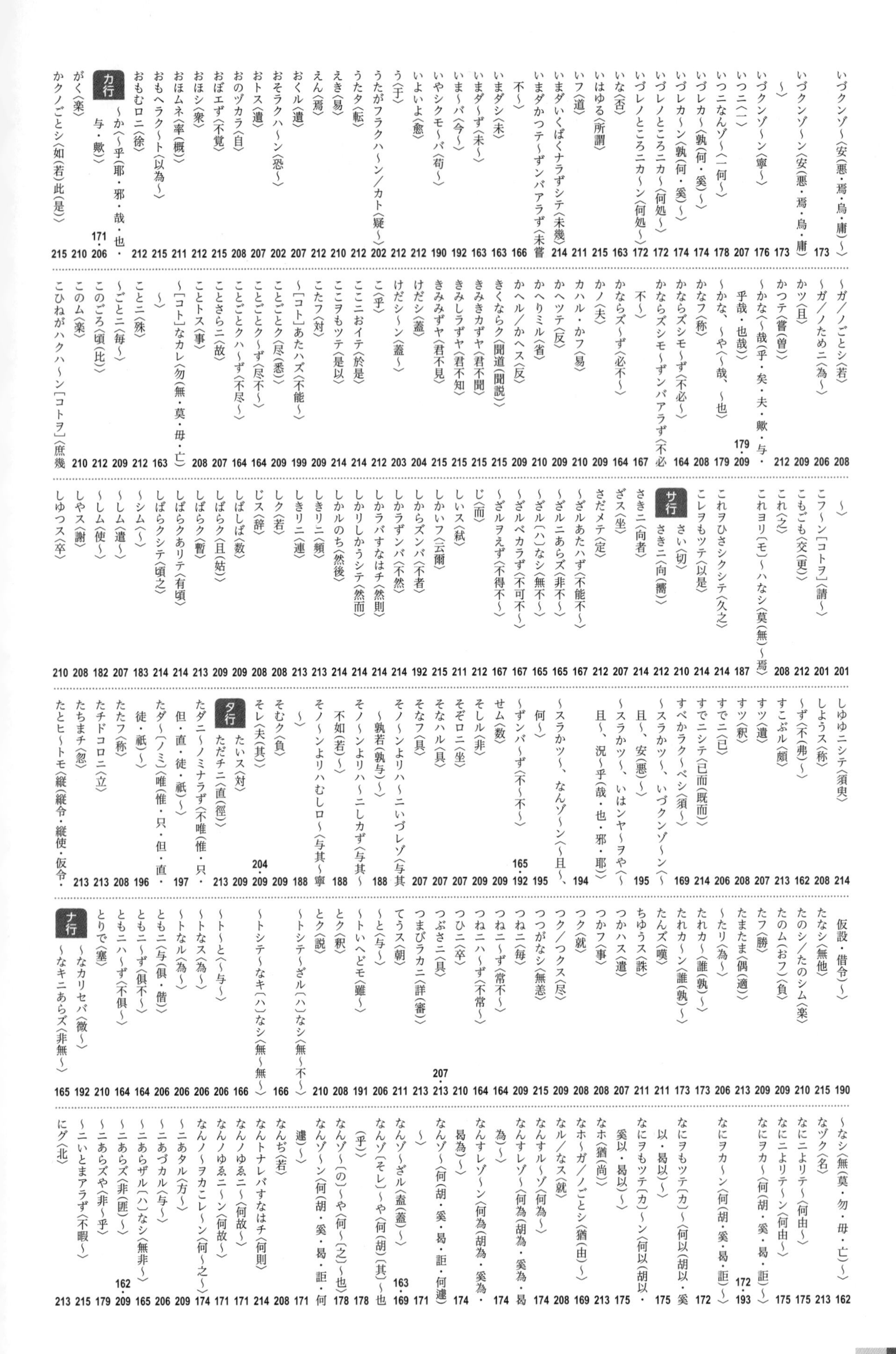

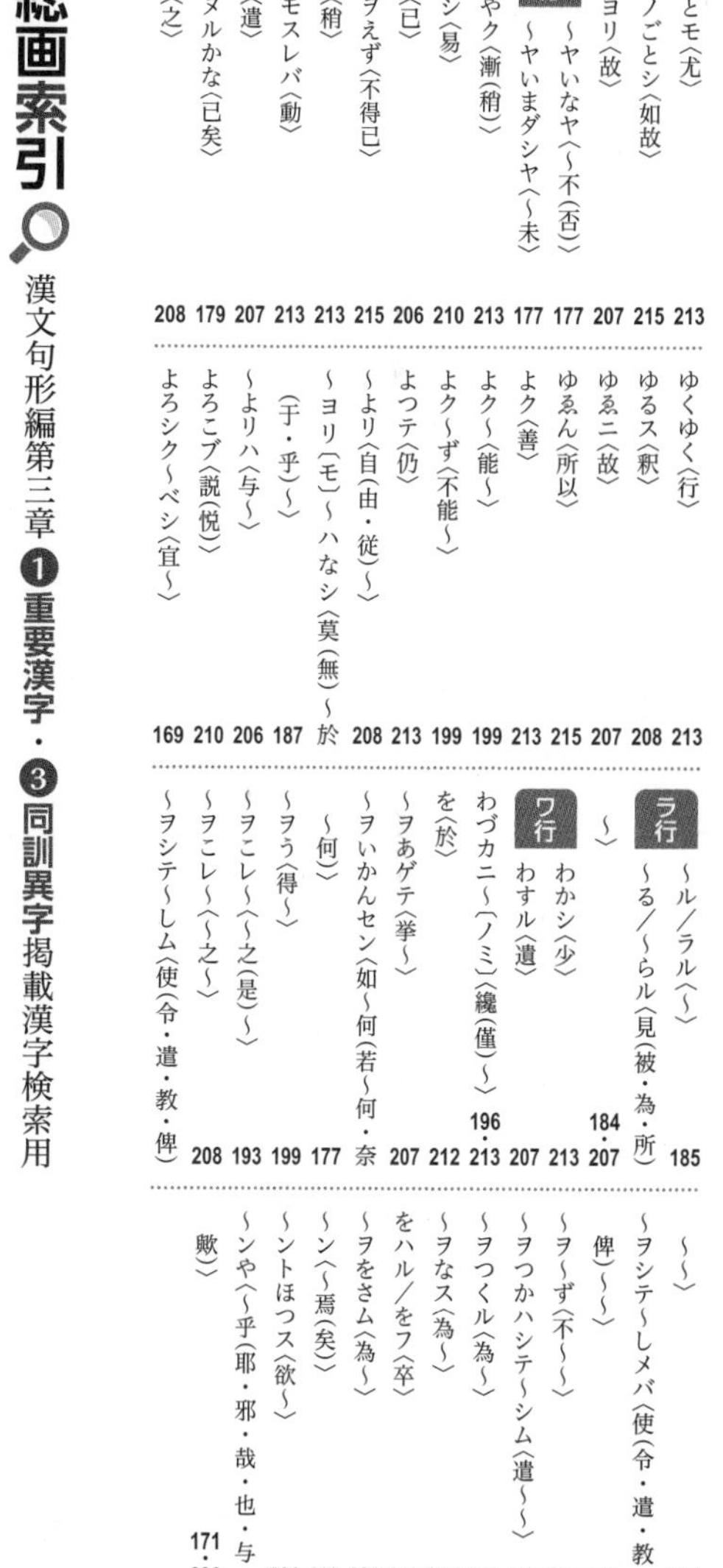

総画索引

漢文句形編第三章❶重要漢字・❸同訓異字掲載漢字検索用

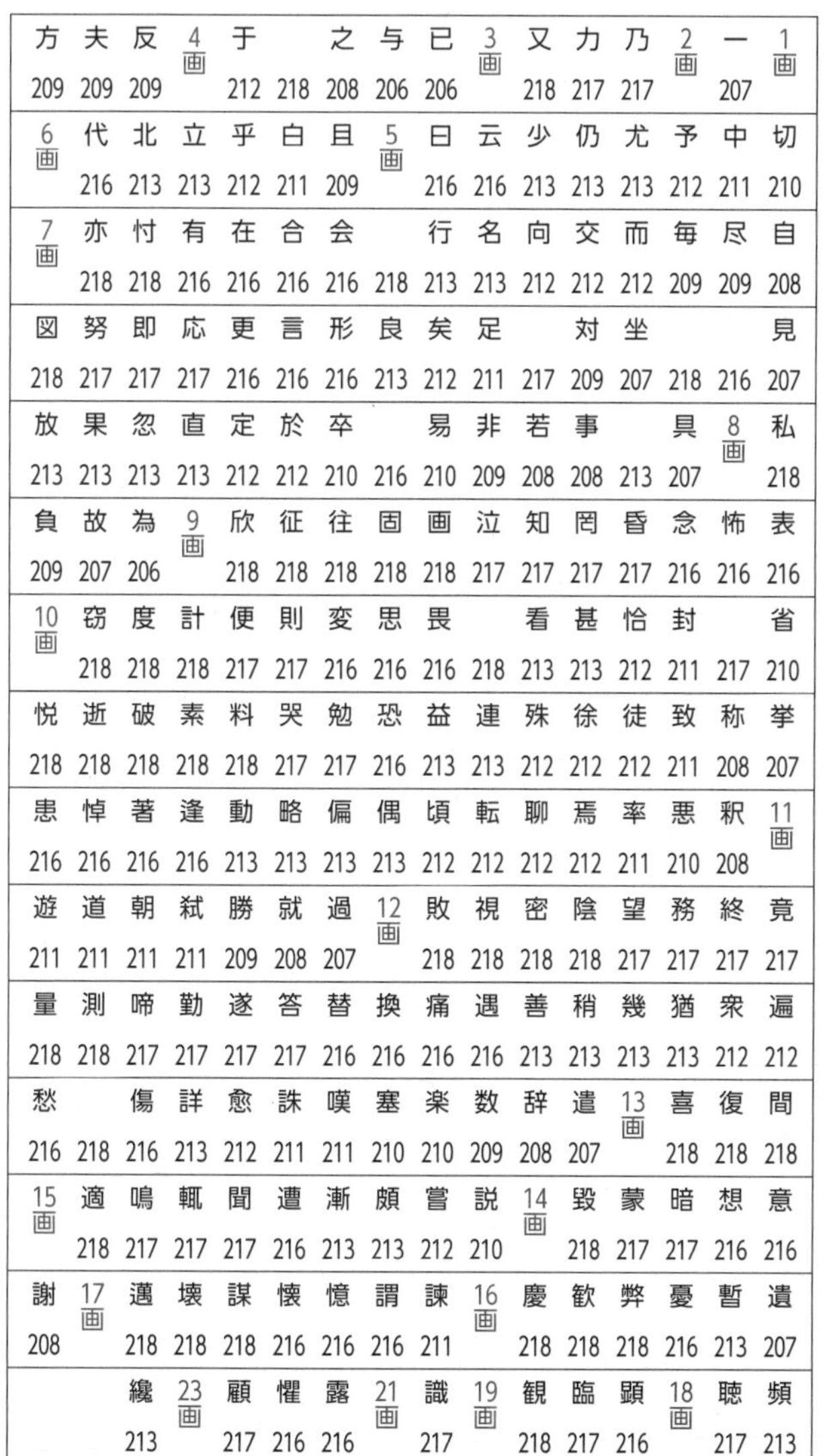

方 209	夫 209	反 209	4画	于 212	218	之 208	与 206	已 206	3画	又 218	力 217	乃 217	2画	一 207	1画
6画	代 216	北 213	立 213	乎 212	白 211	且 209	5画	曰 216	云 216	少 213	仍 213	尤 213	予 212	中 211	切 210
7画	亦 218	忖 218	有 216	在 216	合 216	会 216	218	行 213	名 213	向 212	交 212	而 212	毎 209	尽 209	自 208
図 218	努 217	即 217	応 217	更 216	言 216	形 216	良 213	矣 212	足 211	217	対 209	坐 207	218	216	見 207
放 213	果 213	忽 213	直 213	定 212	於 212	卒 210	216	易 210	非 209	若 208	事 208	213	具 207	8画	私 218
負 209	故 207	為 206	9画	欣 218	征 218	往 218	固 218	画 218	泣 217	知 217	罔 217	昏 217	念 216	怖 216	表 216
10画	窃 218	度 218	計 218	便 217	則 217	変 216	思 216	畏 216	218	看 213	甚 213	恰 212	封 211	217	省 210
悦 218	逝 218	破 218	素 218	料 218	哭 217	勉 217	恐 216	益 213	連 213	殊 212	徐 212	徒 212	致 211	称 208	挙 207
患 216	悼 216	著 216	逢 216	動 213	略 213	偏 213	偶 213	頃 212	転 212	聊 212	焉 212	率 211	悪 210	釈 208	11画
遊 211	道 211	朝 211	弑 211	勝 209	就 208	過 207	12画	敗 218	視 218	密 218	陰 218	望 217	務 217	終 217	竟 217
量 218	測 218	啼 217	勤 217	遂 217	答 217	替 216	換 216	痛 216	遇 216	善 213	稍 213	幾 213	猶 213	衆 212	遍 212
愁 216	218	傷 216	詳 213	愈 212	誅 211	嘆 211	塞 210	楽 210	数 209	辞 208	遣 207	13画	喜 218	復 218	間 218
15画	適 218	鳴 217	輒 217	聞 217	遭 216	漸 213	頗 213	嘗 212	説 210	14画	毀 218	蒙 217	暗 217	想 216	意 216
謝 208	17画	邁 218	壊 218	謀 218	懐 216	憶 216	謂 216	諫 211	16画	慶 218	歓 218	弊 218	憂 216	暫 213	遺 207
		纔 213	23画	顧 217	懼 216	露 216	21画	識 217	19画	観 218	臨 217	顕 216	18画	聴 217	頻 213

▼漢文基本句形一覧

●否定形

句形	読み	意味	ページ
不レ～（セ）	～（せ）ず	～しない ～でない	162
非レ～	～に非ず	～ではない	162
無レ～	～無し	～がない ～がいない	162
勿レ～（スル）〔コト〕	～（する）〔こと〕勿かれ	～するな ～してはいけない	163
不レ可レ～（ス）	～（す）べからず	～してはいけない	163
否	否	いや そうではない ちがう	163
不二常～一（セ）	常には～（せ）ず	いつも～するとは限らない	164
常不レ～（セ）	常に～（せ）ず	いつも～しない	164
無レ不レ～（セ）	～（せ）ざる（は）無し	～しないこと（もの・人）はない	165
非レ不レ～（セ）	～（せ）ざるに非ず	～しないわけではない	165
無二A不一レB（セ）	AとしてB（せ）ざる（は）無し	どんなAでもBしないものはない	166
未二嘗不一レ～（セ）	未だ嘗て～（せ）ずんばあらず	これまで～しなかったことはない	166
不二敢不一レ～（セ）	敢へて～（せ）ずんばあらず	どうしても～しないわけにはいかない	166
不二必不一レ～（セ）	必ずしも～（せ）ずんばあらず	必ずしも～しないわけではない	167
不レ可レ不レ～（セ）	～（せ）ざるべからず	～しないべきではない	167
不レ可二勝～一（ス）	勝げて～（す）べからず	多すぎて～しきれない	167

●再読文字

句形	読み	意味	ページ
未レ～（セ）	未だ～（せ）ず	まだ～しない まだ～でない	163
当レ～（ス）	当に～（す）べし	〔当然〕～すべきだ ～にちがいない	168
将レ～（セ）ントス	将に～（せ）んとす	〔今にも〕～しようとする ～しそうだ	168
宜レ～（ス）	宜しく～（す）べし	～するのがよい ～が適当だ	169
須レ～（ス）	須らく～（す）べし	ぜひ～する必要がある	169
猶レ～（スル）ガ／ノ	猶ほ～（する）がごとし 猶ほ～のごとし	まるで～するようだ まるで～のようだ	169
盍レ～（セ）	盍ぞ～（せ）ざる	どうして～しないのか、すればよい	169

●疑問形

句形	読み	意味	ページ
～（スル）乎	～（する）か	～するのか	171
何～（スル）	何ぞ～（する）	どうして～するのか	171
何～（スル）	何をか～（する）	何を～するのか	172
何～（スル）	何くにか～（する）	どこで（に）～するのか	172
安～（スル）	安くんぞ～（する）	どうして～するのか	173
誰～（スル）	誰か～（する）	誰が～するのか	173

句形	書き下し	意味	ページ
孰レカ～（スル）	孰（いづ）れか～〔する〕	どれ（誰・どちら）が～するのか	174
何為レゾ～（スル）	何為（なんす）れぞ～〔する〕	どうして～するのか	174
如何ゾ～（スル）	如何（いかん）ぞ～〔する〕	どうして～するのか	175
何以ヲテ（カ）～（スル）	何（なに）を以（も）つて〔か〕～〔する〕	(1)どうして～するのか〈原因・理由〉 (2)どうやって～するのか〈方法・手段〉	175
～（ハ）幾何ゾ	～〔は〕幾何（いくばく）ぞ	～はどれほどか	176
～（スル）ヤ不ヤ	～〔する〕や不（いな）や	～するか、しないか	177
～（ハ）何如	～〔は〕何如（いかん）	～はどのようであるか	177
如レ～何ヲセン	～を如何（いかん）せん	～をどうするか（どうすればよいか）	177

●反語形

句形	書き下し	意味	ページ
～（セ）ン乎ヤ	～〔せ〕んや	～しようか、いや、～しない	171
何ゾ～（セ）ン	何（なん）ぞ～〔せ〕ん	どうして～しようか、いや、～しない	171
何ヲカ～（セ）ン	何（なに）をか～〔せ〕ん	何を～しようか、いや、何も～しない	172
何クニカ～（セ）ン	何（いづ）くにか～〔せ〕ん	どこで（に）～しようか、いや、どこでも（にも）～しない	172
安クンゾ～（セ）ン	安（いづ）くんぞ～〔せ〕ん	どうして～しようか、いや、～しない	173
誰カ～（セ）ン	誰（たれ）か～〔せ〕ん	誰が～しようか、いや、誰も～しない	173
孰レカ～（セ）ン	孰（いづ）れか～〔せ〕ん	どれ（誰・どちら）が～しようか、いや、どれ（誰・どちら）も～しない	174
何為レゾ～（セ）ン	何為（なんす）れぞ～〔せ〕ん	どうして～しようか、いや、～しない	174
如何ゾ～（セ）ン	如何（いかん）ぞ～〔せ〕ん	どうして～しようか、いや、～しない	175
何以ヲテ（カ）～（セ）ン	何（なに）を以（も）つて〔か〕～〔せ〕ん	(1)どうして～しようか、いや、～しない〈原因・理由〉 (2)どうやって～しようか、いや、どうしようもない〈方法・手段〉	175
豈ニ～（セ）ン	豈（あ）に～〔せ〕ん	どうして～しようか、いや、～しない	176
独リ～（セ）ン	独（ひと）り～〔せ〕ん	どうして～しようか、いや、～しない	176
～（ハ）幾何ゾ	～〔は〕幾何（いくばく）ぞ	～はどれほどか、いや、どれほどもない	176
如レ～何ヲセン	～を如何（いかん）せん	～をどうしようか（どうすればよいか）、いや、どうしようもない	177

●感嘆形

句形	書き下し	意味	ページ
何ゾ（其レ）～也	何（なん）ぞ〔其（そ）れ〕～や	なんと～だなあ	178
一ニ何ゾ～	一（いつ）に何（なん）ぞ～	なんとまあ～だなあ	178
豈ニ不レ～乎	豈（あ）に～ずや	なんと～ではないか	178
非ズレ～ニ乎	～に非（あら）ずや	なんと～ではないか	179
不ニ亦～一乎	亦（また）～ずや	なんと～ではないか	179
嗚呼、～	嗚呼（ああ）、～	ああ、～〔だなあ〕	179
～哉	～かな	～だなあ	179

●使役形

句形	書き下し	意味	頁
使ニA一ヲシテB〔セ〕	AをしてB〔せ〕しむ	AにBさせる	182
命ジテA一ニB〔セ〕シム	Aに命（めい）じてB〔せ〕しむ	Aに命令してBさせる	182
遣ハシテA一ヲB〔セ〕シム	Aを遣（つか）はしてB〔せ〕しむ	Aを派遣してBさせる	182
教ヘテA一ニB〔セ〕シム	Aに教（をし）へてB〔せ〕しむ	Aに教えてBさせる	183
～〔セ〕シム	～〔せ〕しむ	～させる	183

●受身形

句形	書き下し	意味	頁
見ル／ラル～〔セ〕	～る ～〔せ〕らる	～される	184
Aル／〔セ〕ラル 於B一ニ	BにAる BにA〔せ〕らる	BにAされる	184
封ゼラル～ニ	～に封（ほう）ぜらる	～に〔として〕領地を与えられる	184
為ルA所トB〔スル〕	AのB〔する〕所（ところ）と為（な）る	AにBされる	185
～ル／〔セ〕ラル	～る ～〔せ〕らる	～される	185

●比較形

句形	書き下し	意味	頁
Aハ不レ如カB一ニ	AはBに如（し）かず	AはBに及ばない〔AよりBの程度が上〕	186
AハC於B一ヨリ〔モ〕	AはBより〔も〕C	AはBよりもCである	186
莫シレ如クハ～ニ	～に如（し）くは莫（な）し	～に及ぶものはない	186
莫シAハ於B一ヨリ〔モ〕	Bより〔も〕Aは莫（な）し	BよりもAであるものはない	187
莫シ～ハ焉ヨリ〔モ〕	焉（これ）より〔も〕～は莫（な）し	これよりも～であるものはない	187
寧ロA〔ス〕トモ無カレB〔スル〕〔コト〕	寧（むし）ろA〔す〕ともB〔する〕〔こと〕無（な）かれ	いっそAしてもBするな	187
与リハ其ノA〔セ〕ン一寧ロB〔セヨ〕	其（そ）のA〔せ〕んよりは寧（むし）ろB〔せよ〕	Aするよりは、いっそBしたほうがよい	188
Aハ孰与レゾB一ニ	AはBに孰与（いづ）れぞ	AはBと比べてどうか〔Bのほうがよい〕	188

●仮定形

句形	書き下し	意味	頁
如シ～バ	如（も）し～ば	もしも～ならば	190
苟シクモ～バ	苟（いや）しくも～ば	もしも～ならば	190
縦ヒ～トモ	縦（たと）ひ～とも	たとえ〔仮に〕～だとしても〔であっても〕	190
～バ則チ	～ば則（すなは）ち	～ならば〔そのときは〕	191
雖モ～ト	～と雖（いへど）も	たとえ〔仮に〕～だとしても〔であっても〕	191
今～バ	今（いま）～ば	もしも今～ならば	192
使メバA一ヲシテB〔セ〕	AをしてB〔せ〕しめば	AにBさせたならば	192
不ンバA〔セ〕不B〔セ〕	A〔せ〕ずんばB〔せ〕ず	AしなければBしない	192

●倒置形

句形	書き下し	意味	頁
Aヲ之レB〔ス〕	Aを之（こ）れB〔す〕	AをBする	193
不A一ヲB〔セ〕	AをB〔せ〕ず	AをBしない	193
何ヲカ～〔スル〕	何（なに）をか～〔する〕	何を～するのか	193